AF499668

PRÉCIS
ÉLÉMENTAIRE
D'HISTOIRE NATURELLE.

IMPRIMERIE DE MARCHAND DU BREUIL,
rue de la Harpe, n° 90.

PRECIS

ÉLÉMENTAIRE

D'HISTOIRE NATURÈLLE,

A L'USAGE

DES COLLÉGES ET DES MAISONS D'ÉDUCATION;

Par G. Delafosse,

CONSERVATEUR DES COLLECTIONS D'HISTOIRE NATURELLE ET PROFESSEUR SUPPLÉANT A LA FACULTÉ DES SCIENCES, MAÎTRE DE CONFÉRENCES A L'ÉCOLE PRÉPARATOIRE ET AIDE-NATURALISTE AU JARDIN DU ROI.

LIBRAIRIE CLASSIQUE DE L. HACHETTE,

ANCIEN ÉLÈVE DE L'ÉCOLE NORMALE,

RUE PIERRE-SARRAZIN, N° 12.

1830.

NOTIONS PRÉLIMINAIRES

DE

PHYSIQUE GÉNÉRALE.

IDÉE DES CORPS MATÉRIELS.

Propriétés générales.

Au milieu d'un ESPACE sans bornes, que notre intelligence seule peut percevoir, est la MATIÈRE qui tombe sous nos sens, et qui, remplissant des portions plus ou moins grandes de cet espace, constitue ces êtres limités, variables de forme et d'étendue, que nous appelons *corps*. Les corps ont des propriétés essentielles qui les font aisément reconnaître.

Ils ne sont point invariablement fixés aux parties de l'espace qui les contiennent; car nous voyons qu'ils peuvent occuper successivement différens lieux. Cette propriété dont jouissent les corps matériels, de pouvoir être déplacés dans l'espace, se nomme *mobilité*. Un corps est *en repos* ou *en mouvement*, selon qu'il occupe constamment le même lieu ou successivement différens lieux de l'espace. Dans le premier cas, il ne peut se donner de mouvement à lui-même; dans le second, il ne peut rien changer à celui qu'il a reçu. Cette persévérance des corps dans leur état de repos ou de mouvement est ce qu'on nomme l'*inertie* de la matière.

L'espace est pénétrable à la matière, puisqu'elle s'y meut librement; mais la matière est impénétrable à elle-même, deux corps ne pouvant être à la fois dans le même lieu. L'*impénétrabilité* des corps est le caractère qui nous sert le mieux à reconnaître leur existence : elle se manifeste à nos sens par la résistance que ces corps nous opposent lorsque nous essayons de les mouvoir ou de les comprimer.

La matière est inerte, c'est-à-dire incapable de se mouvoir par elle-même; et cependant elle nous paraît tendre au mouvement dans beaucoup de cas. Ainsi nous voyons les corps qui nous entourent tomber vers la terre dès qu'ils sont abandonnés à eux-mêmes; le fer se porter vers l'aimant qu'on lui présente; les particules d'un liquide se rapprocher et adhérer entre elles pour former des gouttes, etc. Ces diverses tendances au mouvement sont ce que les physiciens nomment les *forces* de la matière. Dans tous ces phénomènes, les corps ne sont actifs qu'en apparence; ils ne font en réalité qu'obéir passivement aux lois générales de mouvement que leur prescrit l'Auteur de la nature, éternel moteur de la matière. La connaissance de ces lois est l'unique objet des recherches des physiciens; car c'est d'elle que dépend l'explication de tous les phénomènes naturels.

Constitution intérieure des corps.

Les corps qui tombent sous nos sens ne doivent pas être considérés comme remplissant d'une manière continue l'espace qu'ils semblent occuper : leur volume réel est toujours moindre que leur volume apparent. Ce ne sont que des assemblages de particules matérielles, séparées par des *pores*, et composant par leur réunion des masses plus ou moins *denses*. Ces particules, qu'on nomme aussi *molécules*, parce qu'elles sont comme les élémens des masses, sont animées d'une force qui tend à les rapprocher les unes des autres, mais que contrebalance une force opposée, provenant d'un autre principe matériel beaucoup plus subtil, et qui est disséminé entre les molécules de tous les corps. Telle est l'idée qu'on doit se faire de la constitution physique des corps matériels; c'est du moins la seule qui fournisse une explication satisfaisante des changemens qu'ils peuvent éprouver, et des divers états sous lesquels on les observe.

Des différens états sous lesquels les corps se présentent.

Il existe trois états différens sous lesquels les corps se présentent, et auxquels on les voit passer successivement, lorsqu'on peut faire varier convenablement les circonstances qui les accompagnent : ce sont l'état *solide*, l'état *liquide*, et l'état de *fluide aériforme*. Un corps est *solide* lorsque l'adhérence de ses molécules est assez grande pour qu'une partie du corps ne puisse se mouvoir sans entraîner avec elle la masse tout entière; il est *liquide*, lorsque ses molécules ont assez peu d'adhérence pour pouvoir glisser librement les unes sur les autres, et céder indépendamment de la masse au moindre effort que l'on fait pour les déplacer; enfin il est à l'état de *fluide aériforme* lorsque les molécules, loin d'être adhérentes entre elles, tendent à se séparer, auquel cas elles se dissiperaient bientôt dans l'espace, si elles n'étaient retenues par quelque obstacle extérieur. La glace, l'eau et la vapeur aqueuse nous offrent un exemple d'un même corps sous les trois états que nous venons de définir.

La matière est donc une substance *étendue*, *mobile*, *inerte*, *impénétrable*; et les différens corps qu'elle compose ne sont que des agrégats de particules isolées, qui se tiennent entre elles dans un état d'équilibre plus ou moins stable, sous l'action de forces qui se contrebalancent. L'équilibre des molécules d'un corps, et par conséquent sa persévérance dans un même état, dépendent des circonstances dans lesquelles il se trouve, c'est-à-dire de l'état des corps qui l'environnent. En général, un corps change, ou tend à changer d'état, quand il est en présence de corps plus chauds ou plus froids que lui; l'expérience prouve que dans le premier cas il s'échauffe et se dilate, et que dans le second il se refroidit et se contracte. Ces phénomènes de dilatation et de contraction ne peuvent être attribués qu'à l'écartement plus ou moins considérable des molécules; ils semblent prouver que cette matière subtile, que nous avons dit être disséminée entre les molécules de tous les corps, et qui tend à les éloigner les unes des autres, n'est autre chose que le principe même de la chaleur, c'est-à-dire un fluide particulier, que les physiciens nomment *calorique*, et qui, en s'accumulant en plus ou moins grande quantité dans les vides que laissent entre elles les molécules, produit par ses variations continuelles les phénomènes si remarquables de la chaleur et du changement d'état des corps.

En effet, un corps solide, tel que le soufre, dont on augmente progressivement la chaleur ou dans lequel on accumule de plus en plus le calorique, commence par se dilater en tous sens, puis il *se fond* ou passe de l'état solide à l'état liquide; après avoir opéré la fusion du corps, si on le chauffe davantage, il se dilate de nouveau, et bientôt il *se vaporise* ou passe à l'état de *fluide aériforme*, c'est-à-dire d'un fluide élastique et généralement transparent, invisible comme l'air, faisant effort pour étendre son volume et exerçant des pressions en tous sens contre les corps qui s'opposent à son expansion. Le même corps, qui, par une augmentation graduelle de chaleur, a passé successivement de l'état solide à l'état liquide, et de l'état liquide à celui de fluide élastique, peut ensuite, par un refroidissement progressif, revenir à l'état liquide et à l'état solide. Quoique l'état liquide soit un état intermédiaire entre l'état-solide et l'état de fluide élastique, il est cependant des corps qui sont immédiatement *volatils* ou qui passent de suite de l'état solide à l'état de fluide élastique; tel est le cas de l'arsenic. De même qu'il existe des corps solides qu'on n'a pas encore pu fondre, comme le charbon, faute d'avoir pu produire une chaleur assez forte pour opérer ce changement d'état, de même il existe des fluides élastiques, tels que l'air atmosphérique, qu'on n'a pas encore pu liquéfier, ni solidifier, parce qu'on n'a pu les refroidir suffisamment pour cela. On donne à ceux-ci le nom de fluides élastiques permanens ou de *gaz*, pour les distinguer des autres qu'on nomme des fluides non permanens, ou plus simplement des *vapeurs*.

DES ATTRACTIONS ET RÉPULSIONS MOLÉCULAIRES.

Toutes les molécules des corps qui tombent sous nos sens ont une tendance naturelle à se mouvoir les unes vers les autres, ou, comme s'expriment les physiciens, une *attraction* mutuelle, en vertu de laquelle elles se rapprochent pour adhérer entre elles. Cette force qui ne s'exerce qu'entre les molécules qui sont à de très-petites distances, est nommée *attraction moléculaire*. Une autre force de nature opposée réside dans les molécules du calorique, ce fluide très-subtil qui est répandu dans toutes les parties de l'espace, et qui s'interpose entre les particules attractives des corps. Ces molécules ont une tendance à se fuir les unes les autres, ou sont soumises à une *répulsion* mutuelle, en même temps qu'elles sont attirées avec plus ou moins de force par les particules des divers corps. Chaque substance s'approprie une certaine quantité de ce fluide, selon sa nature et l'état des corps environnans. Nous voyons maintenant à quoi tiennent les changemens que la chaleur opère dans un corps. A mesure que le calorique s'y accumule, l'action répulsive qu'il exerce contre les molécules s'accroît par degrés, l'attraction moléculaire s'affaiblit au contraire, parce que les molécules s'éloignent les unes des autres. Ces deux forces variant ainsi en sens opposés, on conçoit que, suivant les quantités de chaleur appliquées au corps, elles puissent se balancer à peu près également, comme dans les liquides, ou bien être chacune à son tour prépondérante, comme dans les solides et dans les gaz.

MESURE DE LA CHALEUR.—DU THERMOMÈTRE.

L'état d'un corps étant variable suivant le degré de chaleur auquel on le porte, il faut avoir un moyen simple d'apprécier ce degré de chaleur, qu'on nomme la *température* du corps. On y parvient à l'aide de l'instrument appelé *thermomètre*, mot qui veut dire *mesure de la chaleur*. Cet instrument est ordinairement composé d'un tube de verre, d'un très-petit diamètre, fermé par les deux bouts, terminé inférieurement en forme de boule, et rempli en partie de mercure. Ce liquide, par ses dilatations et ses contractions, qui sont très-promptes et très-sensibles, fait connaître les variations que subit la température du thermomètre, et par conséquent aussi celles des corps en contact avec lui; car on sait que lorsqu'on met en contact deux corps de température différente, c'est-à-dire un corps chaud et un corps froid, ces deux corps tendent à se mettre au même degré, le plus chaud cédant de sa chaleur au plus froid, jusqu'à ce qu'il y ait égalité de températures. La colonne que le mercure forme dans le tube s'allonge ou se raccourcit à mesure que la température s'élève ou s'abaisse. Il suffit donc de mesurer la hauteur de cette colonne, et c'est ce que l'on fait au moyen de divisions marquées sur le tube, c'est-à-dire de petits traits noirs également éloignés les uns des autres, et dont chacun répond à une température déterminée. Ces instrumens sont construits d'après des règles telles qu'ils donnent tous les mêmes indications dans les mêmes circonstances. L'une des divisions du tube est marquée *zéro :* elle répond à une température fixe, que tout le monde connaît et peut reproduire à volonté, et que l'on retrouvera la même partout et dans tous les temps : c'est celle de la glace fondante. Une autre division du tube, marquée du nombre 100 dans les thermomètres *centigrades*, et du nombre 80 dans les thermomètres dits *de Réaumur*, répond à une seconde température fixe bien connue, c'est celle de l'eau bouillante. L'intervalle compris entre ces deux points est divisé en 100 ou en 80 parties égales, qu'on nomme des *degrés ;* la même division se continue au-dessous du premier point, et au-dessus du second. On voit que les degrés de Réaumur sont plus grands que les degrés centigrades. Quatre de Réaumur en valent cinq de la seconde espèce.

DE LA PESANTEUR.

On nomme *pesanteur* la force en vertu de laquelle les corps abandonnés à eux-mêmes se précipitent vers la terre. Tous ceux qui nous environnent, dans quelque état qu'ils soient, sont soumis à l'action de cette force ; et si tous ne *tombent* pas, c'est qu'en eux l'effet de la pesanteur est suspendu par quelque circonstance ; mais il se manifeste aussitôt que cette circonstance cesse d'avoir lieu.

Cette assertion, que tous les corps sont pesans, paraît d'abord en contradiction avec les phénomènes. Ainsi la fumée et les vapeurs qui s'élèvent dans l'air semblent dépourvues de pesanteur; mais on sait que cette ascension est due à ce qu'elles sont seulement plus *légères* que le fluide atmosphérique qui les baigne et les presse de toutes parts. Elles sont relativement à ce fluide ce qu'est à l'égard de l'eau un morceau de liége qu'on y plonge et qui remonte à la surface.

DU POIDS DES CORPS.

Tous les corps ont leurs parties matérielles animées de la même *pesanteur*, mais ils n'ont pas tous le même *poids*; c'est-à-dire que tous n'exercent pas la même pression sur un plan fixe horizontal, et par conséquent n'exigent pas le même effort pour être soutenus. Le poids d'un corps, ou la pression totale qu'il exerce, est en effet la somme des pressions partielles exercées par ses molécules; ainsi le poids d'un corps est en raison du nombre de molécules qui le composent. Si le corps est homogène, ou entièrement de la même matière dans toutes ses parties, le poids est alors indépendant de sa forme et proportionnel à son volume. Deux corps homogènes et équivalens en volume sont donc égaux en poids.

Tous les corps pesans tendent vers le centre de la terre; la direction de la pesanteur, qu'on nomme *ligne verticale*, varie donc d'un lieu à un autre; elle est indiquée dans chaque lieu par celle que prend le fil à plomb, et qui est toujours perpendiculaire à l'horizon ou à la surface des eaux tranquilles.

Mesure du poids des corps. De la balance.

La *balance* est un instrument à l'aide duquel on détermine le poids d'un corps par comparaison à un autre poids connu pris pour mesure; c'est ce que l'on appelle *peser le corps*. Cet instrument se compose d'un fléau ou levier, mobile sur un point d'appui, et dont les deux bras sont égaux : aux extrémités de ces bras sont attachés des cordons égaux en longueur et en poids, et destinés à soutenir des bassins pareillement égaux entre eux. Pour que la mobilité de l'instrument soit plus parfaite, on donne au fléau, construit ordinairement en acier, la forme d'un couteau dont le tranchant repose sur un plan horizontal. Les plus petits déplacemens du fléau sont rendus sensibles par les oscillations d'une aiguille perpendiculaire à sa direction, et dirigée dans la verticale qui passe par le point d'appui. Puisque tout est supposé semblable de part et d'autre de ce point, il est clair que l'équilibre aura lieu entre les deux parties de la balance lorsque le fléau sera dans une position horizontale, et que cet équilibre ne serait pas troublé si l'on mettait des poids égaux dans les deux bassins; d'où résulte un moyen simple de reconnaître s'il y a égalité entre deux poids donnés.

Pour peser un corps avec une balance exacte, c'est-à-dire avec une balance dont les bras sont égaux en longueur et en poids, il faut placer ce corps dans l'un des bassins, et mettre dans l'autre des unités de poids (telles que des grammes ou décagrammes) en quantité suffisante pour faire équilibre au corps. Le nombre de ces unités est la valeur du poids que l'on cherche.

Mais quelque soin que l'on prenne pour établir dans la construction de la balance cette égalité entre les deux bras dont dépend sa justesse, il est presque impossible de l'obtenir jamais rigoureusement. Alors les poids qui se feront équilibre ou qui ramèneront le fléau à la position horizontale ne seront plus égaux entre eux; mais, dans ce cas même où la balance n'est pas juste, on peut encore, pourvu qu'elle soit sensible, peser le corps avec beaucoup d'exactitude, en suivant la méthode connue sous le nom de pesée *par tare*, ou de *méthode des doubles pesées*.

On commence par placer le corps dans un des bassins de la balance; puis on lui fait équilibre en mettant dans l'autre de petits corps pesans, comme du menu plomb ou des grains de toute autre matière, que l'on ajoute en très-petite quantité à la fois, jusqu'à ce que l'aiguille, qui sert d'index, soit parfaitement verticale. Cela fait, on ôte doucement le corps du premier bassin, et on le remplace par les grammes ou autres poids que l'on a pris pour unités de mesure. La quantité de ces poids qu'il faudra pour que l'aiguille redevienne verticale sera précisément le poids du corps que l'on voulait peser, puisque cette quantité de poids, placée dans les mêmes circonstances que ce corps, fait comme lui équilibre au poids du second bassin.

De la densité des corps.

Nous avons dit précédemment que deux corps homogènes ou formés entièrement de la même matière étaient égaux en poids lorsqu'ils avaient le même volume; mais l'expérience nous montre que les corps hétérogènes, ou de nature différente, n'ont pas le même poids à volume égal; ainsi une balle de plomb pèse plus qu'une balle de liége du même diamètre. On peut donc se les représenter comme renfermant sous le même volume des quantités différentes de matière. C'est cette différence de composition que l'on exprime en disant que les corps sont plus ou moins denses, c'est-à-dire que, réduits au même volume, ils ont plus ou moins de masse ou de parties matérielles, et par conséquent plus ou moins de poids. On donne le nom de *densités relatives* ou de *pesanteurs spécifiques* aux nombres qui expriment combien de fois les différentes substances naturelles pèsent autant qu'une certaine substance convenue que l'on suppose réduite au même volume qu'elles. La substance qui sert ordinairement de terme de comparaison est l'eau pure : ainsi lorsqu'on dit que la pesanteur spécifique de l'or est dix-neuf, cela signifie qu'un volume quelconque de ce métal pèse dix-neuf fois autant qu'un pareil volume d'eau.

Pour déterminer la pesanteur spécifique d'un corps, il faut peser séparément le corps, puis un volume d'eau égal au sien, et chercher ensuite combien de fois le premier poids contient le second; ce nombre de fois exprimera la pesanteur spécifique du corps. Toute la difficulté de l'opération consiste à trouver le poids de l'eau *sous un volume égal à celui du corps*. On peut y parvenir de deux manières différentes, dans le cas où le corps est solide et n'est pas susceptible de se dissoudre dans l'eau. 1°. On prend un flacon que l'on puisse bien boucher, et qui soit assez grand pour recevoir le corps dans sa capacité intérieure; on le remplit d'eau, on le bouche et on l'essuie avec soin; on le pèse ensuite avec le corps proposé, en les mettant l'un à côté de l'autre dans un des bassins d'une balance, et l'on note exactement le poids observé. Cela fait, on débouche le flacon et on y introduit le corps; puis, rebouchant le flacon, on le pèse dans ce nouvel état. On trouve une différence entre le poids actuel et le poids obtenu précédemment : cette différence provient de ce que le corps, en s'introduisant dans le flacon, en a fait sortir un volume d'eau égal au sien et dont il a pris la place : donc elle exprime le poids de l'eau *sous un volume égal à celui du corps*. 2°. L'autre moyen consiste à peser d'abord le corps dans l'air, puis à le peser de nouveau lorsqu'il est plongé dans l'eau, ce que l'on peut faire en l'attachant à l'extrémité d'un fil suspendu au-dessous d'un des bassins de la balance. Dans cette seconde pesée le corps perd une partie du poids qu'il avait dans l'air, parce qu'il est en partie soutenu par l'eau. Or, cette quantité de poids qu'il a perdu exprime encore le poids de l'eau *sous un volume égal au sien;* et en effet, les physiciens prouvent, par l'expérience et par le raisonnement, qu'un corps qui plonge dans l'eau perd toujours une partie de son poids précisément égale au poids du volume d'eau qu'il déplace.

PESANTEUR DE L'AIR.—BAROMÈTRE.

L'air est pesant, ainsi que tout fluide aériforme. On s'en assure directement par une expérience fort simple, qui consiste à peser d'abord un ballon de verre d'une grande capacité et plein d'air ou d'un autre gaz quelconque, puis à le peser de nouveau, après y avoir fait le vide au moyen d'une *machine pneumatique*, sorte de pompe aspirante que l'on adapte à l'ouverture des vases dont on veut soutirer l'air. On s'aperçoit alors d'une diminution très-sensible dans le poids du ballon.

On prouve encore la pesanteur de l'air par un autre moyen, qui a de plus l'avantage de fournir la mesure de son poids total, c'est-à-dire de la pression que l'atmosphère entière exerce sur un point quelconque de la surface de la terre. Si l'air est pesant, il doit presser également toutes les parties de la surface de l'eau contenue dans un vase ouvert, et à cause de ces pressions égales, le niveau du liquide n'est pas altéré ; mais si l'on plonge dans ce liquide un long tube ou tuyau de pompe, dans lequel il y ait un piston qui glisse à frottement, et si après avoir abaissé ce piston jusqu'au niveau de l'eau, on le relève ensuite, on fera le vide dans l'intérieur du tuyau, et l'eau s'y trouvera déchargée du poids de l'air qui pesait sur elle. Mais les parties extérieures de la surface du liquide étant pressées comme auparavant, l'eau devra céder par les points où la pression est devenue nulle, et elle montera dans le corps de pompe, jusqu'à ce que la nouvelle pression exercée par le poids de la colonne d'eau soulevée, remplace exactement celle qui a disparu, et fasse équilibre à la pression de l'air extérieur. Or c'est ce qui a lieu : l'expérience démontre que l'eau s'élève dans les corps de pompe jusqu'à une hauteur déterminée, celle de trente-deux pieds. Cette ascension de l'eau étant prouvée par les faits, on doit en conclure qu'elle est due à la pression de l'atmosphère, et qu'ainsi l'air est doué de pesanteur.

Cette conclusion est mise hors de doute par une autre expérience. Si la pression de l'air est la seule cause de l'ascension des liquides au-dessus de leur niveau dans les corps de pompe, le poids de la colonne de liquide soulevé doit toujours être le même, quelle que soit la nature de ce liquide; seulement la hauteur de la colonne sera d'autant plus petite que le liquide aura plus de densité. Or le mercure pèse treize fois et demie autant que l'eau, à volume égal; et l'eau s'élève dans les corps de pompe à la hauteur de trente-deux pieds ; donc le mercure ne doit monter qu'à une hauteur treize fois et demie moins considérable, c'est-à-dire à vingt-huit pouces seulement. C'est ce que prouve l'expérience du baromètre. On prend un tube de verre de plus de trente pouces de long, d'un diamètre quelconque, et fermé par une extrémité; on le remplit de mercure, puis appliquant le doigt sur l'extrémité ouverte, on renverse le tube et on le plonge par cette extrémité dans une cuvette où il y a aussi du mercure. Alors retirant le doigt, on voit la colonne descendre à l'instant même, et après quelques oscillations, se fixer à la hauteur de vingt-huit pouces. Un vide parfait s'est formé dans le haut du tube au-dessus du mercure. Un instrument fait de cette manière, mais avec toute la perfection possible, se nomme un *baromètre*, parce qu'il sert à *mesurer*, en un lieu donné, le *poids* ou la pression de l'atmosphère. A cet effet, le tube est muni d'une échelle de divisions, dont l'origine répond au niveau du mercure dans la cuvette, et au moyen de laquelle on connaît à chaque instant la hauteur de la colonne au-dessus de ce niveau. Si l'on porte avec soi cet instrument sur une haute montagne, on verra la colonne de mercure descendre dans le tube, à mesure qu'on s'élèvera davantage. On sent en effet que le poids de l'air doit être plus faible dans les hautes régions de l'atmosphère que dans les régions basses, puisqu'il y est diminué de tout le poids de la couche d'air inférieure.

La longueur de la colonne de mercure, ou ce qu'on nomme *la hauteur du baromètre*, n'est pas constamment la même dans le même lieu; elle varie avec l'état de l'atmosphère, et l'on sait que ces variations sont regardées généralement comme des indices d'un changement de temps. En effet, il arrive assez souvent que le baromètre baisse lorsque le temps se dispose à la pluie, parce que l'air se charge alors de vapeur d'eau qui le rend plus léger; il monte au contraire aux approches du beau temps.

GRAVITATION OU PESANTEUR UNIVERSELLE.

Outre l'attraction moléculaire qui se manifeste entre les particules de tous les corps pondérables, mais seulement à de très-petites distances, il existe une autre sorte d'attraction, qui s'exerce à de grandes distances entre les corps eux-mêmes, et qu'on nomme *gravitation* ou *pesanteur universelle*. C'est une loi de la nature, démontrée par l'observation, que tous les corps s'attirent mutuellement avec une force proportionnelle à leurs masses, mais qui décroît à mesure que leurs distances augmentent. La pesanteur des corps terrestres n'est qu'un effet particulier de cette attraction universelle. Ces corps ne se précipitent vers la terre que parce qu'ils sont attirés par elle avec une force considérable. Cette pesanteur agit sur les corps que l'on projette dans l'espace, comme sur ceux que l'on abandonne à eux-mêmes. Dans le dernier cas, le corps se meut verticalement et en ligne droite; dans le premier, il décrit, comme chacun sait, une ligne courbe en vertu du double mouvement dont il est animé. La force attractive de la terre, quoiqu'elle décroisse à mesure que la distance du corps augmente, ne laisse pas d'étendre son action fort loin, par exemple jusqu'à la lune; et en effet, ce satellite pèse vers la terre, mais à la manière des projectiles, en décrivant une ligne courbe, comme si, à l'origine de son mouvement, il avait été lancé dans l'espace avec une impulsion considérable. De la même manière que la lune pèse vers la terre, les satellites de Jupiter et de Saturne, deux des plus grosses planètes, pèsent vers ces astres; et chaque planète à son tour pèse vers le soleil, qui est placé au centre du système planétaire.

DE LA TERRE ET DE SES MOUVEMENS.

Le globe que nous habitons est une des planètes qui circulent autour du soleil; mais par une illusion semblable à celle qui nous fait croire que le rivage fuit, lorsque le courant d'une rivière nous entraîne, nous nous imaginons que c'est le soleil qui tourne autour de nous, et qu'il a deux mouvemens différens dont l'un règle la durée du jour, et l'autre celle de l'année. Dans la réalité, c'est la terre qui a un double mouvement de rotation sur elle-même et de translation dans l'espace; tandis qu'elle avance sur le cercle qu'elle décrit en un an autour du soleil, elle tourne sur elle-même en vingt-quatre heures; comme une toupie que l'on fait circuler sur un plancher, et qui en même temps tourne un grand nombre de fois à l'entour de son axe. Le mouvement de rotation de la terre a lieu pareillement autour d'un *axe*, c'est-à-dire d'une ligne fixe, qui traverse le globe terrestre en passant par deux points opposés appelés *pôles*; il produit les alternatives du jour et de la nuit; son mouvement annuel ou de translation a lieu dans un orbe presque circulaire, que l'on nomme *écliptique ;* il produit le retour périodique des *saisons*. L'*équateur* est le cercle du globe qui, à une distance égale des deux pôles, le coupe précisément par le milieu. Il tombe obliquement sur le plan de l'écliptique.

DE LA DIFFÉRENCE DES SAISONS.

C'est à l'inclinaison de l'écliptique sur l'équateur qu'est due la différence des saisons. Lorsque par son mouvement annuel apparent le soleil atteint l'équateur céleste, où le grand cercle de la sphère céleste qui se confond avec l'équateur de la terre, il décrit ce grand cercle en vertu de son mouvement diurne apparent; et comme ce cercle est partagé en deux également par tous les horizons, le jour est égal à la nuit sur toute la terre. C'est pour cela qu'on a nommé *équinoxes* les points où l'écliptique rencontre l'équateur. A mesure que le soleil, en partant de l'équinoxe du printemps, s'avance dans son orbe, la portion visible des cercles *parallèles* à l'équateur, qu'il décrit par son mouvement diurne, augmente sans cesse et fait croître la durée des jours, jusqu'à ce que le soleil parvienne à sa plus grande hauteur. A cette époque, le jour est le plus long de l'année : on a nommé ce point de l'écliptique *solstice d'été*, parce que le soleil semble alors s'arrêter, pour redescendre ensuite vers l'équateur. Le parallèle que le soleil décrit le jour du solstice est le *tropique d'été*. Cet astre redescend ensuite vers l'équateur, qu'il traverse de nouveau dans l'équinoxe d'automne, et de là il parvient à son minimum de hauteur ou au *solstice d'hiver*. Le parallèle décrit alors par le soleil est le *tropique d'hiver*, et le jour qui lui répond est le plus court de l'année. Le *printemps* est l'intervalle compris entre l'équinoxe du printemps et le solstice d'été; l'intervalle de ce solstice à l'équinoxe d'automne forme l'*été;* l'intervalle de l'équinoxe d'automne au solstice d'hiver forme l'*automne ;* et enfin l'*hiver* est l'intervalle du solstice d'hiver à l'équinoxe du printemps.

Le mouvement alternatif et régulier du soleil au-dessus

et au-dessous du plan de l'équateur, en produisant l'inégalité des jours et des nuits, et par conséquent le phénomène des saisons, a servi de moyen aux géographes pour établir une division de la surface terrestre en climats : mais pour que cette division fût de quelque importance aux yeux des naturalistes, il faudrait qu'elle indiquât des régions distinctes qui, par leur température, eussent une influence marquée sur la répartition des êtres vivans à la surface du globe. Sous ce point de vue, les principaux climats sont ceux qui dès long-temps ont été désignés par le nom de *zônes*. Ils sont au nombre de cinq : 1° la *zône torride*, centrale, contenue entre les deux tropiques et partagée en deux parties égales par l'équateur; elle est ainsi nommée, parce que les rayons solaires qu'elle reçoit tombant presque toujours à plomb, il y règne une chaleur perpétuelle, plus grande qu'elle ne l'est en dehors des tropiques, toutes circonstances de localité étant égales d'ailleurs; 2° les *zônes tempérées*, au nombre de deux, dont l'une est située au nord de la zône torride, et l'autre au sud, s'étendant des deux tropiques aux deux cercles polaires; 3° *les zônes glaciales*, pareillement au nombre de deux, qui s'appuient sur les cercles polaires, et au centre desquelles est situé chaque pôle. Les zônes tempérées, et encore plus les zônes glaciales, reçoivent obliquement les rayons du soleil, et sont par conséquent beaucoup plus froides en général que la zône torride. Cependant il est des points dans les zônes tempérées qui sont beaucoup plus chauds que certaines parties de la torride, tandis que d'autres points de leur surface éprouvent déjà les rigueurs d'un hiver éternel, comme ceux des deux zônes extrêmes. C'est que la température d'un lieu déterminé ne dépend pas seulement de l'obliquité des rayons du soleil, mais encore de l'élévation du sol.

DES TEMPÉRATURES TERRESTRES.

La présence du soleil sur l'horizon est la cause de la chaleur qu'on ressent à la surface du globe. On sait que la température est variable dans un même lieu; qu'elle n'est pas la même en hiver qu'en été. Cette différence tient à plusieurs causes, parmi lesquelles il en est trois principales, qui agissent d'une manière constante. La première est l'inégalité des jours et des nuits : la terre reçoit pendant le jour de la chaleur; mais comme elle en renvoie à son tour vers les espaces célestes, elle en perd beaucoup pendant la nuit, et l'on conçoit qu'il puisse y avoir inégalité d'échanges, lorsque la durée de la nuit diffère beaucoup de la durée du jour. En été la terre doit s'échauffer de plus en plus; en hiver elle doit au contraire se refroidir. Une seconde cause de la différence des températures est le changement de distance du soleil à la terre. L'effet d'une source de chaleur pour échauffer une surface d'une certaine étendue diminue si la distance qui les sépare augmente. Enfin une troisième cause constante de la variation des températures est l'obliquité plus ou moins grande des rayons solaires par rapport à l'horizon. Outre ces causes générales, la forme et la nature particulière du sol exercent une grande influence sur ce qu'on appelle communément le climat d'un pays.

Le changement de température d'un lieu à un autre ne dépend pas seulement de la distance de ces lieux à l'équateur, mais encore de leur élévation au-dessus du niveau des mers. Aussi trouve-t-on dans la zône torride même toutes les températures, depuis la plus chaude jusqu'à celle de la glace, en passant des bords de la mer aux pentes des montagnes. L'expérience a prouvé que lorsque l'atmosphère est parfaitement tranquille, la température de l'air va en diminuant depuis la surface de la terre jusqu'aux plus grandes hauteurs auxquelles l'homme ait pu parvenir. Ce décroissement est très-rapide; en général pour deux cents mètres d'élévation on a un abaissement de température d'un degré. Ainsi, la température à la surface de la mer étant supposée être de dix degrés, si l'on s'élève à deux cents mètres, elle ne sera plus que de neuf degrés, et à une hauteur de deux mille mètres, elle sera réduite à zéro. Voilà pourquoi, lorsque l'on gravit une haute montagne, on voit la température baisser de plus en plus, et l'on finit par atteindre une limite où toute végétation cesse, et au-delà de laquelle sont des neiges perpétuelles.

Si la température de l'air va en décroissant à mesure qu'on s'éloigne de la surface de la terre, on trouve que la température des lieux profonds va au contraire en augmentant, à mesure que l'on descend dans l'intérieur du globe. D'abord, quoique dans un même lieu la température varie beaucoup à la surface, elle est constante à une petite distance de cette surface, par exemple à une profondeur de dix mètres. Elle va ensuite en augmentant, de manière que l'on a à peu près un accroissement d'un degré pour trente mètres de profondeur, comme nous l'apprennent les expériences qui ont été faites dans les mines. On voit qu'il ne faudrait point descendre dans la terre à une très-grande profondeur, pour parvenir à la température de l'eau bouillante, ou même à celle du fer chauffé jusqu'au rouge. Ces résultats importans nous démontrent qu'il existe dans l'intérieur du globe une chaleur qu'il a reçue lors de sa création, et qui est indépendante de l'action du soleil, dont l'effet ne se fait sentir qu'à la surface, où il se borne à produire les alternatives des saisons et la variété des climats.

DE LA LATITUDE ET DE LA LONGITUDE.

On a souvent besoin d'indiquer avec précision la position d'un lieu sur la terre : on la détermine au moyen de ce que l'on nomme la *latitude* et la *longitude* de ce lieu. La *latitude* est sa distance à l'équateur, ou, ce qui est la même chose, la distance de l'équateur au parallèle sur lequel ce lieu est situé, c'est-à-dire au petit cercle passant par ce lieu, et tracé sur la terre parallèlement à l'équateur. On mesure cette distance au moyen d'un *méridien* ou grand cercle, qui passe par les deux pôles et par l'axe de la terre, et qui rencontre perpendiculairement l'équateur. Ce cercle est divisé en trois cent soixante parties, qu'on nomme *degrés*. Le nombre de degrés du méridien compris entre l'équateur et le parallèle dont il s'agit fixe la distance de ces deux derniers cercles. On voit que tous les points situés sur un même parallèle ont la même latitude; d'où il suit que la latitude ne détermine pas la position d'un point de la terre, mais seulement celle du parallèle. On nomme *latitude boréale* celle des lieux situés vers le pôle nord ou boréal, et *latitude australe* celle des lieux situés vers le pôle austral. Puisque la latitude ne détermine que la position du parallèle sur lequel le lieu est placé, il faut, pour connaître la position de ce dernier, déterminer encore le point qu'il occupe sur ce parallèle : à cet effet, on choisit un méridien fixe, que l'on nomme *premier méridien ;* il est visible que les méridiens qui passent par les différens points d'un même parallèle seront plus ou moins éloignés du premier méridien, soit à droite, soit à gauche, et qu'il suffira de déterminer la distance du méridien du lieu au premier méridien pour avoir la position de ce lieu sur le parallèle. Cette distance, comptée sur l'équateur en degrés de ce cercle, est ce qu'on nomme la *longitude* du lieu. La longitude est *occidentale* ou *orientale*, suivant que le lieu est à l'ouest ou à l'est du premier méridien.

La longitude et la latitude ne suffisent pas pour déterminer complètement la position d'un point de la surface terrestre : il faut encore faire connaître la hauteur de ce lieu au-dessus du niveau de la mer. Cette hauteur se détermine à l'aide du baromètre; nous avons vu, en effet, qu'à mesure que l'on s'élève au-dessus de la terre, la colonne d'air qui pèse sur le baromètre devenant plus courte, le mercure moins chargé baisse dans le tube; or la quantité de cet abaissement se trouvant toujours en relation avec celle de l'élévation, il y a une règle qui apprend à connaître par le calcul de combien de mètres on a dû s'élever depuis le niveau des mers ou tel autre point bien connu, pour obtenir tant de millimètres d'abaissement dans la colonne barométrique.

DE L'ÉLECTRICITÉ ET DU MAGNÉTISME.

Dans ce qui précède, nous avons examiné les phénomènes généraux produits par deux des principaux agens de la nature, la pesanteur d'une part, et de l'autre la chaleur. Il existe encore d'autres agens qui, répandus autour de nous comme le principe de la chaleur, concourent avec lui à entretenir partout le mouvement et la vie; tel est entre autres celui que l'on a désigné par le nom d'*électricité* ou de *fluide électrique*. Ses effets ne sont pas moins importans que ceux de la chaleur; mais, parce qu'ils se dérobent plus facilement à l'observation, ou qu'ils ne se montrent dans les corps que quand on a placé ceux-ci dans des circonstances convenables, nous n'en parlerons ici que d'une manière générale. Tous les corps de la nature peuvent être mis dans un état tel qu'ils manifestent entre eux des phénomènes très-remarquables d'attraction et de répulsion. Un corps qui se trouve dans cet état, purement accidentel et passager, est dit être *électrisé;* il possède alors la propriété d'attirer à lui les corps légers qu'on lui présente et qui sont dans leur état naturel. Tous les corps peuvent acquérir cette propriété par le frottement. Si on frotte un morceau de soufre ou de résine avec du drap, et qu'on le présente à de petits morceaux de papier, il les attire à lui. Au lieu de soufre ou de résine on pourrait prendre d'autres corps, et l'on aurait en général le même résultat; seulement, s'il s'agissait d'un métal, il y aurait quelques précautions à prendre pour que la propriété se manifestât.

Il existe encore d'autres moyens de rendre un corps électrique : l'un d'eux consiste à soumettre le corps à l'action de la chaleur. Plusieurs substances, qui font partie du règne minéral, donnent, après avoir été chauffées, des signes évidens d'électricité par les attractions et répulsions qu'elles exercent sur d'autres corps. On peut aussi, par le simple contact, faire naître dans les corps la propriété dont il s'agit. Deux plaques métalliques de nature différente, l'une de zinc, l'autre de cuivre, par exemple, que l'on met en contact, acquièrent l'une et l'autre la vertu électrique; seulement ses effets sont peu sensibles, et il faut des instrumens particuliers pour les apprécier ou pour en augmenter l'énergie. On peut les rendre beaucoup plus sensibles en superposant entre eux plusieurs couples de plaques semblables à celui dont nous venons de parler; et telle est l'origine de la *pile de Volta*, instrument très-précieux dont les chimistes tirent un grand parti pour la décomposition des corps.

On a reconnu que les corps pouvaient s'électriser de deux manières différentes. En effet, si l'on présente successivement différens corps électriques à un autre corps déjà électrisé, celui-ci sera attiré par un certain nombre de corps et repoussé par tous les autres. Ces corps se partagent donc en deux séries, et l'on ne peut pas regarder les corps de l'une et de l'autre série comme étant électrisés de la même manière; et parce qu'à l'une d'elles appartient la résine et à l'autre le verre, deux des substances les plus faciles à électriser, on dit que les corps de la première série s'électrisent à la manière de la résine, ou *résineusement*, et ceux de la seconde à la manière du verre, ou *vitreusement*.

L'action du fluide électrique se manifeste dans un grand nombre de phénomènes naturels; il nous suffira de dire, pour rappeler l'importance de cet agent, qu'il est la cause du tonnerre, et qu'il joue le plus grand rôle dans les phénomènes chimiques comme dans ceux de la végétation et de la vie animale.

Le *magnétisme*, ou la cause qui communique au fer et à quelques autres substances métalliques la propriété d'attirer un autre fer, a été considéré aussi comme un des agens propres de la nature; mais on le regarde aujourd'hui comme un effet particulier de l'électricité, parce qu'on est parvenu à produire avec des instrumens électriques des phénomènes semblables à ceux que l'on avait d'abord attribués à l'action d'un fluide magnétique. Parmi les différens minerais de fer que le globe recèle dans son sein, il en est un qui possède naturellement les propriétés magnétiques; il porte dans le langage vulgaire le nom de *pierre d'aimant*. On distingue dans un aimant deux points opposés où la propriété attractive est plus énergique : si l'on coupe dans une pierre d'aimant une lame mince, allongée, dont l'axe passe par ces points, et qu'on la suspende librement par son milieu sur un pivot, de manière qu'elle puisse s'y mouvoir horizontalement, on formera ainsi ce que l'on appelle une *aiguille aimantée*, ou aiguille de boussole. Supposons maintenant que l'on choisisse à volonté une des extrémités d'un aimant et qu'on la présente successivement aux deux extrémités d'une pareille aiguille, il y aura attraction d'une part et répulsion de l'autre entre les deux aimans. En général, il y a dans chaque aimant deux points opposés qui manifestent des actions contraires, et auxquels on a donné le nom de *pôles*.

Lorsqu'on présente ainsi un aimant un peu fort à une aiguille aimantée, on voit celle-ci se détourner de sa première position, et, après plusieurs oscillations, se fixer dans une direction déterminée. Or, ce qui est extrêmement remarquable, une aiguille aimantée, abandonnée librement à elle-même, exécute les mêmes mouvemens, et finit toujours par se diriger sur une ligne qui va du nord au sud ; le globe terrestre fait donc à l'égard de cette aiguille la même fonction que l'aimant dont nous venons de parler.

Les aimans naturels que l'on retire du sein de la terre ne manifestent ordinairement qu'un léger degré de magnétisme; mais on augmente beaucoup leur vertu en leur associant des lames de fer doux nommées *armures*, qui, étant soumises continuellement à l'action des pôles auxquels elles sont appliquées, exercent sur ceux-ci une réaction qui tend à conserver et même à accroître leur force. A l'aide d'aimans naturels on parvient à communiquer la vertu magnétique à des barreaux d'acier, dont on fait ainsi des aimans artificiels; on les compose quelquefois de baguettes d'acier réunies en faisceaux par des ligatures de cuivre.

DE LA LUMIÈRE.

Il nous reste à parler d'un quatrième agent, non moins important que la chaleur et l'électricité; c'est la *lumière*, ou la cause qui rend les objets visibles à nos yeux, qui les pare des plus brillantes couleurs, et qui joue en outre un si grand rôle dans les phénomènes chimiques, comme dans ceux de la végétation. Le soleil est pour notre globe la principale source de la lumière ; car la lune et les planètes ne font que nous renvoyer celle qu'elles reçoivent de cet astre. Les corps en combustion produisent aussi de la lumière, qui ressemble tout-à-fait par ses propriétés à celle qui nous vient directement du soleil.

Les corps lumineux, de même que les corps sonores, sont des corps qui ont la propriété d'agir à distance sur un de nos sens particuliers, à l'aide d'une matière subtile qui s'interpose entre eux et l'organe propre à ce sens. La lumière est pour les corps lumineux cette matière subtile; mais, suivant quelques physiciens, c'est une émission de particules déliées que le corps lumineux lance sans cesse de tous côtés, à la manière des corpuscules qui s'échappent des corps odorans; et selon d'autres, c'est un fluide élastique qui remplit toute la sphère de l'univers, et auquel les corps lumineux impriment un ébranlement qui se propage ensuite de proche en proche, comme celui d'une eau tranquille dans laquelle on jette une pierre, ou mieux encore comme celui de l'air agité par les vibrations d'un corps sonore. Quelle que soit celle de ces deux opinions que l'on adopte, la transmission de la lumière, depuis le point éclairant jusqu'à notre œil, a toujours lieu en ligne droite; et l'on peut considérer un *rayon* de lumière comme une pareille ligne sur laquelle l'impression de l'objet lumineux se propage, non instantanément, mais avec une vitesse considérable, que l'observation a fait connaître. On sait que la lumière emploie environ huit minutes treize secondes à franchir la distance moyenne de la terre au soleil, c'est-à-dire 34 millions de lieues de 2,250 toises; ce qui fait 68 mille lieues par seconde. Le son ne parcourt que 175 toises par seconde; il marche donc 900 mille fois moins vite que la lumière. C'est pour cela que l'on aperçoit toujours de loin le feu d'un fusil avant d'entendre le bruit de l'explosion, et que l'on juge de l'éloignement d'un nuage orageux par le temps qui s'écoule entre l'apparition de l'éclair et le coup qui la suit.

La lumière qui émane de chaque point d'un corps lumineux s'élance au loin en divergeant, ou sous la forme de rayons, qui occupent un espace de plus en plus grand à mesure qu'ils s'éloignent de leur point de départ; aussi répandent-ils d'autant moins de lumière sur une surface d'une certaine étendue, que cette surface se trouve à une plus grande distance du point lumineux. Un corps opaque, placé dans l'espace qu'occupent les rayons, détermine une ombre derrière lui, c'est-à-dire que les objets situés au-delà, sur le prolongement de la ligne qui joint le corps opaque et le corps lumineux, sont privés de lumière. Ce fait prouve d'une manière évidente que la lumière se propage en ligne droite.

Quand un rayon de lumière tombe d'un certain côté sur la surface d'un corps opaque, qui a été polie, comme la surface d'un miroir, il est *réfléchi*, c'est-à-dire qu'il se relève du côté opposé, en faisant un angle égal à celui sous lequel il est tombé. C'est ce que l'on exprime en disant que l'*angle de réflexion de la lumière est égal à celui d'incidence.* Si un rayon de lumière tombe obliquement sur la surface d'un corps transparent, il pénètre dans l'intérieur en changeant de direction; et parce qu'il paraît comme brisé à son entrée dans le corps, on donne à cette déviation le nom de *réfraction*, et l'on dit de ce même rayon qu'il est *réfracté.* C'est par suite de cette réfraction des rayons lumineux, qu'un bâton plongé en partie et obliquement dans l'eau, paraît brisé à l'endroit où il y entre. Il est des corps transparens qui, en raison d'un certain arrangement qu'ont pris leurs molécules, ont la singulière propriété de forcer les rayons qui les traversent à se partager en deux faisceaux qui suivent des routes différentes. Il en résulte que si l'on regarde un objet assez mince, comme une épingle, à travers deux faces opposées de l'un de ces corps, on le voit double moyennant certaines conditions. C'est en cela que consiste le phénomène de la *double réfraction.*

Il n'est personne qui, se trouvant dans une chambre fermée, où le soleil ne pénètrerait que par les trous des volets, n'ait remarqué que la lumière formait dans l'intérieur de la chambre des espèces de rayons ou de traits lumineux, qui allaient tracer sur le mur ou sur le plancher des places rondes, blanches et brillantes. Si l'on présente perpendiculairement à l'un de ces traits de lumière un carton blanc, il y dessinera un cercle blanc qui sera l'image du soleil. Mais si l'on fait passer ce même trait à travers un morceau de verre taillé en forme de coin allongé (ou de prisme à trois faces), de manière qu'entrant par l'une des faces du prisme, il sorte par une autre face non parallèle à la première, on s'aperçoit alors qu'il se dilate dans l'intérieur du prisme et à sa sortie dans l'air; et au lieu d'avoir sur le carton une image du soleil, blanche et circulaire, on a une image beaucoup plus longue que large, arrondie à ses deux extrémités et diversement colorée. Cette expérience a conduit les physiciens à découvrir qu'un rayon de lumière blanche, quelque délié qu'il soit, est toujours composé de sept espèces de rayons différemment colorés, qui se séparent les uns des autres en passant par le prisme, parce qu'ils y sont inégalement réfractés. Les couleurs de ces sept rayons, que l'on nomme primitives, parce qu'elles servent à former toutes les autres, sont le *violet*, l'*indigo*, le *bleu*, le *vert*, le *jaune*, l'*orangé* et le *rouge*. Le mélange de toutes ces couleurs, c'est-à-dire des sept espèces de rayons qui en donnent la sensation, forme la lumière que nous appelons *blanche*; et si l'on supprime dans cette lumière quelques-unes des couleurs qui la composent, on produit une couleur particulière, qui varie suivant le nombre et l'espèce de celles qu'on laisse subsister. La décomposition de la lumière solaire se manifeste dans un grand nombre de phénomènes où se produisent des couleurs, principalement dans l'arc-en-ciel; c'est parce qu'elle a lieu dans les gouttes d'eau comme dans autant de petits prismes de verre, que nous admirons les couleurs de l'iris sur les nuages qui se résolvent en pluie, sur les jets d'eau de nos jardins, et sur les cascades des montagnes.

La diversité des couleurs que présentent les substances naturelles est encore un phénomène qui prouve la composition de la lumière solaire. On sent en effet que les corps de nature différente peuvent ne pas agir de la même manière sur les différens rayons qui par leur assemblage forment la lumière blanche. L'expérience nous apprend que parmi les corps opaques les uns absorbent ou éteignent en quelque sorte une portion de ces rayons, et nous réfléchissent le reste; le mélange des seuls rayons réfléchis détermine alors la teinte particulière de chacun de ces corps. Un corps qui réfléchit tous les rayons simples, sans en absorber aucun, nous paraît *blanc*; celui au contraire qui les absorbe tous, sans en réfléchir aucun, est un corps *noir*. Le noir résulte donc de l'absence de toute couleur, et n'en est pas une. Un corps noir n'est visible pour nous que par le contraste que forme l'espace obscur qu'il occupe avec l'espace éclairé qui le limite.

Un corps est *opaque* lorsqu'il ne laisse passer à travers sa masse aucun rayon de lumière; il est *transparent* lorsque les rayons qui le pénètrent sont assez abondans pour qu'on puisse distinguer un objet à travers son épaisseur avec plus ou moins de netteté. Il est des corps qui sont opaques quand ils ont une certaine épaisseur, et qui deviennent transparens lorsqu'on les réduit en lames minces. Parmi les corps transparens, il en est dont la couleur, vue par réflexion, est exactement complémentaire de celle qui est produite par la lumière transmise à travers le corps; c'est-à-dire que les rayons qui donnent l'une et l'autre couleur étant réunis recomposeraient de la lumière blanche; ce cas est d'ailleurs celui de tous les corps que l'on réduit en lames d'une très-grande ténuité. La lumière qui tombe sur une pareille lame se décompose en deux parties différemment colorées, dont l'une est réfléchie, et l'autre totalement transmise; et c'est l'épaisseur de la lame qui détermine la manière dont cette décomposition a lieu, et par conséquent la nature des couleurs auxquelles elle donne naissance. On remarque cet effet dans les lames minces d'air qui occupent les fissures de certains corps transparens (du gypse, par exemple), et qui font voir ordinairement une série d'anneaux diversement colorés, à l'entour de taches noirâtres qui répondent aux points où l'épaisseur de la lame est sensiblement nulle. La même chose se voit dans les lames minces de certaines substances minérales, telles que le gypse et le mica, dans les pellicules d'eau qui forment les bulles de savon, etc. Il est des corps transparens dont les couleurs produites par la lumière réfléchie et la lumière réfractée ne sont pas exactement complémentaires l'une de l'autre; et d'autres qui présentent sensiblement la même couleur par réflexion et par transparence.

De même que certains corps opaques, tels que l'or, deviennent transparens lorsqu'on les réduit en lames d'une faible épaisseur, de même certains corps qui sont transparens en masse, comme l'air et l'eau, lorsqu'on augmente considérablement leur épaisseur, perdent de plus en plus de leur transparence et tendent vers l'opacité. Aussi l'air, considéré en grande masse, paraît-il bleu par diminution de transparence, comme l'eau de l'océan paraît vert-bleuâtre par une raison toute semblable.

Il est des couleurs qu'on appelle *changeantes*, parce qu'elles changent en effet de teinte, comme celles des plumes de certains oiseaux, suivant qu'on les regarde sous tel ou tel degré d'obliquité. Ces plumes sont formées par de petites lames de substance transparente, qui décomposent la lumière, comme fait une lame d'air ou une bulle de savon; or, suivant que les rayons transmis par une de ces lames parviennent à l'œil dans une dire tion plus ou moins oblique, la couleur qu'ils apportent change de nuance, parce qu'ils ont traversé une épaisseur de lame plus ou moins grande, et que la nature de la teinte varie en raison de cette épaisseur. On observe aussi des couleurs changeantes ou *irisées* sur la surface de certains corps épais ou opaques, comme sur la nacre de perle, sur le minerai de fer de l'île d'Elbe, sur une lame d'acier que l'on a marquée de stries fines et régulières avec la pointe d'un diamant. Ces couleurs dépendent de la texture des surfaces réfléchissantes; elles sont dues à ce que ces surfaces ne sont pas parfaitement planes, et qu'elles offrent des inégalités formées par des saillies et des rentrées alternatives. Quelquefois aussi elles sont dues à ce que le corps a éprouvé une altération à sa surface qui a déterminé la formation de petites pellicules analogues aux petites lames d'air qui produisent les anneaux colorés, dans l'exemple cité précédemment.

DE LA COMPOSITION ET DE LA DÉCOMPOSITION DES CORPS.

Nous avons vu quelles sont les principales actions que la chaleur et l'électricité peuvent exercer sur les corps, et quelles sont celles que les corps eux-mêmes peuvent exercer les uns sur les autres, au contact ou à distance, sans altérer leur véritable nature ; toutes ces actions, qui se bornent à produire du mouvement ou un simple changement d'état dans les corps, sont l'objet de la physique proprement dite. Mais il est d'autres actions que les corps sont susceptibles d'éprouver et par lesquelles ils changent complètement de nature et acquièrent de nouvelles propriétés ; ces actions s'exercent sur les molécules mêmes, dont elles altèrent la composition; elles sont l'objet de cette partie de la physique générale qu'on nomme la chimie.

Citons quelques exemples de la production de nouveaux corps par des actions chimiques. Il existe une substance rouge que l'on emploie en médecine sous le nom d'oxide rouge de mercure. Lorsqu'on la soumet à l'action de la chaleur dans une petite cornue [1] de verre, dont le col va plonger sous une cloche remplie d'eau, on la voit disparaître peu à peu, et à sa place on obtient deux autres substances; savoir : un métal liquide (le mercure), qui, s'étant vaporisé du fond de la cornue, est venu se condenser dans le col sous forme de gouttelettes; et un fluide aériforme (l'oxigène), qui s'est pareillement dégagé, et que l'on a recueilli sous la cloche. Si l'on pèse ce gaz d'une part et de l'autre le mercure qui s'est condensé, les deux poids réunis représenteront exactement celui du corps sur lequel on a opéré. Ce corps a donc été réduit ou séparé par l'action de la chaleur en deux autres corps doués chacun de propriétés différentes.

Une substance soumise à l'action de l'électricité peut

[1] Sorte de vase en forme de poire, dont le col très allongé se recourbe en faisant un angle avec la partie inférieure.

pareillement se réduire ou se décomposer en d'autres corps ; c'est ainsi que les chimistes sont parvenus à décomposer l'eau en deux fluides aériformes, qui sont l'oxigène et l'hydrogène. Enfin, on peut aussi décomposer certaines substances en les mettant en contact avec d'autres corps capables d'agir chimiquement sur eux. Que l'on prenne, par exemple, un poids quelconque de la substance rouge appelée *cinnabre* ou *vermillon*, et qu'après l'avoir mêlée avec une quantité de fer de même poids, on l'introduise dans une cornue de verre ; si l'on chauffe peu à peu la cornue, il arrivera un moment où le fer, par son action, séparera du cinnabre l'un des corps qui le composent, savoir, le mercure, et prendra sa place en s'unissant à l'autre corps, qui est le soufre ; le mercure, devenu libre, se dégagera en vapeurs, qui se condenseront dans le col de la cornue.

Si l'on considère maintenant tous les corps de la nature relativement aux actions chimiques qu'ils peuvent subir, on les divisera en deux classes, les *corps composés* et les *corps simples*. Un corps est *composé* toutes les fois qu'on peut en séparer plusieurs sortes de matières, douées chacune de propriétés différentes. On regarde comme *simple* celui dont on n'a pu séparer plusieurs sortes de matières en le soumettant à l'action de la chaleur, de l'électricité, ou à celle d'un autre corps quelconque. On donne aussi aux corps simples le nom de *principes* ou d'*élémens*, parce qu'ils entrent dans la composition de tous les autres corps. Les molécules des corps composés sont des combinaisons de diverses molécules de corps simples, réunies entre elles par une force d'attraction. Cette attraction moléculaire, qui s'exerce entre des molécules de nature différente, pour produire leur combinaison et donner naissance à de nouvelles molécules plus composées, a reçu le nom d'*affinité ;* on la distingue par là de celle qui s'exerce entre les particules de même nature, et qui tend à produire la solidité dans les corps.

L'un des effets les plus simples de l'affinité chimique est la *dissolution*. On nomme ainsi le phénomène dans lequel un solide, plongé dans un liquide, disparaît complètement, parce qu'il se fond ou se dissout dans ce liquide, comme le sucre et le sel dans l'eau. La *précipitation* est le contraire de la dissolution : c'est l'acte par lequel on sépare un corps solide du liquide qui le tient en dissolution. Comme au moment où elle se sépare du liquide la substance dissoute est très-divisée, elle se rassemble ordinairement au fond du liquide, sous forme d'une poudre à laquelle on donne le nom de *précipité*. L'action d'un liquide sur un solide ne se borne pas toujours à le dissoudre, c'est-à-dire à vaincre la cohésion de ses particules sans altérer leur nature; souvent elle le décompose; et alors quelques-uns des élémens mis en liberté se précipitent sous forme solide, ou bien se dégagent à travers le liquide sous forme de gaz. Ce dégagement, qui est plus ou moins rapide, produit une sorte d'ébullition que l'on nomme *effervescence*. Les liqueurs mousseuses, telles que le vin ou le cidre, donnent une idée de ce genre de phénomène chimique.

On dit en général que la *combinaison* a lieu entre deux corps, toutes les fois qu'étant mis en contact ils réagissent l'un sur l'autre de manière à produire un tout en apparence homogène, et dont la plus petite partie renferme les composans dans la même proportion que la masse totale. La dissolution est une combinaison qui a lieu en proportions variables entre un liquide et un solide, ou entre un liquide et un gaz; le mélange intime des métaux fondus, qu'on nomme *alliage*, est aussi une sorte de combinaison en proportions variables. Mais il est d'autres espèces de combinaisons qui ne se font qu'en proportions définies; ce qui provient de ce que les molécules des différens composans se réunissent en nombres simples et déterminés; ce sont les combinaisons les plus intimes et les plus fixes, celles dans lesquelles les propriétés du composé diffèrent le plus de celles des composans, qui souvent même ont entièrement disparu. Parmi ces combinaisons, l'une des plus remarquables est la *combustion*, ou l'union d'un corps avec l'oxigène, qui est l'un des élémens de l'air atmosphérique; cette union a presque toujours lieu avec dégagement de calorique et de lumière, c'est-à-dire en produisant le phénomène du feu.

Nous avons vu que lorsqu'on mettait un corps en contact avec un composé de deux autres corps, il arrivait souvent que le premier s'emparait de l'un de ces deux corps et mettait l'autre en liberté. C'est le moyen que les chimistes emploient pour séparer les principes constituans des corps et pour en déterminer la nature et les proportions. S'ils veulent connaître la composition d'un corps binaire AB, ils le mettent en contact avec un troisième corps C, qui s'empare de A et isole B; puis ils mettent le nouveau composé AC en contact avec un autre corps D, qui s'empare de C et isole A. Ils obtiennent ainsi séparément les corps A et B, et les pesant avec le plus grand soin, ils savent dans quelles proportions leur combinaison avait lieu. Les corps tels que C et D, qui servent d'auxiliaires dans de semblables opérations, et que l'on choisit ordinairement parmi ceux qui ont la plus grande énergie de combinaison, se nomment des *réactifs*.

Il y a deux manières d'opérer chimiquement sur les corps : ou bien on les décompose, comme il vient d'être dit, en séparant les élémens dont ils sont formés, et dans ce cas on fait une *analyse*; ou bien on les compose, c'est-à-dire que l'on réunit les élémens propres à leur formation, et l'on fait alors une *synthèse*. Nous avons plus haut donné un exemple de la première opération en citant l'oxide rouge de mercure; le même corps peut aussi nous en fournir un de la seconde. En effet, on parvient à le composer ou à en faire la synthèse en mettant ses principes, le mercure et l'oxigène, en contact l'un avec l'autre pendant un temps assez considérable, et à une chaleur presque assez forte pour faire entrer le premier en ébullition. On voit paraître dans le vase qui contient les deux élémens, et à la surface du mercure, un grand nombre de pellicules rouges, provenant de l'union du métal avec l'oxigène qu'il a absorbé.

DE LA NOMENCLATURE CHIMIQUE.

Les substances réputées simples, parce que jusqu'à présent on n'a pu en séparer plusieurs sortes de matières, quelles que soient les opérations auxquelles on les ait soumises, sont au nombre de cinquante-trois; parmi ces corps, l'oxigène se fait remarquer par l'énergie de ses affinités pour tous les autres. Nous avons vu que la *combustion* était en général la combinaison de l'oxigène avec un autre corps; de là vient que les cinquante-un autres élémens sont appelés des *combustibles*. On distingue parmi les corps simples combustibles ceux qui sont métalliques et ceux qui ne le sont pas : les corps simples métalliques ou les *métaux* ont pour caractère d'être opaques et d'avoir en masse un certain éclat qui leur est propre. Nous partagerons le groupe des métaux en deux sections, dont l'une comprendra tous les métaux anciennement connus, tous ceux qui possèdent en général une grande densité, qui sont susceptibles de prendre un beau poli et un éclat très-vif, qui s'offrent d'eux-mêmes à l'état métallique dans la nature, ou peuvent être facilement ramenés et conservés à cet état : ce sont les métaux proprement dits, les seuls qui méritent ce nom dans les arts, et qui intéressent vivement le naturaliste. La seconde section comprendra tous les métaux dont l'existence n'a été reconnue ou admise que depuis une vingtaine d'années, que l'on n'a jamais vus dans la nature à l'état métallique, et qui ne sont pas même susceptibles de se présenter naturellement à cet état, parce qu'ayant une grande affinité pour l'oxigène, ils se combinent avec cet élément dès qu'ils sont en contact avec l'air ou avec l'eau. Ces métaux sont en général mous et d'une faible densité : en s'unissant à l'oxigène ils prennent l'aspect de matières terreuses, et c'est sous cette forme seulement qu'on peut les rencontrer dans la nature; ainsi métamorphosés, ils étaient connus anciennement sous les noms de *terres* et d'*alcalis*.

Les corps simples non métalliques sont au nombre de douze : l'*oxigène*, l'*hydrogène*, le *carbone*, l'*azote*, le *soufre*, le *selenium*, le *bore*, le *phosphore*, l'*iode*, le *brôme*, le *chlore* et le *fluore*.

Les métaux proprement dits sont au nombre de vingt-huit : le *fer*, le *plomb*, le *cuivre*, l'*étain*, le *zinc*, le *mercure*, l'*argent*, l'*or*, le *platine*, l'*antimoine*, le *bismuth*, le *cobalt*, le *nickel*, l'*arsenic*, le *chrôme*, le *man-*

ganèse, le *molybdène*, le *tungstène*, le *titane*, le *tantale*, le *tellure*, l'*urane*, le *cérium*, le *cadmium*, l'*osmium*, le *palladium*, le *rhodium* et l'*iridium*.

Les métaux des terres et des alcalis sont au nombre de treize; savoir : sept obtenus par la décomposition des terres appelées *silice*, *alumine*, *magnésie*, *glucyne*, *zircone*, *yttria* et *thorine* : ce sont le *silicium*, l'*aluminium*, le *magnesium*, le *glucynium*, le *zirconium*, l'*yttrium* et le *thorinium* ; et six obtenus par la décomposition des alcalis nommés *potasse*, *soude*, *lithine*, *baryte*, *strontiane* et *chaux* : ce sont le *potassium*, le *sodium*, le *lithium*, le *barium*, le *strontium* et le *calcium*.

Tous les corps ne se combinent pas les uns avec les autres; mais tous tendent à se combiner. Le nombre des corps composés est considérable; mais il est loin d'être infini, comme on pourrait le croire. Il s'en faut même de beaucoup que toutes les combinaisons que l'on a reconnues possibles aient été observées dans la nature. Les corps simples qui paraissent avoir le plus de tendance à s'unir avec les autres corps sont l'oxigène, le soufre, le chlore, le carbone, l'arsénic, etc.

Les composés *binaires*, formés par l'oxigène uni à un corps simple combustible, sont les plus nombreux. Ils se partagent en deux séries : l'une comprend les *acides*, ainsi nommés parce qu'ils sont aigres, et que, comme le vinaigre, ils ont la propriété de rougir certaines couleurs bleues végétales (entre autres la teinture de tournesol). La seconde série renferme les *oxides* proprement dits, corps en général insipides, au nombre desquels sont les *alcalis* : ces derniers ont bien une saveur, mais qui est caustique et non pas aigre; et, loin de rougir les couleurs bleues végétales, ils ramènent au bleu celles qui ont été rougies par un acide. Les acides ne se combinent presque jamais entre eux; mais ils sont susceptibles de s'unir chacun à un grand nombre d'oxides, avec lesquels ils forment des composés *ternaires* (à trois élémens) connus sous le nom de *sels*.

Lorsqu'un corps combustible, en se combinant avec l'oxigène, ne peut former qu'un acide, le nom de ce dernier se compose du mot générique *acide*, auquel on joint le nom français ou latin du combustible même, en le terminant en *ique*. C'est ainsi qu'on nomme *acide borique* le seul que produise l'oxigène par son union avec le bore.

Si le corps combustible peut se combiner en plusieurs proportions avec l'oxigène, et former, par exemple, deux acides, le plus oxigéné se termine en *ique* et le moins oxigéné en *eux*. Exemple : *acide sulfurique, acide sulfureux*. Mais si le corps combustible peut se combiner en plusieurs proportions avec l'oxigène, et former plusieurs oxides, quatre par exemple, le premier ou le moins oxigéné s'appelle *protoxide*, le second *deutoxide*, le troisième *tritoxide* et le quatrième *tétroxide*. Le plus oxigéné de tous peut aussi être désigné par le nom de *peroxide*.

De même, lorsqu'un corps combustible en se combinant avec l'oxigène ne peut former qu'un oxide, on désigne celui-ci en énonçant le mot collectif *oxide*, puis le nom du corps qui est uni à l'oxigène. Ainsi l'on dit l'*oxide de carbone*, l'*oxide de bismuth*.

Les composés binaires qui jouissent des propriétés acides ne contiennent pas tous de l'oxigène : il en est quelques-uns qui sont formés de deux autres corps simples. Leurs noms se composent toujours de ceux de leurs principes constituans, et on leur donne la même terminaison qu'aux autres. C'est ainsi qu'on appelle *acide hydro-chlorique* l'acide que forment le chlore et l'hydrogène.

Après les composés binaires dont nous venons de parler, les combinaisons les plus abondantes sont celles qui résultent de l'union de ces mêmes composés pris deux à deux. Ce sont surtout les composés ternaires, formés d'un acide et d'une base salifiable (c'est-à-dire d'un alkali ou d'un autre oxide métallique), qui sont les plus nombreux et les plus importans. Ces composés, qui portent en général le nom de *sels*, se désignent par le nom de l'acide auquel on donne une terminaison particulière, suivi du nom de l'oxide qui entre dans la composition du sel. Si le nom de l'acide est terminé en *eux*, on change sa terminaison en *ite*; s'il est terminé en *ique*, on le change en *ate*. C'est ainsi que le mot *carbonates* désigne en général les composés qui résultent de l'union de l'acide carbonique avec les différens oxides métalliques ; le mot *sulfates* désigne ceux qui proviennent de l'acide sulfurique ; le mot *sulfites* ceux qui sont produits par l'acide sulfureux, etc. Par exemple, l'on dit le carbonate de protoxide de fer, le sulfate de chaux, le sulfite de deutoxide d'étain.

Mais le même acide peut se combiner avec le même oxide en plusieurs proportions ; et il faut avoir un moyen de distinguer les espèces de sels qui résultent de ces combinaisons diverses, afin d'éviter la confusion. Or, dans ces variétés de sels, qui sont en général au nombre de trois, les propriétés de l'acide et de l'oxide se détruisent ou se *neutralisent* en tout ou en partie, de manière que sous ce rapport la combinaison est neutre ; ou bien elle est acide, parce que la proportion d'oxide n'est pas suffisante pour neutraliser complètement celle de l'acide ; ou bien elle est alkaline, c'est-à-dire avec excès d'alkali ou d'oxide, par la raison contraire. L'acide sulfurique, par exemple, peut se combiner avec le deutoxide de mercure, suivant trois proportions : la combinaison neutre porte le nom de *sulfate neutre ;* la combinaison dans laquelle l'acide prédomine celui de *sulfate acide* ou de *sur-sulfate ;* et la combinaison qui est avec excès d'oxide celui de *sous-sulfate*. Au lieu de dire sous-sulfate de deutoxide de mercure, on abrége cette expression en disant sous-deutosulfate de mercure, et ainsi des autres.

Il existe aussi quelques règles de nomenclature relatives aux combinaisons des corps combustibles entre eux. Lorsque ces corps sont métalliques, le composé prend le nom d'*alliage*, et chaque alliage se distingue par les noms des métaux qui en font partie. Ainsi l'on dit alliage de cuivre et de zinc, alliage de plomb et d'étain. On donne plus particulièrement le nom d'*amalgames* aux alliages dans lesquels entre le mercure.

Lorsque le composé est solide ou liquide, et qu'il est formé de l'union d'un métal avec un corps combustible non métallique, on donne à celui-ci une terminaison en *ure*, en le faisant suivre du nom du métal même. C'est ainsi que les combinaisons du soufre avec les métaux se nomment des sulfures, celles du carbone des *carbures*, celles du chlore des *chlorures*, etc. Lorsque le composé est gazeux à la température ordinaire, il contient alors au moins un gaz dans sa composition. On nomme le gaz le premier, et l'on ajoute à ce nom celui de l'autre principe en le terminant en *é*. De là l'expression de *gaz hydrogène phosphoré* pour représenter la combinaison du phosphore avec le gaz hydrogène.

DES PRINCIPAUX CORPS SIMPLES ET COMPOSÉS BINAIRES.

Oxigène.

L'*oxigène* est un gaz sans couleur, sans odeur et sans saveur. Il a été appelé *air du feu* et *air vital*, parce que c'est lui qui entretient la combustion des matières inflammables, et qu'il est le seul gaz propre à la respiration des animaux. On lui donne maintenant le nom d'*oxigène*, qui signifie *j'engendre acide*, parce que la plupart des acides en sont formés. Il peut se combiner avec tous les corps simples et même en plusieurs proportions avec chacun d'eux. Sa combinaison avec la plupart des substances est ordinairement accompagnée du phénomène du feu, c'est-à-dire d'un grand dégagement de chaleur qui rend ces substances incandescentes. La flamme qui se développe souvent en pareil cas n'est autre chose qu'une matière gazeuse, qui est elle-même chauffée au point de devenir lumineuse; car tous les corps, solides, liquides ou gazeux, qui peuvent supporter une haute température sans se décomposer, finissent bientôt par devenir lumineux, lorsqu'on les chauffe de plus en plus. Ce qu'on nomme *combustion*, dans le langage ordinaire, est la combinaison de l'oxigène avec certains corps, laquelle est accompagnée d'un développement de lumière et de flamme. Lorsque la combinaison est opérée, on dit que le corps est *brûlé* ou *oxigéné*.

L'oxigène est l'un des élémens les plus répandus dans la nature. Il fait partie de l'air, et c'est par lui seul que l'air entretient la vie des animaux, fait brûler le bois et tous les combustibles, altère et rouille les métaux. Il existe en dissolution dans les eaux qui sont à la surface de la terre; il est en outre partie constituante de l'eau elle-même, et il entre dans la composition des plantes, des animaux et de la plupart des substances minérales.

Hydrogène.

L'*hydrogène*, connu anciennement sous le nom d'air inflammable, est un gaz sans couleur, qui est treize fois plus léger que l'air. Aussi s'en sert-on pour enfler les ballons aérostatiques, à l'aide desquels on s'élève dans l'atmosphère. Lorsqu'il est pur, il est impropre à la respiration et à la combustion; mais lorsqu'il est mêlé d'oxigène, il s'enflamme, s'il est suffisamment chauffé, et donne naissance à de l'eau; de là le nom d'*hydrogène*, qui veut dire *générateur de l'eau*. Le gaz que l'on emploie pour l'éclairage n'est pas de l'hydrogène pur, mais de l'hydrogène combiné avec une petite quantité de carbone.

L'hydrogène ne se trouve dans la nature qu'à l'état de combinaison avec d'autres corps, et principalement avec l'oxigène, le carbone et l'azote. Uni à l'oxigène, il forme l'eau; combiné avec l'oxigène et le carbone, il compose la plupart des matières végétales; combiné avec l'oxigène, le carbone et l'azote, il forme la plupart des matières animales. C'est par la décomposition de l'eau que les chimistes se procurent de l'hydrogène pur.

Eau.

L'*eau* est un oxide d'hydrogène, ou une combinaison d'hydrogène et d'oxigène, dans la proportion de deux à un en volume, ou de onze à quatre-vingt-neuf en poids. On le prouve soit par la synthèse, soit par l'analyse. On opère l'analyse ou la décomposition de l'eau en la faisant passer à l'état de vapeur sur du fer porté à la chaleur rouge; le fer s'oxide en s'emparant de l'oxigène de l'eau, et l'hydrogène est mis en liberté; on peut le recueillir à l'aide d'un procédé particulier. La synthèse ou recomposition de l'eau se fait en combinant directement, à l'aide de l'électricité, l'oxigène et l'hydrogène, que l'on a mêlés en vase clos dans la proportion convenable. L'eau se trouve dans la nature à l'état liquide, à l'état aériforme ou de vapeur et à l'état solide. Sous ce dernier état, elle est appelée *glace*, *neige*, *givre*, *gelée blanche*.

Carbone.

Le charbon, tel qu'on l'obtient par la combustion du bois, n'est jamais pur; il contient de l'hydrogène, qui lui donne la propriété de brûler avec flamme. On donne le nom de *carbone* au charbon purifié. C'est alors un corps simple, solide, sans odeur ni saveur, et dont l'aspect extérieur est très-variable. Ordinairement il est noir, sans éclat, et facile à pulvériser comme le charbon lui-même; quelquefois il est noir, compacte, avec un éclat demi-métallique; c'est ainsi qu'il se présente dans le minéral appelé *anthracite;* plus rarement il est limpide comme le verre, doué d'un vif éclat, et il est si dur qu'il raie tous les corps; dans cet état il constitue le *diamant*.

Le carbone, soumis à la plus forte chaleur que nous puissions produire, ne se ramollit point; il possède la propriété d'absorber différens gaz dans ses pores : cette propriété le rend capable de prévenir la putréfaction des eaux, des viandes, et de désinfecter celles qui commencent à se putréfier. On l'emploie aussi pour faire des filtres, pour clarifier les liquides. Uni en petite quantité au fer, il constitue l'acier; avec l'hydrogène, il est la base de toutes les matières combustibles que nous brûlons pour nous procurer de la chaleur et de la lumière. Le carbone pur brûle dans le gaz oxigène et dans l'air, et se transforme en un gaz, qui est l'acide carbonique.

Acide carbonique.

L'*acide carbonique* est un gaz incolore, d'une saveur aigrelette et d'une odeur légèrement piquante. Il ne peut servir à la combustion, et il asphyxie promptement les animaux qui le respirent; comme il est plus pesant que l'air, on peut le transvaser à la manière de l'eau, et lorsqu'il séjourne dans une cavité conjointement avec le fluide atmosphérique, il en occupe toujours la partie inférieure. Il existe tout formé dans l'atmosphère et dans quelques cavités souterraines; il est dissous dans certaines eaux minérales, telles que les eaux de Seltz par exemple; il se produit dans les lieux où il y a des matières végétales en fermentation, comme dans les cuves des vignerons, des brasseurs; c'est à l'acide carbonique que la bière, le cidre et quelques vins doivent leur qualité mousseuse; enfin ce gaz se trouve dans la nature combiné avec différentes terres, principalement avec la chaux. Aussi peut-on l'extraire des pierres calcaires, soit en calcinant celles-ci, c'est-à-dire en les chauffant fortement pour les réduire à l'état de chaux vive, soit en les traitant par l'acide sulfurique, qui s'empare de la chaux et met en liberté le gaz carbonique. Celui-ci se dégage en produisant une vive effervescence.

Azote.

L'*azote* est un gaz sans couleur, sans odeur ni saveur; il éteint les corps en combustion, et n'est pas propre à entretenir la vie; sous ce rapport, il diffère de l'oxigène, substance qui, avec l'azote, forme la plus grande partie de l'atmosphère terrestre. Quoique l'on trouve ces deux gaz combinés entre eux dans la nature, ils sont sans action l'un sur l'autre lorsqu'on les mèle à une température quelconque.

Air atmosphérique.

L'*air atmosphérique* est un simple mélange d'azote et d'oxigène dans le rapport de 79 à 21 en poids; il contient en outre une légère quantité d'acide carbonique et de vapeur d'eau. C'est un fluide transparent, invisible, sans odeur ni saveur, pesant, compressible et parfaitement élastique; il est huit cents fois plus léger que l'eau pure; soumis à l'action de la plus haute chaleur ou du plus grand froid, il n'éprouve aucune altération. C'est à cause de l'oxigène qu'il contient que l'air est nécessaire à la vie des animaux; ce gaz est absorbé dans l'acte de la respiration, et il se fait une véritable combustion au sein des poumons. C'est aussi par son oxigène que l'air est propre à entretenir le feu. Nous avons déjà dit que ce phénomène consistait dans la combinaison de l'oxigène avec un corps combustible, ou simple ou composé. Lorsqu'on ɔrûle du bois ou du charbon, il se produit, par suite du :hangement d'état de l'oxigène, un grand dégagement de :haleur et de lumière capable d'enflammer les matières ;azeuses qui s'échappent du corps brûlé.

Acide nitrique.

L'*acide nitrique*, qui devrait porter le nom d'*acide ɪzotique*, est une combinaison d'azote, d'oxigène et l'eau. C'est un des acides les plus puissans par leur afinité pour les alcalis; il les neutralise exactement. Cet .cide est liquide, blanc, très-sapide et très-corrosif. Il .ttaque vivement les matières animales et les désorganise ntièrement. Il jaunit la peau, les poils, la laine, etc. On 'emploie dans quelques arts. L'*eau forte*, dont se servent es graveurs pour tracer les premiers traits sur le cuivre, ɪ'est autre chose que le même acide étendu d'eau. Comme n peut se le procurer en distillant du nitre ou salpêtre, n l'a nommé d'abord *esprit de nitre* et ensuite *acide nirique*. Il se décompose lorsqu'on élève sa température u lorsqu'on soumet à son action un très-grand nombre le corps, et particulièrement des métaux. Dans ce derier cas, il y a une effervescence due au dégagement 'un gaz transparent non acide, appelé *gaz nitreux* (ou eutoxide d'azote); mais ce gaz, aussitôt qu'il a le conıct de l'air, prend la forme de vapeurs rouges acides, ui sont de l'*acide nitreux*.

Ammoniaque.

L'*ammoniaque* est une combinaison d'azote et d'hyrogène. C'est un gaz sans couleur, qui a une odeur ɔrte et piquante, une saveur âcre et caustique. L'amıoniaque jouit des propriétés qui caractérisent les alcas; aussi a-t-elle porté pendant long-temps le nom d'*alali volatil.* On l'a appelée *ammoniaque*, parce qu'on obtient en distillant le sel ammoniac avec de la chaux. :lle se dissout facilement dans l'eau, et forme alors l'amıoniaque fluor ou liquide, que les chimistes emploient :équemment comme réactif

Soufre.

Le *soufre* est un corps simple, solide à la température ordinaire, d'un jaune citron et sans saveur; il est très-friable, prend une légère odeur par le frottement, et lorsqu'on le serre dans la main ou lorsqu'on l'échauffe un peu, il se brise en faisant entendre un craquement particulier : il fond à une température un peu plus élevée que celle de l'eau bouillante, et finit même par se réduire en vapeur. Le soufre s'unit au gaz hydrogène à une certaine température, et forme avec lui un gaz incolore et acide, facile à reconnaître à son odeur fétide, qui ressemble à celle des œufs pourris. Ce gaz est connu sous les noms d'*hydrogène sulfuré* et d'*acide hydro-sulfurique*. Le soufre se combine avec l'oxigène en plusieurs proportions. A une certaine température il prend feu dans ce gaz, y brûle avec une flamme d'un blanc bleuâtre, et produit en s'unissant à lui un autre gaz acide, qui est l'*acide sulfureux*. Ce gaz a une odeur piquante que tout le monde connaît; c'est celle des allumettes brûlées. Le soufre agit de la même manière sur l'air atmosphérique. En brûlant un mélange de soufre et de nitre dans des chambres de plomb, dont le sol est couvert d'eau, on obtient de nouvelles vapeurs acides qui vont ensuite se condenser dans l'eau; c'est de l'acide sulfurique.

Acide sulfurique.

L'*acide sulfurique*, appelé autrefois *huile de vitriol*, est liquide, blanc, épais, inodore, très-sapide; susceptible de se solidifier à un froid de 12°; très-avide d'eau, dont on ne peut le priver en totalité; se vaporisant par une chaleur ordinaire; éprouvant une décomposition prompte lorsqu'on l'expose à une chaleur assez forte. Il est doué des propriétés caractéristiques des acides au plus haut degré; il est très-caustique, et désorganise sur-le-champ toutes les matières végétales et animales. C'est de tous les acides le plus important et le plus employé dans les arts.

Bore et acide borique.

Le *bore* est un corps simple, solide, infusible. On ne le rencontre qu'à l'état de combinaison dans la nature. A une température assez élevée, il brûle avec assez d'éclat, et se transforme en *acide borique*. Cet acide est un corps solide, blanc, sans odeur et d'une saveur légèrement aigre, très-peu soluble dans l'eau.

Phosphore.

Le *phosphore* est un corps simple, tendre, et très-flexible lorsqu'il est pur; sans saveur, exhalant une odeur d'ail très-sensible; tantôt il est transparent et incolore, tantôt demi-transparent et jaunâtre, tantôt opaque et tout-à-fait noir. Mis dans l'obscurité il est lumineux, pourvu qu'il ait le contact de l'air; il brûle dans ce fluide à toutes les températures, en répandant des fumées blanches. En raison de cette grande action qu'il a sur l'air, on est obligé de le conserver dans des vases qui n'en contiennent pas du tout. Il n'existe dans la nature qu'à l'état de combinaison. On l'extrait des os calcinés, ou bien du résidu que laissent les urines lorsqu'on les réduit par l'évaporation. Le phosphore, en se combinant avec l'hydrogène dans une certaine proportion, donne naissance à un gaz incolore, nommé *hydrogène phosphoré*, qui a la propriété de s'enflammer spontanément aussitôt qu'il a le contact de l'air. Le phosphore s'unit aussi à l'oxigène en plusieurs proportions qui produisent différens acides. On employait autrefois le phosphore à la fabrication des briquets dits *phosphoriques*. Ce n'étaient que de petits flacons de verre bien bouchés, et qui contenaient du phosphore en partie oxidé ; il suffisait de plonger dedans une allumette soufrée pour qu'elle prît feu de suite. Mais aujourd'hui on leur préfère généralement ceux qui sont fabriqués avec l'acide sulfurique, et pour lesquels il faut des allumettes convenablement préparées.

Acide phosphorique.

L'*acide phosphorique*, qui est une combinaison d'oxigène et de phosphore, est solide à la température ordinaire, incolore, très-sapide et sans odeur; il est soluble dans l'eau en toutes proportions. Exposé au feu, il fond au degré de la chaleur rouge, et se transforme en un verre blanc et transparent. On l'obtient par la combustion du phosphore dans l'air sous une cloche de verre.

Fluore et acide fluorique.

Le *fluore* est un corps simple, dont l'existence n'est que soupçonnée, parce qu'il n'a pas encore été isolé de ses combinaisons. L'une de ces combinaisons est l'acide qu'on nomme *fluorique;* c'est une substance liquide, blanche, qui se vaporise facilement, et qui a la propriété de corroder le verre. Aussi a-t-on tiré parti de cette propriété pour graver sur le verre, par un procédé analogue à celui que l'on emploie pour graver sur le cuivre à l'eau-forte.

Chlore et acide hydrochlorique.

Le *chlore* est un corps simple, gazeux, d'un jaune verdâtre, d'une saveur désagréable et d'une odeur pénétrante et caractéristique. Ce gaz est impropre à la combustion; il attaque les couleurs végétales et détruit les miasmes putrides; aussi l'emploie-t-on pour blanchir les toiles et désinfecter l'air. Il se dissout facilement dans l'eau; sa solution a l'odeur, la saveur et la couleur du chlore gazeux et une grande partie de ses propriétés chimiques. Le chlore se combine avec un grand nombre de corps simples, et donne naissance à des chlorures. Il a une grande affinité pour l'hydrogène, avec lequel il forme un gaz acide qui est connu sous les noms d'*acide hydrochlorique* et d'*acide muriatique*. Ce gaz est extrêmement soluble, et communique à l'eau toutes ses propriétés. L'acide muriatique, mêlé à l'acide nitrique, forme l'*eau régale*, ou *acide nitromuriatique*.

Terres et Alcalis.

Les TERRES sont des oxides métalliques que l'on ne peut réduire qu'avec la plus grande difficulté; aussi les a-t-on jusqu'à ces derniers temps regardées comme des corps simples; elles entrent dans la composition des sels, où elles font presque toujours les fonctions de base et rarement d'acide. On les distingue des acides et des alcalis proprement dits, en ce qu'elles ne possèdent pas les propriétés caractéristiques de ces deux classes de corps; ainsi elles sont généralement sans saveur, infusibles, insolubles dans l'eau et très-peu solubles dans les acides. Ces différences toutefois ne sont pas telles qu'il n'y ait en quelque sorte passage des terres aux acides et aux alcalis par quelques-unes d'entre elles. Les plus importantes de ces terres sont la *silice*, l'*alumine* et la *magnésie*. Les deux premières se rencontrent dans la nature sous forme solide; mais pour avoir en général les terres à l'état de pureté, il faut les préparer artificiellement, en les extrayant des sels dont elles font partie, et que l'on a mis préalablement en solution dans un liquide. On les obtient alors par la précipitation et la dessication, sous forme de poudre blanche.

La *silice*, ainsi nommée parce qu'elle entre dans la composition des silex ou cailloux, était connue anciennement sous le nom de *terre vitrifiable*, parce qu'elle sert à la fabrication du verre. Dans la nature, elle se présente sous l'aspect d'une pierre solide et dure; mais préparée artificiellement, elle est en poudre blanche, très-rude au toucher. La silice a beaucoup de rapport avec les acides par ses affinités; c'est-à-dire qu'elle s'unit très-difficilement avec les acides proprement dits, et se combine presque toujours soit avec les alcalis, soit avec les autres terres, à la manière d'un véritable acide; aussi donne-t-on quelquefois à cette ancienne terre le nom d'*acide silicique*, et aux combinaisons salines qu'elle forme, celui de *silicates*.

L'*alumine*, connue anciennement sous le nom de *terre argileuse*, parce qu'elle est la base des argiles, se présente aussi dans la nature sous la forme d'une pierre solide, extrêmement dure; mais lorsqu'on l'obtient artificiellement, elle est en poudre blanche, douce au toucher, insoluble dans l'eau, et formant pâte avec elle. Lorsqu'on la précipite de ses dissolutions, par le moyen des alcalis, elle est sous forme de flocons gélatineux. Cette sorte de gelée n'est autre chose que de l'alumine très-divisée qui retient un peu d'eau entre ses parties.

La *magnésie* se précipite de ses dissolutions sous la forme d'une poudre blanche, douce et onctueuse au toucher, et légèrement soluble dans l'eau. Elle se rapproche des alcalis par ses propriétés chimiques.

Les ALCALIS sont, comme les terres, des oxides métalliques, que l'on ne peut réduire qu'avec beaucoup de difficulté; les propriétés qui les distinguent sont d'être solubles dans l'eau, d'avoir une saveur âcre ou de lessive; d'être caustiques, c'est-à-dire de désorganiser promptement les matières animales; de verdir la teinture de violettes, et de ramener au bleu la teinture de tournesol qui a été rougie par un acide. Les principaux alcalis sont la potasse, la soude, la baryte, la strontiane et la chaux. L'ammoniaque jouit aussi des propriétés qui caractérisent les alcalis, quoiqu'elle ne soit point un oxide métallique.

La *potasse* est un corps solide d'un blanc grisâtre, d'une saveur très-âcre et très-corrosive, fusible à une température élevée, éminemment soluble dans l'eau. Elle a tant d'affinité pour l'eau, que quand on verse celle-ci peu à peu sur un morceau de potasse, elle est absorbée et solidifiée instantanément, et son absorption est accompagnée d'un vif dégagement de chaleur, comparable à celui que l'on observe dans l'extinction de la chaux (*voyez* plus bas). La potasse, exposée à l'humidité de l'air, l'attire avec force, et finit bientôt par se résoudre en liqueur. Sa dissolution dans l'eau jouit des propriétés alcalines au plus haut degré : elle est connue sous le nom d'*eau de potasse*. La potasse constitue en grande partie la pierre à cautère; elle entre dans la composition des savons mous, du verre, du salpêtre et de l'alun. Réunie à l'acide carbonique, elle compose presque entièrement la potasse du commerce, que l'on extrait des cendres des végétaux, et que l'on emploie pour les lessives.

La *soude* a presque tous les caractères physiques de la potasse; elle en diffère par quelques-unes de ses propriétés chimiques, et par exemple par la propriété qu'elle a, lorsqu'elle est exposée à l'air libre, d'attirer d'abord l'humidité, et de se dessécher ensuite, au lieu de se résoudre en eau comme la potasse.

La soude, unie aux graisses et aux huiles, forme les savons solides; elle entre aussi dans la composition du verre, et est employée pour le dégraissage des étoffes.

La *baryte* est en masse poreuse d'un blanc grisâtre, très-pesante, infusible au feu de nos fourneaux, très-caustique et en même temps vénéneuse. La *strontiane* présente à peu près les mêmes caractères; mais elle se distingue de la baryte, en ce que sa solution par l'eau, lorsqu'elle est très-étendue, et qu'on y verse de l'acide sulfurique, ne donne pas de précipité, tandis que, dans le même cas, l'eau de baryte précipite toujours.

La *chaux*, à l'état de pureté, est en masses solides et poreuses, d'un blanc-grisâtre; elle est soluble dans l'eau et infusible; sa saveur est âcre et brûlante; elle est corrosive, mais à un moindre degré que la soude et la potasse. Elle a une affinité très-forte pour l'eau; aussi ne peut-elle exister à l'état de pureté qu'autant qu'elle est soustraite au contact de l'air atmosphérique. Quand on verse de l'eau peu à peu sur un morceau de chaux, celui-ci l'absorbe avec un léger frémissement, sans paraître mouillé; mais il arrive un moment où la chaux *fuse*, c'est-à-dire qu'elle s'échauffe, se gonfle, se délite en morceaux qui se réduisent eux-mêmes en poussière. En même temps la vapeur s'en dégage avec sifflement dans l'atmosphère. La chaux pure, qui n'a point éprouvé l'action de l'air ni de l'eau, et possède toutes ses propriétés alcalines, est connue sous le nom de *chaux vive;* celle qui a été réduite en poudre par son contact avec l'eau ou par son exposition à l'air, et qui a perdu par là sa causticité, est de la chaux *éteinte*. La chaux éteinte forme la base des mortiers et des cimens, dans lesquels elle est mélangée avec une matière solide plus ou moins divisée, telle que du sable siliceux.

DES SELS.

On donne en général le nom de SELS aux combinaisons des acides avec les bases salifiables, telles que l'ammoniaque et les différens oxides métalliques, en y comprenant ceux que nous venons de décrire sous les noms de *terres* et d'*alcalis*. En se combinant entre eux pour former des sels, les acides et les alcalis ou bases, perdent la plupart de leurs propriétés, et en prennent de nouvelles; ainsi la saveur, l'odeur, la volatilité, la fusibilité sont en général changées; mais parmi ces changemens, les plus remarquables sont ceux qui ont lieu relativement aux propriétés acides et alcalines. Nous avons déjà dit qu'un acide et un alcali, en se réunissant, détruisaient ou *neutralisaient* réciproquement leurs propriétés caractéristiques, et cela totalement ou en partie, suivant la proportion relative de chacun d'eux. La combinaison est donc neutre, ou bien elle conserve en partie, soit la propriété acide, soit la propriété alcaline. De là les trois classes de sels, connus sous les noms de *sels neutres*, de *sels acides* (ou *sur-sels*, *sels* avec excès d'acide), et de *sels alcalins* (ou *sous-sels*, sels avec excès de base ou d'alcali).

Il y a beaucoup de sels qui sont combinés avec une certaine proportion d'eau, et qu'on nomme pour cela *hydratés*. Ceux qui n'en contiennent pas sont appelés *sels anhydres*. Un grand nombre de sels sont solubles dans l'eau; d'autres ne le sont que dans les acides. L'eau dissout en général les sels en quantité plus ou moins grande, suivant que sa température est plus ou moins élevée. Lorsqu'elle contient ainsi en solution tout ce qu'elle peut dissoudre d'un sel au degré de température où elle est, on dit qu'elle en est *saturée*. Cette circonstance ayant lieu, si la température vient à baisser, l'eau ne pourra plus retenir en solution la même quantité de sel; aussi par le refroidissement une portion des molécules salines doivent se déposer au fond ou sur les parois du vase qui contient l'eau, et se réunir en une masse solide en vertu de leur attraction réciproque. Lorsque, l'eau étant parfaitement tranquille, ces molécules se déposent successivement et avec lenteur, elles tendent alors à tourner dans le même sens leurs parties semblables, et à se placer à des distances égales les unes des autres, et souvent elles s'arrangent entre elles avec une telle symétrie, qu'elles offrent dans les divers sens la disposition qu'on nomme *en quinconce*, et qu'on peut se figurer leur masse comme formée par la superposition de couches ou lames planes de molécules, comparables aux différentes assises de pierres de nos constructions. Cette aggrégation régulière des molécules d'un sel est appelée *cristallisation ;* en même temps qu'il offre cette sorte de structure à l'intérieur, il est souvent terminé extérieurement par des faces planes, disposées avec symétrie. De tels corps réguliers sont ce qu'on nomme *des cristaux ;* il s'en produit toutes les fois qu'une substance passe lentement de l'état aériforme ou liquide à l'état solide ; aussi peut-on opérer artificiellement la cristallisation d'un grand nombre de corps, en les exposant à l'action du feu jusqu'à ce qu'ils soient fondus ou volatilisés. On les laisse ensuite se refroidir tranquillement ; les molécules se fixent de nouveau, mais avec lenteur, et la cristallisation s'opère.

Lorsqu'un sel est anhydre, et qu'on l'expose à l'action de la chaleur, s'il n'est pas décomposé, il finit par se fondre, et se transformer en une sorte de verre ; on dit alors qu'il a éprouvé la *fusion ignée*. Mais s'il est hydraté, il perd son eau avant d'éprouver la fusion ignée, et souvent avant d'en abandonner aucune portion il se dissout plus ou moins complètement dans cette même eau, et présente alors le phénomène appelé *fusion aqueuse*. Il y a des sels qui attirent l'eau avec assez de force pour en enlever à l'atmosphère, et se résoudre en liqueur. Ils sont appelés *déliquescens*. Il en est d'autres, au contraire, qui abandonnent de l'eau par leur exposition à l'atmosphère, quand celle-ci n'est pas très-humide. Ces sels sont dits *efflorescens ;* ils deviennent opaques, et finissent par se réduire en poudre. Les sels déliquescens et efflorescens contiennent toujours une proportion d'eau considérable, et qui dans un grand nombre excède la moitié de leur poids.

Comme les sels en général se forment au milieu de l'eau, il arrive souvent que leurs molécules, en s'agrégeant, retiennent entre elles une très-petite quantité de ce liquide, que l'on ne peut pas considérer comme essentielle à la composition du corps; cette petite quantité d'eau produit un phénomène particulier, lorsqu'on vient à projeter le sel sur des charbons ardens; c'est la *décrépitation :* le sel pétille et saute en éclats, parce que l'eau interposée entre ses particules se réduit instantanément en vapeur et brise le sel. (Ex. : *Sel de cuisine.*)

Le nombre des sels, soit naturels, soit artificiels, est très-considérable; parmi ceux qu'il importe le plus de connaître, nous citerons le sel commun ou sel marin (hydro-chlorate de soude), le sel ammoniac (hydro-chlorate d'ammoniaque), le nitre ou salpêtre (nitrate de potasse), la pierre calcaire (carbonate de chaux), le gypse ou la pierre à plâtre (sulfate de chaux), etc.

PRÉCIS ÉLÉMENTAIRE

D'HISTOIRE NATURELLE.

CONSIDÉRATIONS GÉNÉRALES.

Définition du mot *Nature*. — Objet de l'*Histoire naturelle*.

Le mot *Nature* est souvent pris dans des acceptions très-diverses : on s'en sert pour exprimer d'une manière abrégée, tantôt l'ensemble des propriétés ou qualités essentielles d'un corps, tantôt la collection des êtres qui composent l'univers, tantôt enfin les lois qui le régissent. C'est surtout dans ce dernier sens, a dit un savant illustre [1], que l'on a coutume de personnifier la nature, et d'employer par respect son nom pour celui de son Auteur. La nature, envisagée dans la multitude innombrable de ses productions, est le spectacle le plus vaste et le plus imposant qui soit offert à la curiosité de l'homme, le sujet le plus digne d'exercer son intelligence; c'est un magnifique tableau, qui séduit également et par l'inépuisable variété des détails, et par l'harmonie de l'ensemble. La nature, ainsi contemplée dans ses œuvres, n'est pas un objet de pur amusement, de vaine spéculation : non seulement cette étude éclaire l'esprit et l'orne de connaissances utiles, elle fait naître encore dans l'âme des sentimens de respect et d'admiration à la vue de tant de merveilles, qui portent des caractères si marqués d'une puissance et d'une sagesse infinies.

L'*Histoire naturelle* est la science qui a pour objet la connaissance de tous les êtres particuliers, soit vivans, soit inanimés, que nous appelons *corps*, et qui composent l'ensemble de notre globe. Son but est d'étudier ces

[1] M. le baron Cuvier.

corps en eux-mêmes, ou tels qu'ils s'offrent à l'observation; de reconnaître toutes les propriétés ou qualités qu'ils manifestent dans leur état naturel, avant que l'art ne leur ait fait subir d'altération; de se servir ensuite de ces propriétés comme de *caractères* propres à fournir le signalement ou la description de chacun de ces corps, et à les faire distinguer les uns des autres; enfin, de les comparer entre eux pour établir ce qu'ils ont de commun ou de particulier, et pour les classer suivant leurs degrés de ressemblance.

Décrire et *classer*, tel est donc le double but que se propose le naturaliste; ses principaux moyens pour y parvenir sont l'*observation* et la *comparaison*. Il observe successivement les différens corps, il les envisage sous toutes leurs faces, afin de découvrir leurs propriétés diverses; puis il les compare entre eux jusqu'à ce qu'il ait reconnu des rapports entre ces propriétés; ce qui le conduit à trouver les lois ou règles générales auxquelles elles sont soumises. En procédant ainsi, il s'aperçoit bientôt qu'il est des propriétés qui en excluent d'autres dans le même être, ou qui sont *incompatibles* avec elles; qu'il en est, au contraire, qui s'accompagnent nécessairement, ou qui sont toujours *concomitantes*. Deux êtres que l'on compare peuvent donc avoir un certain nombre de propriétés communes avec des propriétés de nature toute différente. Ces dernières expriment alors les différences des deux êtres, ou forment leurs *caractères distinctifs*. Des propriétés de même genre peuvent aussi se rencontrer dans deux corps à des degrés divers, ou avec des modifications particulières pour chacun d'eux. Ces degrés ou modifications des propriétés générales fournissent aussi des caractères distinctifs, tout aussi bien que la présence dans l'un des corps de propriétés qui manquent totalement à l'autre.

Pour qu'un être pris isolément soit exactement connu, il faut que sa description soit complète, c'est-à-dire qu'elle comprenne l'énumération de toutes ses propriétés sans en omettre une seule. Mais si l'on veut seulement le reconnaître au milieu d'un petit nombre d'autres qui ont tous avec lui quelques propriétés communes, on peut faire abstraction de ces propriétés, et n'avoir égard qu'à celles qui diffèrent ou ne se montrent pas dans tous ces corps à la fois; dans ce cas, le caractère de chacun d'eux ne comprend qu'une partie de la description complète du corps, qui n'est plus distingué que d'une manière relative.

DES MÉTHODES OU CLASSIFICATIONS.

C'est sur cette faculté qu'a notre esprit de considérer dans un objet certaines propriétés, en faisant abstraction des autres, que sont fondées les classifications ou méthodes, sortes de catalogues raisonnés dans lesquels les êtres que l'on veut distinguer sont groupés entre eux d'après leurs différens degrés de ressemblance. L'ensemble de ces êtres est d'abord partagé en un petit nombre de grandes divisions, qu'on nomme ordinairement *classes*, et dont chacune comprend les êtres qui se ressemblent par quelques propriétés très-générales, c'est-à-dire qui conviennent à un très-grand nombre de corps. Ces propriétés, constantes dans tous les corps qui appartiennent à la même classe, constituent le *caractère* de cette première division. Chaque classe à son tour se partage en divisions moins grandes, appelées *ordres* ou *familles*, dans chacune desquelles les corps se ressemblent par quelques autres propriétés générales, mais d'une moins grande généralité que celles qui caractérisent la classe; chaque famille se subdivise pareillement en groupes moins étendus, appelés *genres*, et dont chacun a pour caractères de nouvelles propriétés communes aux corps qu'il comprend; chaque genre enfin se partage de même en un certain nombre de groupes plus pet ts, nommés *espèces*, et chaque espèce en un certain nombre de *variétés*. C'est ce mécanisme ou cet échafaudage de divisions successives, dont les supérieures contiennent les inférieures, que l'on nomme en histoire naturelle une *classification* ou une *méthode*.

Deux corps compris dans l'une quelconque des divisions de la méthode ont nécessairement de commun, non seulement le caractère propre à cette division, mais encore ceux des divisions supérieures qui la contiennent. Par conséquent ils ont entre eux d'autant plus de ressemblance, qu'ils se trouvent faire partie de groupes moins élevés. Il est donc clair que si l'on descend dans l'échelle de ces divisions successives, on doit en atteindre une qui ne contiendra plus que des corps d'une ressemblance presque parfaite, et que l'on sera porté à identifier dans la même idée comme sous le même nom. Cette division fondamentale, qui est le terme auquel aboutissent les divisions supérieures, et où s'arrêtent pour ainsi dire toutes les distinctions possibles entre les êtres, est celle qui porte la dénomination d'*espèce*. Les corps de même espèce sont donc ceux qui n'admettent que de légères différences, que souvent on néglige en raison de leur peu d'importance, ou qui, lorsqu'on juge à propos d'en tenir compte, constituent seulement ce qu'on nomme des *variétés*.

Dans les classifications relatives à l'histoire naturelle, non seulement tous les êtres ont des noms qui rappellent leurs caractères distinctifs, mais encore chaque division de la méthode a sa dénomination propre, qui est liée au caractère de cette division. Par là les rapports de ces êtres peuvent être exprimés de la manière la plus simple, et avec de l'attention et de la mémoire on parvient aisément à se rendre familières toutes les parties de la méthode, en l'étudiant, soit dans les ouvrages où elle se trouve développée, soit surtout dans les *cabinets* ou grandes collections, qui en offrent une représentation fidèle.

L'utilité des classifications en histoire naturelle est incontestable. Un premier avantage qu'elles présentent, c'est de faire distinguer sûrement à celui qui commence l'étude de la science un objet qu'il voit pour la première fois, et dont il ignore le nom. En effet, une classification est comme une sorte de dictionnaire, ou de table raisonnée de matières, dans laquelle les caractères des objets jouent le rôle des lettres de l'alphabet. En partant de ceux que porte avec lui l'être que l'on considère, pour les chercher en tête des divisions de la méthode, comme on part des lettres initiales d'un mot pour interroger les pages d'un vocabulaire, on arrive aisément à trouver la place et le nom de cet objet dans la méthode, après avoir déterminé successivement la classe, l'ordre, le genre et l'espèce auxquels il appartient.

Un autre avantage des méthodes, lorsqu'elles sont bien faites, c'est qu'elles ne se bornent pas à nous apprendre des noms; elles nous font encore *connaître* les objets, ce qui est tout différent; et elles nous les font connaître chacun en lui-même, et par comparaison avec tous les autres. En effet, si les divisions de la méthode ont été établies d'après l'ensemble des caractères que peuvent offrir les objets auxquels elle se rapporte, il ne faut que récapituler tous ceux par lesquels elle nous conduit au nom de chaque objet, c'est-à-dire ses caractères de classe, de famille, de genre et d'espèce, pour avoir le caractère total et absolu du corps, tel que le donnerait sa description complète, faite indépendamment de toute classification, avec cette différence, que ce caractère absolu se trouve alors décomposé en une série graduée de caractères relatifs, qui expriment les divers degrés de ressemblance de l'objet avec les autres corps. Aussi il arrive que, par un fréquent usage de la méthode, notre esprit finit par embrasser l'ensemble de tous les êtres qu'elle comprend, et par saisir les traits qui leur sont communs ou les différences qui les distinguent.

Le besoin de divisions méthodiques, semblables à celles qui caractérisent les classifications en histoire naturelle, se fait sentir partout où l'on a à distinguer un grand nombre d'objets, quelle que soit d'ailleurs leur nature. Aussi trouve-t-on dans le mécanisme des langues, dans les sciences de faits, dans les travaux administratifs, etc., une foule d'exemples de pareils classemens que suggère aux hommes une logique naturelle [1]. Cet art de la méthode peut s'appliquer avec

[1] Ainsi, dans notre langue, le terme de *mobilier* exprime une classe d'objets que l'on a subdivisée en plusieurs genres, désignés par les noms de *table*, de *vase*, de *siége*, etc.; et chacun de ces genres est composé de plusieurs espèces, *table à manger*, *table à ouer*, *table à écrire*. Dans l'organisation d'un état, on divise le

avantage à toute sorte d'étude, et aucune science n'est plus propre que celle de la nature à y former notre esprit.

DISTINCTION DES ÊTRES NATURELS EN TROIS RÈGNES.

La distinction de tous les êtres de la nature en trois grandes classes, appelées *règnes*, date des temps les plus reculés. Ces trois règnes sont : le Minéral, le Végétal et l'Animal. Les Minéraux sont des êtres bruts ou privés de vie ; les Végétaux sont des êtres vivans, mais dépourvus de sensibilité et de mouvement volontaire ; les Animaux sont des êtres vivans, qui sentent et se meuvent à leur gré. L'*Histoire naturelle* se partage en trois branches principales, qui correspondent à ces trois divisions, savoir : la *Minéralogie*, la *Botanique* et la *Zoologie*.

Les végétaux et les animaux forment deux séries d'êtres, qui vers leurs extrémités semblent se confondre, les caractères distinctifs des deux règnes finissant par s'effacer insensiblement, en sorte qu'il est des corps que l'on peut rapporter à l'un et à l'autre avec la même probabilité. C'est pour cela que la plupart des naturalistes modernes ont préféré ne faire que deux classes de tous les corps que présente la nature : celle des *corps organiques*, qui comprend les végétaux et les animaux, et celle des *corps inorganiques*, qui embrasse toute la nature brute, les minéraux, les liquides et les gaz. Tout diffère entre ces deux classes de corps, structure ou composition, forme extérieure, origine, accroissement et fin. 1°. La structure : le corps organique est un tout essentiellement formé de parties dissemblables, qu'on

territoire en *départemens*, et l'on subdivise chaque département en *arrondissemens*, chaque arrondissement en *cantons*, chaque canton en *mairies* ou *municipalités*. L'armée est de même partagée en *régimens*, *bataillons*, *compagnies*, *pelotons* et *soldats*. C'est cet ordre qui permet au chef de l'état de connaître, de distinguer et de dénommer toutes les parties d'une administration, quelque vaste qu'elle soit et de les embrasser pour ainsi dire d'un seul coup-d'œil.

nomme des *organes*, sortes d'instrumens créés pour des fonctions particulières qui doivent concourir à un but commun, la vie ou l'existence du tout. Le corps brut, au contraire, est une masse essentiellement homogène, un simple assemblage de particules similaires, qui, prises séparément, offrent les propriétés de l'ensemble. 2°. La forme extérieure : le corps organique a une forme déterminée, due à une combinaison constante de parties semblables ; le corps inorganique a une forme nécessairement variable, en raison de l'indépendance de ses particules, que l'on peut réunir comme on le voudra, en nombre plus ou moins considérable. 3°. L'origine : le corps organique *naît* toujours d'un autre corps organique préexistant et semblable à lui ; le corps inorganique *se forme* chaque fois que des molécules de même nature sont en présence et se réunissent par leur attraction mutuelle. 4°. L'accroissement : le corps organique s'accroît à l'intérieur par *intussusception* ou nutrition, c'est-à-dire par le transport et le dépôt de nouvelles molécules dans toutes les parties de son être, de manière que sa composition varie et se renouvelle sans cesse ; le corps brut s'accroît par *juxtaposition*, ou addition à l'extérieur de molécules nouvelles, mais semblables aux siennes, qui viennent envelopper de couches successives la masse des premières, de sorte qu'à un instant quelconque de son accroissement tout ce qui a été formé jusque là n'éprouve plus de changement. 5°. La fin : le corps organique ne peut s'accroître que jusqu'à un certain terme, après lequel il marche vers sa destruction, et finit bientôt par mourir de vieillesse ou d'accident, tandis qu'il n'y a point de limites à l'accroissement du corps inorganique, et une fois formé il peut durer éternellement, si nulle action extérieure ne tend à le détruire.

Il y a des distinctions à faire entre les corps inorganiques, sous le rapport du mode de leur formation. Les uns ne peuvent être produits que dans l'intérieur des corps organisés vivans, et par l'action immédiate de la vie : tels sont les sucres, les gommes, les résines, le lait, etc. D'autres, au contraire, se forment au sein de la nature inerte, sans aucune participation des forces vitales, comme les pierres et les métaux. D'autres enfin sont d'origine mixte; ils proviennent de matières organiques, qui, enfouies depuis long-temps dans le sol, y ont changé de nature par suite des décompositions qu'elles ont subies: tels sont, parmi les combustibles, la houille et les bitumes. L'étude de tous les corps inorganiques compris dans la première division, et de ceux de la seconde, qui sont formés artificiellement dans les laboratoires de chimie, appartient à cette dernière science; les seuls corps bruts qui soient du domaine de l'histoire naturelle sont donc ceux que la nature a produits elle-même, que nous retirons du sein de la terre, et auxquels s'applique exclusivement le nom de *minéraux*.

PREMIÈRE PARTIE.

RÈGNE MINÉRAL.

OBJET DE LA MINÉRALOGIE.—NATURE DES MINÉRAUX.

La minéralogie est la science qui a pour objet l'étude des minéraux, c'est-à-dire des corps bruts, produits directement par la nature, et que l'on trouve à la surface ou dans l'intérieur de la terre. Elle se divise en deux branches : la *minéralogie proprement dite*, qui considère les minéraux sous le rapport de leurs propriétés générales, des caractères particuliers qui les distinguent individuellement, de leur classification suivant l'ordre méthodique, et enfin de leur emploi dans les arts et les usages de la vie; et la *géologie* ou *géognosie*, qui considère les minéraux sous le rapport de leurs manières d'être dans la nature, du rôle plus ou moins important qu'ils jouent dans la structure du globe, dont ils sont les matériaux, des lois qui règlent leurs associations et leurs positions relatives, et dont la connaissance guide le mineur dans la recherche des substances utiles; enfin, sous le rapport des documens précieux qu'ils peuvent fournir à l'histoire de la terre.

Un *minéral* est, comme tout corps brut, formé de molécules qui n'ont entre elles qu'une certaine adhérence, et qui ne forment point un tout commun et nécessaire. Aussi peut-on le séparer en fragmens, qui sont exactement de même nature que le corps entier. Un minéral est donc une masse ou une aggrégation de molécules, et quelque loin que l'on pousse la division mécanique d'une pareille masse, on n'obtient jamais que des masses plus petites, et non des molécules isolées, que l'on ne peut atteindre à cause de leur extrême petitesse. Diviser mécaniquement un corps, ce n'est qu'augmenter la séparation d'un certain nombre de ses molécules, jusqu'au point de rompre leur adhérence, qui ne peut se maintenir qu'autant qu'elles sont à de très-petites distances les unes des autres.

De ce que le minéral est un assemblage de molécules simplement juxtaposées, et dont le mode d'agrégation peut varier presqu'à l'infini, il résulte que des corps de même espèce, ou qui sont composés de molécules semblables, peuvent présenter de grandes différences dans leurs caractères extérieurs, selon que leurs molécules sont plus ou moins rapprochées, et disposées d'une manière régulière ou confuse.

C'est ainsi, par exemple, que l'eau, sans changer de nature, s'offre tantôt à l'état liquide, et tantôt sous la forme de neige ou de glace. Cette variation dans les caractères extérieurs d'une même substance est telle, qu'il y a souvent plus de diversité sous le rapport de l'aspect, entre deux minéraux de même espèce ou formés des mêmes molécules, qu'entre deux minéraux d'espèce différente dont les molécules n'ont rien de commun entre elles. On doit donc distinguer parmi les caractères d'un minéral ceux qui peuvent n'exprimer qu'une simple différence dans l'arrangement des particules, d'avec ceux qui dépendent de la nature même de ces particules; ces derniers sont nécessairement plus importans que les autres. Or, ce qui distingue la Minéralogie des deux autres branches de l'histoire naturelle, c'est que dans les corps organiques les caractères de première valeur se tirent de propriétés apparentes, et sont par conséquent faciles à saisir, tandis que dans les minéraux les propriétés les plus essentielles pour la distinction des espèces sont en même temps les plus cachées et les plus difficiles à dévoiler. Ce que l'on étudie de préférence dans un animal ou dans une plante, c'est la forme et la position des organes, et non la nature des molécules : dans les minéraux, au contraire, ce sont les caractères qui expriment la différence de nature des molécules qui méritent le plus d'attention; ceux qui tiennent à l'aspect extérieur, à la forme et à la structure de la masse, ont généralement beaucoup moins d'importance. C'est là ce qui rend si difficile en Minéralogie la distinction et la classification des espèces, quoiqu'elles soient peu nombreuses, tandis qu'en Botanique et en Zoologie, où le nombre des espèces est incomparablement plus considérable, on parvient plus aisément à les reconnaître et à les ranger dans un ordre méthodique.

DES ESPÈCES MINÉRALES ET DE LEURS VARIÉTÉS.

Nous avons dit qu'un Minéral consistait dans une agrégation de molécules semblables, ce qui est vrai en général, mais non d'une manière absolue. Faisons pour le moment abstraction des cas exceptionnels, et admettons le fait dans toute sa généralité. Nous serons naturellement conduits à établir les idées fondamentales d'*espèce* et de *variété* en Minéralogie. En effet, une *espèce* sera la réunion de tous les minéraux composés des mêmes molécules, quel que soit leur mode d'agrégation, c'est-à-dire la réunion de tous les corps dans chacun desquels les molécules sont identiques entre elles et avec celles des autres corps; et tous les minéraux de la même espèce, qui différeront par l'arrangement de leurs molécules, et conséquemment par quelques-uns de leurs caractères extérieurs, comme ceux de l'aspect général, de la forme et de la structure, constitueront autant de *variétés* dans cette espèce. Par exemple, l'*eau* est une espèce qui comprend plusieurs variétés : l'*eau à l'état liquide*, la *vapeur aqueuse*, la *neige*, la *glace*. Le *calcaire* est une espèce qui se compose d'un grand nombre de variétés, parmi lesquelles sont : la pierre tendre et transparente, appelée *spath d'Islande*; le *marbre blanc*, dont on fait des statues; la *craie*, qui sert à écrire; les pierres opaques et grossières, qu'on nomme *pierres à chaux* et *pierres à bâtir*. Tous ces minéraux d'aspect si différent ont cependant la même composition chimique, ou sont formés des mêmes molécules; ils sont donc de la même espèce. Le *quartz* est encore une espèce minérale, qui comprend au nombre de ses variétés des corps très-connus, tels que le *cristal de roche*, qui est un corps dur, transparent et incolore; l'*améthyste*, qui n'en diffère que par sa teinte violette; les *agates*, qu'on emploie dans la bijouterie; les *silex* ou pierres à fusil; le *sable* des plaines arides et des bords de la mer; le *grès commun*, qui sert à paver les rues, etc.

Le nombre des espèces qui composent le règne minéral est fort petit; à peine en connaît-on aujourd'hui deux cents qui soient bien définies et caractérisées, tandis que le nombre des espèces végétales connues s'élève à plus de trente mille, et que le nombre des espèces en zoologie est plus considérable encore. Mais, en revanche, les variétés de chaque espèce sont beaucoup plus nombreuses en minéralogie, et leur distinction est beaucoup plus importante que celle des variétés dans les règnes organiques, parce que celles-ci ne sont en général que des modifications fort légères d'un type primitif, tandis que les premières expriment des différences qui vont quelquefois jusqu'à changer totalement les qualités extérieures du corps. Aussi l'espèce minérale peut-elle être subdivisée en variétés de différens ordres, d'après le degré de leur importance relative.

Nous avons admis précédemment que les masses minérales dont l'ensemble compose une espèce étaient uniquement formées de molécules de même sorte; mais il arrive assez fréquemment que ces masses se trouvent mélangées de molécules diverses appartenant à des espèces différentes. Lorsque ces molécules additionnelles ne sont point en assez grande quantité pour altérer notablement les caractères de la masse principale, on les regarde comme étrangères à cette masse, et comme constituant une simple variété accidentelle dans l'espèce.

Sous le rapport du mélange et de la composition des espèces en une seule masse minérale, on peut distinguer dans la nature plusieurs sortes de minéraux :

1°. Les *minéraux simples* ou *minéraux proprement dits*, présentant une masse homogène en apparence, c'est-à-dire une masse dans laquelle l'œil ne distingue pas de parties qui soient différentes du tout, et qui est formée soit d'une seule espèce, soit de plusieurs espèces mélangées, parmi lesquelles il en est une qui domine ou que l'on regarde comme principale. Cette section se subdivise en *minéraux purs*, ou minéraux composés uniquement des molécules propres à l'espèce, sans aucun mélange de molécules étrangères, et en *minéraux impurs* ou *mélangés*, dont la masse est considérée comme ayant pour fonds une matière principale, qui est mêlée ou souillée de particules étrangères.

2°. Les *minéraux composés*, ou les *agrégats*, dans lesquels l'œil distingue aisément plusieurs substances composantes; ou plusieurs minéraux simples, agrégés et comme entrelacés entre eux. Ex. : Le *granite*, qui est une masse composée de trois sortes de Minéraux réunis sous forme de grains : le Feldspath, le Quartz et le Mica. Comme les naturalistes ne considèrent parmi les agrégats que ceux qui composent dans le globe terrestre des masses d'une étendue considérable, des bancs puissans, des rochers ou des montagnes, on les désigne souvent par le nom de *roches:* mais cette dénomination, que l'on donne en géologie à la matière des grandes masses en général, peut par cette raison s'étendre à plusieurs des minéraux simples.

CARACTÈRES DES MINÉRAUX.

On observe dans les minéraux certaines propriétés ou qualités, qui varient en général d'un de ces corps à un autre, dans leur degré ou leur manière d'être. Chaque mode de qualité devient pour le corps qui le présente une marque distinctive, un signe particulier qui peut aider à le reconnaître, en un mot un *caractère*.

Considérés soit dans l'ensemble des variétés qui composent une espèce, soit dans la totalité des espèces qui composent le règne, les caractères n'ont pas tous le même degré d'importance ni de permanence. Selon qu'ils se soutiennent dans un plus ou moins grand nombre de corps, ils ont une valeur plus ou moins grande dans la classification; et sous ce point de vue, ils sont *subordonnés* les uns aux autres, comme nous l'avons dit précédemment en exposant d'une manière générale la marche des méthodes.

Considérés dans le même être, les différens caractères ont souvent entre eux des rapports qui permettent de conclure l'existence des uns de celle des autres. Cette *corrélation des caractères* facilite singulièrement la distinction du corps et la détermination de sa nature, surtout lorsqu'elle a lieu entre les qualités extérieures, et les propriétés les plus secrètes, qui sont presque toujours les plus importantes. On peut alors prononcer jusqu'à un certain point sur l'intérieur du corps d'après son aspect extérieur. C'est ainsi que, dans les êtres organisés, on juge fréquemment des parties qui sont cachées par celles qui sont apparentes. La structure des feuilles d'une plante ou la figure des dents d'un animal suffisent pour faire connaître une grande partie de leur organisation interne. Dans les êtres inorganiques, on ne peut pas aussi bien saisir les rapports qui unissent les caractères extérieurs aux caractères les plus profonds; et c'est pour cela que la distinction et la classification des minéraux offre plus de difficulté que celles des animaux ou des plantes. Néanmoins, il est des cas où la structure interne d'un minéral peut se conclure de sa forme extérieure, ou de quelque autre propriété physique, de même que la nature de ses élémens peut se déduire de certains caractères chimiques fort simples.

Les caractères des minéraux peuvent se partager en trois classes: les *caractères extérieurs*, les *caractères physiques* proprement dits, et les *caractères chimiques*. Les caractères extérieurs sont ceux qui se tirent des qualités que nous pouvons saisir dans les minéraux à l'aide de nos seuls organes, qui s'offrent en quelque sorte d'eux-mêmes à l'observation et n'exigent aucune épreuve, aucun instrument particulier pour être constatés; tels sont les caractères de *structure*, de *forme*, de *cassure*, de *couleur;* et généralement tous ceux dont se compose ce que l'on appelle le *facies* ou la physionomie du minéral. D'autres caractères exigent pour être vérifiés que l'on mette le corps en expérience, afin de voir comment il se comporte à l'égard des agens de la nature, tels que la pesanteur, la lumière, l'électricité et le magnétisme; ce sont les caractères physiques: la *pesanteur spécifique*, la *dureté*, la *double réfraction*, les *propriétés électriques* et *magnétiques*. D'autres enfin exigent, pour se manifester, que l'on décompose une portion du minéral, ou du moins que l'on altère sensiblement sa nature, en faisant réagir sur elle les principes actifs que la chimie met en œuvre, comme le feu, les acides et les alkalis; ce sont les caractères chimiques, ou ceux qui ont pour objet de nous signaler la nature des élémens dont se compose le minéral.

DES CARACTÈRES EXTÉRIEURS DES MINÉRAUX.

1°. DE LA STRUCTURE.

La *structure* est le caractère que présente la disposition des parties dans l'intérieur de la masse minérale: elle est *simple* ou *complexe*. La structure simple est celle des masses homogènes, dans lesquelles l'œil ne distingue aucune partie, aucune surface de séparation. Elle résulte de la réunion directe en un seul tout des molécules même du corps; telle est la structure du cristal de roche, de la pierre à fusil, du verre artificiel. La structure complexe est celle des masses formées par l'agrégation d'un très-grand nombre de parties ou de masses plus petites, que l'œil discerne parfaitement, et qui, prises isolément, possèdent chacune une structure simple. Ces masses offrent donc une double structure, savoir: une structure moléculaire, dans chacune des parties qui les composent, et une structure d'agrégation, dans l'ensemble de ces mêmes parties; telles sont les masses qui sont produites par la réunion d'une multitude de feuillets ou d'aiguilles, de fibres ou de grains. Occupons-nous d'abord de la structure simple: elle est *regulière* ou *irrégulière*, suivant que le mode d'agrégation des molécules du corps est lui-même régulier ou irrégulier.

STRUCTURE RÉGULIÈRE OU CRISTALLINE.

La *structure régulière* est celle des corps dont les molécules, en se fixant les unes à côté des autres, se sont disposées de manière à ce qu'il y ait entre elles une parfaite symétrie. Un tel corps peut être considéré comme formé par la superposition d'un grand nombre d'assises ou couches planes de molécules, chacune de ces assises étant elle-même formée de files ou de rangées de molécules juxtaposées. Il en résulte que cette agrégation de molécules peut être comparée à une réunion de petits cubes égaux, ou de petits corps pareils à des dés à jouer, et que l'on aurait assemblés comme les pierres d'un édifice ; ou mieux encore, à une pile régulière de boulets de même calibre, comme on en voit dans un arsenal ; avec cette différence toutefois, que, dans chaque rang d'une telle pile, les boulets sont en contact immédiat, tandis que dans les couches ou *lames* composantes d'un cristal, les molécules ne se touchent point, mais se trouvent placées dans chaque file à des distances égales les unes des autres, en sorte que dans la lame entière elles sont arrangées pour ainsi dire en quinconce. On dit d'un corps, dont les molécules en se réunissant prennent cet arrangement régulier, qu'il *cristallise :* de là vient que la structure moléculaire dont nous parlons se nomme aussi *structure cristalline*. Cette structure se manifeste à nos yeux par deux caractères remarquables qui la distinguent de la structure irrégulière ; savoir, la *forme cristalline*, et le *clivage*.

I. Forme cristalline. Les minéraux dont la cristallisation s'est opérée lentement et sans aucun trouble se montrent naturellement sous des formes régulières terminées par des facettes planes, polies et brillantes comme celles des pierres précieuses que la main du lapidaire a travaillées. Ces formes ont un tel caractère de régularité qu'elles excitent toujours la surprise et l'admiration de ceux qui les voient pour la première fois ; elles sont du nombre de celles que l'on nomme en géométrie des *polyèdres*, c'est-à-dire des formes composées de plusieurs faces planes : les figures des planches 1 et 2 de l'Atlas nous en offrent des exemples.

On donne en général le nom de *cristaux* aux corps naturels qui présentent ces formes régulières. Ainsi l'on dit un *cristal* de diamant, de topaze, d'émeraude, de soufre, etc.

Remarquons ici une nouvelle différence entre les corps inorganiques et les corps organiques. Dans ceux-ci les formes sont généralement arrondies ; dans ceux-là au contraire elles sont angulaires et terminées par des faces planes, en sorte que la ligne droite caractérise en quelque sorte les minéraux et la ligne courbe les animaux et les plantes.

La diversité des formes dont une même substance est susceptible établit un contraste plus remarquable encore entre les minéraux et les êtres organiques. Dans les végétaux, par exemple, les divers individus d'une même espèce portent l'empreinte d'un modèle commun sur lequel ils semblent avoir été travaillés; au milieu de quelques variations légères et accidentelles, le type primitif subsiste toujours. Le même minéral au contraire se présente souvent sous une multitude de formes cristallines différentes, toutes également régulières, et dont la plupart paraissent, au premier abord, n'avoir aucun trait de ressemblance entre elles. Par exemple, si un minéral s'est offert sous l'une quelconque des formes du tableau A (planche 1), il pourra se rencontrer sous toutes les formes du même tableau, et sous plusieurs autres encore, que l'on n'y a point figurées; de même un minéral, qui offrirait une forme appartenant à l'une des séries B, C, D, ou E (planche 2), sera susceptible d'offrir toutes les autres formes de la même série.

Si au lieu de subir une telle variation, la forme cristalline était constante dans tous les minéraux de même espèce, et ne changeait que d'une espèce à une autre, il est clair que de l'observation de cette forme, on pourrait tirer un caractère spécifique, comme on le fait dans les règnes organiques de la forme extérieure des plantes ou des animaux. En zoologie, par exemple, tous les individus d'une même espèce se ressemblent tellement par leur forme, que l'on peut dire que celui qui a vu un seul de ces individus a vu l'espèce entière. Il n'en est pas ainsi en minéralogie, où chaque espèce, au lieu d'offrir une forme unique, présente un certain ensemble de formes. Et cependant le résultat est tout-à-fait le même, quant à l'observation de chaque forme individuelle : elle a le même degré d'importance que si elle était invariable dans l'espèce. Cela tient à ce que les formes réellement différentes que peut offrir un minéral sont toujours en nombre limité, et qu'elles ont entre elles des rapports qui permettent de les lier dans l'esprit en un seul tout, que chacune de ces formes rappelle et représente à son tour. Un pareil ensemble de formes est ce qu'on nomme un *système cristallin*. Ainsi le minéral ne se présente pas toujours sous la même forme, comme l'être organique; mais il offre toujours la même association de formes; il est caractérisé par un système de formes qui lui est propre et qui ne varie en général que lorsqu'on passe d'une espèce minérale à l'autre.

Les principaux genres de systèmes cristallins que l'observation a fait connaître jusqu'à présent se réduisent à six. Il est donc possible au minéralogiste, avec un peu d'attention et d'étude, de se familiariser avec les formes comprises dans chacun de ces systèmes, de retenir les rapports qui les unissent, et de donner des noms à ces différentes formes, afin de les distinguer les unes des autres. Ces noms sont pour la plupart empruntés à la géométrie [1]. Mais ce qui facilite beaucoup la connais-

[1] Ces formes sont en effet toutes géométriques; elles sont du nombre de celles que les géomètres nomment des *solides polyèdres*. Dans l'ensemble des faces qui les terminent, elles offrent toujours ou une parfaite régularité, ou du moins une certaine symétrie; dans le premier cas, leurs faces sont toutes égales entre elles, et ont des figures régulières (à angles et côtés égaux): telles sont les formes 1, 4 et 11 de la planche I, et ce sont les seuls solides parfaitement réguliers qui puissent exister en minéralogie; dans le second cas, qui embrasse la presque totalité des formes cristallines, les faces opposées sont toujours égales, et de plus parallèles entre elles, en sorte que le solide est de nature à être partagé en deux moitiés symétriques par tout plan qui le coupe à égales distances de deux faces opposées. On distingue dans les parties extérieures d'un cristal des *faces*, des *bords* ou *arètes*, et des *angles*; les *faces* sont les plans diversement figurés qui terminent le cristal : quand ils sont très-petits, et que leur présence n'altère pas sensiblement la forme générale du cristal, on leur donne le nom de *facettes*. Les *bords* ou *arètes* sont les lignes droites qui terminent les faces du cristal, et qui sont toujours situées à la rencontre de deux d'entre elles. La quantité dont deux faces voisines sont inclinées l'une sur l'autre se nomme *angle* ou *inclinaison* de ces deux faces.

sance des formes d'un même système, c'est le procédé très-simple par lequel on peut les transformer les unes dans les autres et les déduire ou les faire dériver toutes de l'une d'entre elles; en sorte qu'il suffit de se rappeler l'une quelconque des formes du système pour pouvoir retrouver à l'instant toutes les autres, qui n'en sont que des dérivés ou de légères modifications. Pour faire concevoir en quoi consiste ce procédé, appliquons-le au système de formes représenté planche 1, et que nous appellerons *système du cube*, parce que la forme que nous prendrons pour point de départ est le *cube* [1], fig. 1.

Dans les minéraux qui présentent des cristaux de cette forme, on trouve toujours associés, et pour ainsi dire en famille avec eux, des cristaux de formes toutes différentes, par exemple des solides à huit faces (ou des *octaèdres*) comme celui de la fig. 4, et des solides à douze faces (ou des *dodécaèdres*) comme celui de la fig. 6. — Si l'on compare immédiatement chacun de ces solides au cube fig. 1, on n'aperçoit pas ce que ces formes peuvent avoir de commun entre elles. Mais entre le cube et chacun de ces solides il est possible d'intercaler d'autres formes qui établissent une gradation marquée, une sorte de passage du premier solide au second. Ces formes intermédiaires font aussi partie du système, et par conséquent se rencontrent avec les premières parmi les cristaux naturels. Ainsi entre le cube fig. 1 et l'octaèdre régulier [2] fig. 4 viennent se placer les formes représentées fig. 2 et 3. La première de ces formes fig. 2 n'est que le cube fig. 1, légèrement modifié par de petites facettes triangulaires, semblables à celles que l'on produirait en tronquant avec symétrie tous les angles de ce cube. Elle porte encore l'empreinte du cube d'une manière trop visible pour qu'on ne saisisse pas les rapports qu'ont entre elles ces deux formes. La forme suivante, fig. 3, n'est encore que le même cube tronqué de la

[1] Un cube est un solide terminé par six faces carrées et égales; c'est la forme que représente un dé à jouer.

[2] Les octaèdres en minéralogie sont des solides à huit faces triangulaires. L'octaèdre régulier est celui dont tous les bords sont égaux, ou qui est terminé par huit triangles équilatéraux.

même manière, mais plus profondément, de sorte que les nouvelles faces produites, que nous appellerons désormais les *troncatures*, ont augmenté d'étendue aux dépens des faces primitives, qui se sont réduites à de petits carrés. La fig. 3 peut donc être considérée comme une simple modification de la fig. 2, puisqu'elle offre le même assortiment de faces, seulement avec des dimensions différentes. Mais cette forme se présente sous un autre aspect, et ses rapports avec l'octaèdre fig. 4 sont manifestes : car elle est à cet octaèdre ce que la seconde forme fig. 2 est à la première, c'est-à-dire qu'elle n'est qu'un octaèdre incomplet ou légèrement tronqué sur ses angles.

Cet exemple suffit pour montrer en quoi consiste la modification progressive des formes d'un système cristallin, ou le passage graduel de l'une de ces formes à une autre. Ce passage a toujours lieu par de petites facettes additionnelles, qui remplacent les bords ou les angles de la première forme, et qui, n'altérant d'abord cette forme que très-faiblement, augmentent peu à peu d'étendue dans les formes suivantes, jusqu'à devenir dominantes, et faire disparaître entièrement ce qui restait des faces primitives. De là dérive le moyen que l'on emploie pour trouver toutes les formes dont se compose un système cristallin, en les faisant naître de l'une quelconque d'entre elles ; il ne faut pour cela que tronquer successivement cette forme sur ses bords et sur ses angles, de toutes les manières possibles, mais toujours avec symétrie, et prolonger par la pensée les faces de chaque sorte de troncatures, jusqu'à ce qu'elles s'entrecoupent, en masquant les faces primitives. La forme qui résulte de l'ensemble de toutes ces faces suffisamment prolongées est une des formes du système. Par exemple, le cube, fig. 1, peut être tronqué par une facette sur chacun de ses bords, comme on le voit fig. 5 ; les bords du cube étant au nombre de 12, on a ainsi 12 facettes, qui étant prolongées jusqu'à s'entrecouper mutuellement, produisent un dodécaèdre à faces rhombes [1], fig. 6. Le même

[1] Le rhombe ou losange est une figure à quatre côtés égaux, mais non perpendiculaires comme ceux du carré.

solide peut être modifié sur chacun de ses bords par deux facettes également inclinées sur les deux faces voisines, comme on le voit fig. 7; toutes ces facettes réunies étant au nombre de 24, leur prolongement donne naissance à un solide à 24 faces triangulaires, fig. 8, qui offre l'aspect d'un cube dont les faces sont recouvertes de pyramides. Le solide représenté fig. 10, et quelques autres plus compliqués, qui ne sont point figurés sur la planche 1 [1], se déduiraient pareillement du cube modifié par d'autres combinaisons de troncatures symétriques.

Toutes les formes d'un système pouvant ainsi se déduire de l'une quelconque d'entre elles, celle que l'on choisit pour être la base du système se nomme *forme fondamentale ;* les formes, telles que celles qui sont représentées fig. 2, 5 et 7, qui servent d'intermédiaire entre la forme fondamentale et les autres formes du système, se nomment *formes de passage ;* et ces dernières, auxquelles elles conduisent, sont appelées *formes dérivées* ou *secondaires.*

Le choix de la forme fondamentale est tout-à-fait arbitraire : car on peut, après avoir obtenu par le moyen des troncatures, une forme secondaire quelconque, revenir par la même voie de cette forme secondaire à la forme fondamentale, ou bien partir de cette forme secondaire pour obtenir d'autres dérivées. Ainsi le dodécaèdre rhomboïdal fig. 6, étant modifié par une facette sur tous ses bords, comme on le voit fig. 9, conduit directement au solide trapézoïdal [2] fig. 10.

Outre les formes qui se déduisent du cube par des troncatures symétriques, on rencontre encore dans la

[1] Nous n'avons pas cru devoir représenter toutes les formes qui composent chaque système ; nous nous sommes bornés à figurer celles qui sont les plus simples, les plus communes, et qui dominent dans le plus grand nombre des cristaux naturels, c'est-à-dire celles auxquelles on peut rapporter ces cristaux, en ne considérant que leurs faces les plus étendues, et en faisant abstraction des petites facettes qui les modifient.

[2] Ce solide est composé de vingt-quatre faces, qu'on nomme des trapézoïdes ; un trapézoïde est une figure à quatre côtés qui sont égaux deux à deux sans être parallèles.

même espèce minérale, mais à la vérité beaucoup plus rarement, quelques autres formes qu'on ne peut pas obtenir de la même manière, mais qui sont en quelque sorte comprises dans les premières, puisqu'elles proviennent de leur décomposition. Telles sont les formes représentées fig. 11 et 12; la première, fig. 11, est un tétraèdre régulier [1] : c'est pour ainsi dire la moitié de l'octaèdre régulier fig. 4; ou si l'on veut, cet octaèdre peut être considéré comme la combinaison de deux tétraèdres réguliers; car ses huit faces se partagent en deux groupes composés chacun de quatre faces non parallèles, et si l'on suppose que les faces de l'un de ces groupes se prolongent de manière à faire disparaître les quatre autres, on aura un tétraèdre régulier; de même le solide fig. 12, qui est un dodécaèdre pentagonal [2], est la moitié du solide à vingt-quatre faces représenté fig. 8.

Parmi les minéraux dont les formes cristallines se rapportent au système du cube, nous citerons le sel commun ou sel marin, et la pyrite commune (ou fer sulfuré jaune).

Outre le système du cube, il existe encore cinq autres systèmes cristallins, dans les détails desquels nous ne pouvons entrer ici. Nous nous bornerons donc à les dénommer, et à indiquer les formes qui caractérisent chacun d'eux plus particulièrement.

Le système que nous plaçons après celui du cube a pour formes principales ou dominantes celles de la série B, pl. 2; nous le nommons *Système du Rhomboïde*, parce que la forme que nous regardons comme fondamentale est le rhomboïde [3] fig. B 1. Les formes secon-

[1] Un tétraèdre est un solide à quatre faces triangulaires; le tétraèdre régulier est celui dont tous les bords sont égaux, ou qui est terminé par quatre triangles équilatéraux.

[2] C'est-à-dire un solide terminé par douze pentagones. Le pentagone est une figure à cinq angles et à cinq côtés.

[3] Un rhomboïde est une sorte de parallélipipède, formée de six rhombes égaux : le parrallélipipède est en général un solide à six faces, égales et parallèles deux à deux. Dans tout rhomboïde il y a un axe central, sur lequel les six faces s'inclinent également,

daires sont : le prisme régulier à six pans [1], fig. 2, et le dodécaèdre à faces triangulaires [2], fig. 3. Le premier provient de la réunion de deux sortes de troncature, dont l'une ayant lieu sur les sommets ou angles culminans du rhomboïde, donne naissance aux bases du prisme, et l'autre sur les six angles latéraux produit les faces latérales. Le second solide, ou le dodécaèdre, peut résulter de plusieures sortes de troncature, entre autres du remplacement des arêtes latérales par deux faces qui s'inclinent sur l'axe, l'une dans un sens, l'autre dans le sens opposé. Parmi les substances les plus connues dont les cristaux se rapportent au système du rhomboïde, nous citerons le carbonate de chaux ou la pierre calcaire commune, le quartz ou cristal de roche, l'émeraude, etc.

Le troisième système cristallin a pour forme fondamentale le *Prisme droit à base carrée* [3], fig. C 1, pl. 2. Ce prisme passe à l'octaèdre à base carrée, fig. C 2, par une troncature sur les arêtes des bases. Exemple de minéraux dont les formes appartiennent à ce système : l'oxide d'étain, le zircon.

Le quatrième système est celui du *Prisme droit à base rectangle* [4], fig. D 1, pl. 2. Les principales formes domi-

trois dans un sens et les trois autres dans le sens opposé, comme on le voit fig. B 1, où l'axe est situé verticalement.

[1] Un prisme est un polyèdre terminé supérieurement et inférieurement par deux figures égales et parallèles, et latéralement par autant de parallélogrammes que chacune de ces figures a de côtés : un parallélogramme est une figure à quatre côtés, dont les opposés sont égaux et parallèles. Les deux faces terminales sont les *bases* du prisme, les faces latérales en sont les *pans*.

[2] Ce dodécaèdre peut être considéré comme formé de deux pyramides semblables, réunies en sens contraires tantôt par une suite de lignes en zigzag, lorsque les triangles composans sont scalènes (ou à côtés inégaux), comme on le voit fig. 3, planche 2, tantôt par une jointure plane, lorsque les triangles sont isocèles (ou ayant deux côtés égaux), comme fig. 5, pl. 3.

[3] Un prisme est *droit* lorsque sa base est perpendiculaire sur les arêtes longitudinales des pans, lesquelles doivent toujours être placées verticalement ; il est *oblique* lorsque la base n'est pas perpendiculaire aux arêtes longitudinales.

[4] Un rectangle est un parallélogramme dont tous les angles sont droits, c'est-à-dire ont leurs côtés perpendiculaires.

nantes sont : l'octaèdre à base rectangle, fig. D 2, auquel passe le prisme fondamental lorsqu'il est tronqué sur les bords de ses bases; le prisme droit à base rhombe fig. D 3, dans lequel le premier prisme se transforme par la troncature de ses arêtes latérales; et l'octaèdre à base rhombe fig. D 4, qui est au prisme à base rhombe ce que l'octaèdre à base rectangle est au prisme à base rectangle. Les cristaux de soufre, de topaze, appartiennent à ce système.

Le cinquième système cristallin est celui du *Prisme oblique à base rectangle*, fig. E 1. Les formes dominantes de ce système sont, comme celles du précédent, des prismes et des octaèdres à base rectangle ou rhombe; mais la base est constamment oblique, au lieu d'être perpendiculaire aux arêtes longitudinales des prismes ou aux axes des octaèdres. On a donc un prisme oblique à base rectangle fig. E 1, un octaèdre oblique à base rectangle fig. E 2, un prisme oblique à base rhombe fig. E 3, et un octaèdre oblique à base rhombe fig. E 4. Exemple de minéraux dont les formes se rapportent à ce système : le gypse ou la pierre à plâtre; le feldspath, l'amphibole, le pyroxène.

Le sixième système enfin est celui qui a pour forme fondamentale le *Prisme oblique à base de parallélogramme irrégulier*, ou le parallélipipède irrégulier. Nous n'avons point figuré les formes de ce système, parce qu'elles ont une assez grande analogie d'aspect avec celles du système précédent pour qu'on puisse se les représenter par les mêmes figures; il suffit d'y considérer les bases des prismes et des octaèdres comme étant non plus des rectangles ou des rhombes, mais des parallélogrammes obliquangles et à côtés inégaux [1].

On voit par ce qui précède que les formes de chaque système sont parfaitement distinctes de celles des autres systèmes; en sorte que nous connaissons mainte-

[1] Pour faciliter l'intelligence et l'étude des formes cristallines, que nous venons de décrire, il serait bon de se procurer des modèles en bois de ces différentes formes. On peut s'adresser pour avoir des collections de ces modèles, à M. Allizeau, marchand naturaliste, quai Voltaire à Paris.

nant quelles sont les formes qui sont compatibles dans la même espèce minérale, et quelles sont celles qui sont incompatibles. Ainsi, quand nous verrons une substance prendre l'une des formes du premier système, par exemple, nous devrons nous attendre à la voir se présenter aussi sous toutes les autres formes du même système et nullement sous les formes qui appartiennent aux cinq autres. Ce qui précède nous montre encore combien l'ensemble des formes cristallines qui existent ou peuvent exister parmi les produits de la nature inorganique est facile à connaître, quoique le nombre de ces formes soit considérable, puisqu'on peut d'abord les séparer en six groupes de formes analogues, et que par une vue ultérieure on peut réduire chacun de ces groupes à une seule forme simple, susceptible de représenter toutes les autres; en sorte qu'en dernière analyse on ramène toutes les formes cristallines connues à six formes seulement, à six parallélipipèdes d'espèces différentes. Nous avons indiqué le procédé par lequel on détermine les différentes formes simples qui dérivent de ces types fondamentaux, et dont chacune provient d'une seule espèce de modifications. Mais il faut remarquer ici que ces formes simples ne sont encore que les élémens du système, et que par leur combinaison entre elles, deux à deux, trois à trois, quatre à quatre, etc., elles peuvent donner naissance à des formes composées, dont le nombre est véritablement prodigieux. Cela tient à ce que chaque forme fondamentale peut recevoir à la fois, sur ses différentes sortes de bords ou d'angles, plusieurs des modifications que nous avons considérées isolément. Ces formes composées, qui offrent un assortiment de plusieurs ordres de facettes, dont chacun appartient à une forme élémentaire, peuvent toujours se résoudre en un petit nombre de formes simples, en sorte qu'on en revient toujours à ces élémens du système, lorsqu'il s'agit de décrire un cristal, quelque compliqué qu'il soit.

Un système cristallin est un ensemble de formes que non seulement on retrouve toujours le même parmi les cristaux d'une même substance, mais que l'on rencontre encore dans beaucoup d'espèces différentes. Chaque forme en particulier, si on la considère dans la même espèce minérale, se présente avec les mêmes angles dans un grand nombre de cristaux provenant de lieux très-différens, en sorte qu'elle constitue une variété fixe. Prenons pour exemple le minéral appelé *quarz hyalin*, ou vulgairement cristal de roche. La forme la plus ordinaire de ses cristaux est celle d'un prisme à six pans, surmonté de pyramides (fig. 3, planche 3). Dans toutes les contrées de la terre on trouve de semblables cristaux, et partout ils ont offert, je ne dirai pas une égale symétrie dans l'étendue de leurs faces correspondantes, car cette étendue peut varier beaucoup, mais toujours une identité parfaite dans les inclinaisons mutuelles de leurs faces. En passant d'une espèce minérale à une autre, chaque système de formes, si toutefois on excepte le système du cube, ne conserve plus les mêmes angles. Ainsi, dans l'émeraude et le corindon, qui appartiennent, ainsi que le quarz, au système du rhomboïde, on trouve aussi des cristaux de la forme représentée fig. 3, pl. 3, mais pour chaque espèce l'inclinaison d'une face de pyramide sur le pan correspondant a une valeur particulière.

Puisque les angles des cristaux sont invariables dans la même espèce, et changent en général d'une espèce à l'autre, leur mesure doit fournir au minéralogiste un caractère d'une assez grande importance; mais il faut avoir les moyens de l'exécuter avec précision. On emploie à cet effet des instrumens nommés *goniomètres*. Le plus simple est celui que l'on voit représenté fig. 1. pl. 3; il consiste en deux lames d'acier mobiles sur un axe commun, et que l'on place sur un demi-cercle en cuivre divisé en degrés, de manière que cet axe passe par le centre du demi-cercle, et que l'une des lames corresponde au diamètre. On applique ces lames par leur tranche sur les deux faces de l'angle que l'on veut mesurer, perpendiculairement à la ligne de jonction de ces faces, et elles font connaître la valeur de l'angle par leur ouverture, c'est-à-dire par le nombre de degrés du demi-cercle qu'elles comprennent entre elles. Il existe d'autres goniomètres plus compliqués que celui-ci, mais qui ont l'avantage de donner des mesures beaucoup plus précises.

II. CLIVAGE. — On appelle ainsi une sorte de division mécanique fort remarquable dont la plupart des cristaux naturels sont susceptibles, et qui résulte de leur structure moléculaire, telle que nous l'avons exposée plus haut. Nous avons vu, en effet, que dans toute masse à structure cristalline, l'arrangement des molécules était tel qu'on pouvait se figurer cette masse comme étant formée dans plusieurs sens par une succession de lames planes superposées. Dans la nature, ces lames, composées de files de molécules, ne se touchent point, elles sont séparées par des fissures planes, et l'on conçoit qu'elles puissent adhérer entre elles avec plus ou moins de force, selon telle ou telle direction dans l'intérieur du cristal. Si l'on place un instrument tranchant, un couteau d'acier, par exemple, dans la direction du joint de deux lames consécutives, en ayant soin d'appuyer ou de frapper sur cet instrument avec un marteau, on parvient souvent à vaincre l'adhérence de ces lames, et elles se séparent en mettant à découvert les faces par lesquelles elles se regardaient, et qui sont toujours planes, lisses et éclatantes. C'est ainsi qu'on parvient à diviser très-facilement dans un certain sens les substances appelées *gypse*, *talc*, *mica*, lorsqu'elles se présentent en masses cristallisées. Lorsqu'un cristal a été ainsi divisé dans un sens par des coupes nettes, on peut toujours continuer à diviser les fragmens de ce cristal parallèlement aux faces que l'on a mises à nu, en sorte que le cristal entier peut être partagé en lames plus ou moins épaisses, à faces parallèles, au moyen de divisions successives opérées dans le même sens. Il est même quelques substances, comme le gypse et le mica, qui peuvent être séparées en lames d'une ténuité extrême. Le clivage pourrait ainsi se répéter sur chacune des lames que l'on a détachées, et cela indéfiniment, ou du moins jusqu'aux couches de molécules simples, s'il n'y avait pas à cette opération une limite relative, causée par l'imperfection de nos organes et de nos instrumens.

Plusieurs cristaux peuvent être ainsi *clivés*, ou divisés suivant des plans, par la percussion, c'est-à-dire en frappant avec ménagement ces cristaux avec un marteau; c'est ce qui a lieu pour ceux de carbonate de chaux (ou pierre calcaire commune), et pour ceux du minerai de plomb appelé *galène*. Mais tous les minéraux ne se prêtent pas aussi facilement à l'opération du clivage; il arrive souvent que le choc n'étant pas assez fort pour diviser complètement le cristal, parvient seulement à étonner la pierre, en agrandissant les fissures naturelles qui existent entre ses lames composantes, et, dans ce cas, il rend sensible la direction de leurs joints par les stries parallèles qu'il fait naître à la surface du corps, ou par les reflets de lumière qu'il développe à l'intérieur. Parmi les minéraux qui, à raison de la grande cohésion de leurs particules, ne peuvent être clivés que très-difficilement, il en est quelques-uns, comme le quarz, dans lesquels on parvient à provoquer la séparation des feuillets, en chauffant fortement le corps et le plongeant brusquement dans l'eau froide.

Il est des substances qui ne peuvent être clivées nettement que dans un seul sens; il en est d'autres qui sont susceptibles de clivage dans plusieurs sens à la fois. Les premières n'ont qu'une simple *structure laminaire;* les autres ont une *structure polyédrique*. Il arrive souvent que le nombre des clivages est tel, que les fragmens qu'on détache du cristal par la percussion sont terminés de toutes parts par des plans. Ces plans de clivage sont toujours inclinés entre eux sous des angles constans dans tous les cristaux d'une même espèce minérale. Ainsi tous les cristaux de carbonate de chaux, quelles que soient d'ailleurs leurs formes extérieures, se partagent toujours en fragmens rhomboïdaux d'une figure constante, dont les angles sont de 105 et 75 degrés. Tous les cristaux de galène se divisent en fragmens cubiques, et ce résultat nous montre de quelle importance est la considération de la structure cristalline manifestée par le clivage, pour la distinction des espèces minérales. Cette structure est une sorte d'organisation qui est constante dans chaque espèce, mais variable d'une espèce à l'autre, de manière que les différences peuvent toujours être déterminées avec exactitude.

Lorsque les clivages sont ainsi en nombre suffisant pour que les plans qu'ils mettent à découvert donnent par leur combinaison entre eux un solide complet, ce solide est toujours l'une des formes simples du système cristallin auquel se rapporte le minéral, c'est-à-dire que dans un minéral cristallisé les clivages ont toujours lieu parallèlement aux faces de l'une des formes du système. Ainsi dans le carbonate de chaux, qui appartient au système du rhomboïde, les clivages ont lieu parallèlement aux faces d'un rhomboïde, qui est l'une des formes ordinaires de l'espèce; dans la galène, qui se rapporte au système du cube, les clivages se font dans trois sens perpendiculaires entre eux, et par conséquent parallèlement aux faces d'un cube. Le solide que l'on peut extraire par le clivage de tous les cristaux d'un même minéral est appelé *forme primitive*, parce qu'il est le type commun dont on peut faire dériver toutes les formes extérieures de ces cristaux; et parce qu'en divisant avec symétrie chacun de ces cristaux, il est possible d'en retirer ce même solide, qui se trouvait placé vers son centre comme une sorte de noyau, on substitue souvent ce nom de *noyau* à celui de forme primitive. Deux espèces minérales peuvent se rapporter au même système cristallin, présenter les mêmes formes extérieures, et être distinguées l'une de l'autre par leurs formes primitives. Telles sont, par exemple, le fluor et la galène, dont l'un a un octaèdre et l'autre un cube pour noyau.

Les différens plans de clivage qui donnent une forme primitive ne sont pas tous également nets et également faciles à obtenir. Sous ce double rapport, il y a toujours identité entre les plans de clivage qui correspondent à des faces égales, et semblablement placées sur le noyau, et diversité entre ceux qui correspondent à des faces de grandeur et de position différentes.

Lorsque le nombre des clivages n'est pas suffisant pour donner complètement la forme primitive, ces clivages, par les différentes combinaisons qu'ils peuvent offrir, sont encore d'un grand secours pour distinguer entre eux des minéraux qui se rapprochent par leurs formes extérieures, et qui se rapportent au même système. Trois des substances pierreuses les plus répandues dans la nature, l'*amphibole*, le *pyroxène* et le *feldspath*, ont chacune pour noyau un prisme oblique à base rhombe; mais dans l'amphibole le clivage parallèle à la base manque entièrement, tandis que ceux qui sont parallèles aux pans sont faciles et d'un éclat très-vif. Dans le pyroxène, au contraire, c'est le clivage parallèle à la base qui est le plus facile et le plus net; enfin, dans le feldspath un clivage parallèle à la base se combine avec un autre clivage d'égale netteté parallèle à l'axe et perpendiculaire au premier. Dans les minéraux qui ont des formes primitives prismatiques, il arrive quelquefois qu'il n'existe de clivage que dans une seule direction toujours parallèle ou perpendiculaire à l'axe. On remarque alors que ce clivage unique est d'une extrême netteté, et si facile, que le minéral peut se diviser en lames minces, et qu'il se présente même naturellement sous cette forme. Tel est le cas du gypse, et surtout du mica. Le minéral appelé *topaze* offre aussi un seul clivage très-brillant parallèle à la base du prisme, et ce caractère suffit pour le distinguer des autres corps avec lesquels on pourrait le confondre.

De ce que tous les cristaux appartenant à une même espèce minérale renferment un noyau commun, lequel est clivable parallèlement à toutes ses faces, ainsi que la matière qui l'enveloppe, il résulte que l'on peut concevoir chacun de ces cristaux comme formé de deux parties; savoir, d'une partie commune qui est le noyau, et d'une partie variable qui se compose de lames empilées sur les différentes faces de ce noyau. Or, la variation de la partie enveloppante ne peut provenir que des changemens que subissent dans leur figure et dans leur étendue les lames cristallines qui s'élèvent au-dessus de chaque face du noyau. Si ces lames se superposent en conservant toujours la même figure, et en augmentant de dimensions de manière à recouvrir les bords du noyau, celui-ci croîtra sans changer de forme; mais si ces lames viennent à décroître, soit par leurs bords, soit par leurs angles, et que ce *décroissement* ait lieu uniformément par la soustraction constante d'une ou de plusieurs rangées de molécules, alors le noyau acquerra de nouvelles facettes, et par conséquent changera de forme; les lames qui recouvriront chaque face du noyau s'élèveront en pyramide au-dessus d'elle, et par la retraite successive et régulière de leurs bords, qui seront tous alignés sur des plans, elles produiront les facettes modifiantes, lesquelles entoureront le noyau en le touchant chacune, soit dans une de ses arêtes, soit dans un de ses angles. Telle est l'explication simple et naturelle qu'a donnée de la structure des cristaux et de la diversité de leurs formes dans une même espèce un célèbre minéralogiste français, l'abbé Haüy, auquel la science est en outre redevable de ce que l'on connaît de positif sur le clivage et sur la symétrie des modifications.

La fig. 2, planche 3, peut servir à représenter, conformément à cette doctrine des décroissemens, la structure du dodécaèdre rhomboïdal, en le supposant originaire du cube. On y remarque un cube assez volumineux, qui fait fonction de noyau, et sur les faces duquel sont placées des lames régulièrement décroissantes. Mais pour pouvoir figurer ces lames, et surtout la quantité de leur retraite, qui est toujours égale à une, ou deux, ou trois fois, etc., la distance qui sépare les centres des molécules de deux rangées voisines, on a été obligé de donner une certaine forme à ces molécules, et on les a *supposées* [1] de forme cubique, ainsi que le noyau.

[1] Il importe de remarquer que cette hypothèse n'infirme en rien la doctrine des décroissemens et les conséquences que l'on peut en déduire. Car les lois de la structure cristalline dépendent de l'assortiment des files moléculaires, et de la distance qui les sépare dans chaque sens de clivage, et non de la forme des molécules elles-mêmes. On est donc libre de supposer à ces molécules telle forme que l'on voudra, et par exemple, d'admettre avec Haüy que les lames cristallines sont toujours composées de petits parallélepipèdes réunis par leurs faces, pourvu que ces molécules supposées aient des dimensions telles que leurs centres soient espacés

Chacune des lames qui recouvrent le noyau a vers ses bords une rangée de cubes de moins que celle sur laquelle elle repose, et qui par conséquent la dépasse d'une quantité égale à une largeur de rangée, et l'on voit que la dernière lame se réduit à un simple cube. Chaque face du noyau est donc surmontée d'une pyramide à quatre faces triangulaires; ces faces se présentent dans la figure comme des escaliers; au lieu de paraître planes elles sont sillonnées par des cannelures que forment les rentrées et saillies alternatives de leurs bords. Mais sur les cristaux naturels, où les molécules sont d'une petitesse presque infinie, et où les distances qui les séparent sont imperceptibles, ces sillons échappent à nos sens, et les faces produites par les décroissemens s'offrent à l'œil sous l'aspect de plans lisses et continus. Or, il y a six pyramides, et par conséquent vingt-quatre triangles; mais à cause de l'uniformité des décroissemens qui ont lieu de part et d'autre d'une même arète, les triangles qui s'y joignent et qui appartiennent à deux pyramides voisines sont sur un même plan et forment un rhombe. La surface du solide secondaire est donc composée de douze rhombes égaux et semblables.

Pour expliquer de même la structure des autres cristaux originaires du cube, il ne s'agirait que de placer sur les différentes faces du noyau des lames composées de petits cubes élémentaires, et de les faire décroître régulièrement, de toutes les manières possibles, tantôt par une rangée de molécules et tantôt par plusieurs rangées; sur les bords du noyau, ou bien sur ses angles, c'est-à-dire dans le sens des arètes, ou dans celui des diagonales [1] et même dans un sens quelconque intermédiaire; car on peut, dans une lame cristalline, considérer des files de molécules dans toutes sortes de sens. On produirait par là, à l'entour du noyau, une série d'enveloppes régulières, qui représenteraient toutes les

dans une même lame, comme le sont ceux des véritables molécules.

[1] Dans une figure terminée par des lignes droites, on donne le nom de *diagonale* à une ligne qui coupe la figure en allant d'un angle à un autre.

formes secondaires, susceptibles d'être dérivées de ce noyau. La position d'une face de forme secondaire par rapport à celle de la forme primitive est complètement déterminée lorsqu'on connaît *la loi* du décroissement qui a donné naissance à cette face, et le sens dans lequel il a agi. La loi du décroissement est marquée par le nombre des rangées soustraites; et l'expérience prouve que dans les cristaux naturels ce nombre est toujours très-petit; c'est fréquemment 1, 2, 3, etc.

STRUCTURE IRRÉGULIÈRE.

La structure irrégulière peut être simple ou composée. Elle est simple dans les minéraux non cristallisés, où elle provient de la réunion confuse de molécules invisibles. Ces minéraux ne présentent qu'une masse homogène, dans laquelle l'œil ne discerne aucun indice de séparation. On désigne cette structure, qui est analogue à celle du verre, par l'épithète de *compacte* : telle est celle du jaspe. La structure est composée, lorsqu'elle résulte de l'agrégation en une seule masse solide d'un grand nombre de parties distinctes, qui, prises isolément, ont une structure simple, soit compacte, soit cristalline. Il y a plusieurs sortes de structure composée : la structure *lamellaire*, produite par l'accumulation d'un grand nombre de petits cristaux ou de grains cristallins, qui présentent leurs lames de clivage dans tous les sens, et qui se distinguent par le *miroitement* particulier que produit chacun d'eux en réfléchissant la lumière : si les grains étant fort petits, la structure se rapproche de celle du sucre, on lui donne le nom de *saccharoïde* (ex. le marbre blanc dont on fait des statues). La structure *grenue*, provenant d'une multitude de petits cristaux ou de grains arrondis, entassés les uns sur les autres, et qui ne montrent point de clivage (ex. le grès des paveurs). La structure *fibreuse*, qui résulte de cristaux allongés et déliés comme des aiguilles, réunis entre eux en faisceau, ou groupés par leurs extrémités en rayons divergens (ex. le gypse; le calcaire; le sel gemme). La structure *oolithique*, ou celle des masses composées de globules compactes ou à couches concentriques, et que l'on comparées à des œufs de poissons (ex. le calcaire oolithique; le minerai de fer en grains). La structure *schisteuse*, qui est propre aux masses composées d'un grand nombre de feuillets séparables, comme l'ardoise. La structure *stratiforme*, provenant de l'accroissement du minéral par couches successives, que l'on ne peut séparer comme les feuillets de l'ardoise, et qui souvent ne sont sensibles que par les veines de diverses couleurs qu'elles forment à la surface du corps ou dans ses fractures (ex. l'albâtre veiné). La structure *cellulaire*, ou celle des minéraux dont la masse présente des cavités ou cellules plus ou moins nombreuses, et de formes diverses, provenant de ce qu'ayant été originairement fondue par l'action du feu, cette masse a subi un retrait en se consolidant, ou a été traversée par des gaz qui se dégageaient de son intérieur. Enfin, il est une dernière espèce de structure que l'on peut appeler *organique*, parce qu'elle est empruntée à des corps organisés dont le minéral a pris graduellement la place, et dont il a imité fidèlement le tissu (ex. le bois fossile ou pétrifié).

2° DE LA FORME DES MINÉRAUX.

Il n'en est pas des minéraux, sous le rapport de la configuration, comme des corps organiques. Les êtres vivans ont une forme déterminée, qui se perpétue dans chaque espèce, et qui est indépendante des circonstances extérieures au milieu desquelles le corps a pris naissance. Les minéraux au contraire n'ont point de forme qui leur soit essentielle, puisqu'ils peuvent continuellement changer d'état sous l'influence des causes extérieures, et s'accroître indéfiniment, soit de tous les côtés à la fois, soit seulement dans quelques-unes de leurs parties. Aussi leurs formes sont-elles généralement accidentelles; elles sont le produit des circonstances locales qui ont déterminé la réunion des molécules du corps, et ces causes variables les ont tellement marquées de leur empreinte, qu'on les reconnaît pour ainsi dire dans chaque conformation particulière. Il n'est pas jusqu'aux formes cristallines, qui, seules parmi toutes les formes des minéraux, semblent avoir été réglées pour chaque espèce, qui ne se montrent encore soumises à la même influence, non seulement dans les modifications innombrables et régulières, dont leur type primitif est susceptible, mais aussi dans les défauts de symétrie et les altérations sans nombre qui peuvent avoir lieu dans chaque forme individuelle, et qui la rendent souvent méconnaissable. Il est rare en effet que la cristallisation produise des formes parfaitement régulières et symétriques; il faut pour cela une réunion de circonstances qui se rencontrent difficilement. La condition principale qui doit être remplie, c'est que l'agrégation des molécules ait lieu lentement et sans trouble, et que le cristal soit libre dans tout son pourtour, pour qu'il s'accroisse uniformément dans toutes ses parties. Mais des causes perturbatrices de plusieurs genres agissent presque toujours pour gêner la marche de la cristallisation, et elle ne produit souvent que des formes incomplètes, de simples ébauches de cristaux, dans lesquels la forme cristalline s'efface ou s'oblitère en partie, se dégrade insensiblement, et finit par se réduire à la forme de lamelles ou de grains, de baguettes ou de cylindres, d'aiguilles ou de simples fibres. On voit donc que si l'on excepte les formes cristallines régulières, qui sont en rapport plus ou moins immédiat avec la nature des substances, on peut dire que les formes extérieures des minéraux sont d'une faible importance pour la classification de ces corps, puisqu'étant presque toujours accidentelles, elles ne peuvent servir qu'à établir de simples variétés dans chaque espèce.

On peut diviser les formes des minéraux en plusieurs classes : 1°. Les *formes cristallines régulières :* ce sont celles que nous avons considérées d'une manière spéciale, en traitant des Systèmes de cristallisation.

2°. Les *formes cristallines altérées :* provenant de l'altération des formes régulières, soit par l'accroissement démesuré de certaines parties, soit par l'arrondissement des faces et des arêtes. Telles sont les formes *sphéroïdales* qui dérivent de celles du système cubique, qui ont un grand nombre de facettes (ex. le diamant sphéroïdal, fig. 7, pl. 3); les formes *lenticulaires*, qui dérivent de rhomboïdes très-surbaissés, dont les faces sont plus ou moins courbes, ce qui les fait ressembler à ces verres de lunettes que l'on appelle des *lentilles;* les formes *aciculaires* ou en aiguilles, qui proviennent de rhomboïdes très-aigus ou de prismes très-déliés; les formes *tabulaires*, produites par des prismes très-courts; les formes *bacillaires* ou en baguettes, provenant de prismes allongés et d'un diamètre sensible; enfin les formes *cylindroïdes*, dérivant aussi de cristaux prismatiques dont le contour s'est déformé par des arrondissemens.

3°. Les *groupes de cristaux :* les cristaux sont rarement isolés dans la nature; ceux de même espèce s'agrégent fréquemment entre eux de diverses manières, et composent ainsi des groupes, dont la configuration extérieure est plus ou moins régulière. Les groupemens, que l'on peut appeler réguliers, et que l'on distingue quelquefois des autrespar le nom de *macles*, n'ont lieu, en général, qu'entre des cristaux de même nature et de même forme, qui paraissent constamment s'être accolés deux à deux par des faces égales et semblables. Ils sont très-communs parmi les cristaux prismatiques. Lorsque deux cristaux de cette espèce se réunissent par deux de leurs faces latérales, il arrive souvent que l'un de ces cristaux est, par rapport à l'autre, dans une position renversée : cette sorte de groupement se nomme *hémitropie.* Les prismes qui sont terminés par des faces formant un biseau produisent aussi, en se réunissant plusieurs ensemble autour d'une même ligne centrale par leurs faces extrêmes, des configurations remarquables; tels sont les groupemens que l'on nomme *en croix*, *en étoile*, *en rosace*, *en éventail*, suivant le nombre et la disposition des cristaux réunis. On voit, fig. 1 et fig. 2, pl. 4, quatre cristaux groupés de manière à former d'une part une croix rectangulaire, et de l'autre une croix obliquangle. Ces groupemens cruciformes sont communs dans le minéral appelé *staurotide* (ou pierre de croix); et ce qui prouve qu'ils sont soumis à une loi, c'est que dans chacun d'eux les axes des cristaux réunis se croisent constamment sous les mêmes angles. Les groupemens irréguliers sont ceux dans lesquels les axes des cristaux se croisent d'une manière variable, et sans suivre aucune règle. Tel est le groupe de cristaux de roche représenté fig. 4, pl. 3. On ne peut les décrire et les désigner par des dénominations particulières que dans les cas où leurs formes présentent quelque ressemblance avec celles de certains corps bien connus, comme les groupemens qu'on nomme *dendroïdes* et *coralloïdes*. Les premiers, connus vulgairement sous le nom d'*arborisations* ou de *dendrites*, sont dus à l'agrégation d'une multitude de petits cristaux qui se groupent à la file, en paraissant implantés l'un dans l'autre, et qui produisent de cette manière des ramifications dont l'ensemble offre l'aspect d'un petit arbre. Les cristaux qui se groupent ainsi sont quelquefois reconnaissables à l'œil nu, ou peuvent se distinguer avec le secours d'une loupe. Mais souvent ils échappent à la vue par leur extrême petitesse, et ne forment qu'une sorte d'enduit qui s'étend à la surface de certaines pierres, et qui rappelle ces cristallisations que forme l'humidité en se congelant pendant l'hiver à la surface des vitres. Cette espèce d'arborisation n'est que superficielle : il est une autre espèce de dendrites, que l'on appelle *profondes*, parce qu'elles pénètrent dans la profondeur de la pierre, qui les enveloppe en tous sens, comme si cette pierre, ayant été d'abord liquide, s'était consolidée en se moulant tout à l'entour. Telles sont les arborisations que présentent certaines agates employées dans la bijouterie, et que représente la fig. 6, pl. 4. Les groupemens coralloïdes sont dus à une multitude de petites aiguilles cristallines, qui se groupent les unes sur les autres en se disposant obliquement autour d'un axe commun : elles forment ainsi des branches cylindriques qui se contournent et se ramifient entre elles à la manière du corail. Telle est, par exemple, la variété d'arragonite, que les anciens nommaient *flos ferri*, parce qu'ils la prenaient pour une véritable végétation qui se produisait dans l'intérieur des mines de fer. On donne le nom de *druse* à une sorte d'incrustation formée à la superficie d'une pierre par des cristaux d'une autre substance, qui semblent s'y être implantés en même temps qu'ils se sont fortement serrés les uns contre les autres. Beaucoup de minéraux sont ainsi tapissés de druses calcaires ou quarzeuses.

4°. Les *stalactites* : ce sont des formes qui résultent de l'infiltration d'un liquide chargé de particules ordinairement calcaires, à travers les voûtes des cavités souterraines. A mesure que les gouttes qui restent suspendues à ces voûtes se dessèchent, les particules pierreuses, abandonnées à elles-mêmes, se réunissent en un tube conique qui grossit et s'allonge par des dépôts successifs, à la manière des aiguilles de glace qui se forment l'hiver au bord de nos toits (*voy.* fig. 4, pl. 4). Une partie du liquide, en tombant de la voûte sur le sol, y forme d'autres dépôts ordinairement mamelonnés, qu'on nomme *stalagmites*. Quelquefois ces derniers dépôts, en prenant de l'accroissement, vont joindre les stalactites qui pendent aux voûtes, et forment par la suite d'énormes colonnes qui décorent majestueusement l'intérieur des cavernes ou grottes souterraines. Il existe en France plusieurs grottes remarquables sous ce rapport; mais l'une des plus célèbres que l'on connaisse est celle d'Antiparos, dans l'Archipel grec, qui a été visitée et décrite par Tournefort. Ce botaniste en la voyant s'imagina que les pierres végétaient ou croissaient à la manière des plantes; et cette erreur d'un grand botaniste a eu bon nombre de partisans; mais le progrès des sciences naturelles l'a fait complètement disparaître.

5°. Les *oolithes* : ce sont des globules composés ordinairement de couches concentriques, et qui proviennent de ce que le liquide, chargé de leurs particules, était agité au moment où elles s'en précipitaient naturellement. De petits grains de sable, soulevés par les eaux, restent suspendus dans le liquide et se recouvrent successivement de pellicules de la substance précipitée; il se produit ainsi des globules dont le volume s'accroît jusqu'à ce que, devenus trop lourds, ils tombent au fond de l'eau, où souvent ils se réunissent et s'agglutinent entre eux, pour former des masses à structure oolithique. On voit des globules de la grosseur d'un pois (*pisolithes*), de celle d'une noisette ou d'une amande (*dragées*), se former de la sorte dans les eaux chargées de partiules calcaires de Carlsbad en Bohême, de Tivoli près e Rome, et de Vichy en Auvergne.

6°. Les *formes nodulaires :* telles que les rognons, les éodes, les galets. Les *rognons* sont des corps arrondis à tructure compacte et souvent stratiforme, et que l'on rouve disséminés au milieu de roches d'une nature diffé-ente; ex. : rognons de silex ou de pierre à fusil au milieu le la craie. Ces rognons peuvent être contemporains de la natière qui les enveloppe, c'est-à-dire s'être consolidés t formés en même temps qu'elle ; ou bien ils peuvent tre postérieurs au dépôt et à la consolidation de la ma-ière enveloppante. Ce dernier cas est celui des nodules produits par des liquides chargés de particules pier-euses ou métalliques, qui s'infiltrent dans les cellules le certaines roches, en incrustent les parois, et finissent même par en remplir entièrement la cavité. Lorsque ces nodules sont d'un petit volume, on leur donne le nom d'*amandes*. Les rognons formés par voie d'infiltration sont composés de couches qui se sont ajoutées l'une après l'autre, en allant de la surface vers le centre. Ces dé-pôts successifs sont souvent rendus sensibles sur la coupe des nodules par des zônes de différentes couleurs, comme on le voit sur les agates onyx (fig. 7, pl. 4). Quelque-fois aussi on aperçoit sur cette coupe la trace du canal, par lequel la matière du nodule s'est introduite. Les no-dules ainsi produits sont rarement pleins : ils restent ordinairement vers le centre une cavité plus ou moins grande, occupée par une matière solide ou pulvéru-lente qui ne la remplit pas entièrement, mais y forme une sorte de noyau mobile que l'on entend résonner dans l'intérieur lorsqu'on agite le nodule. Ces rognons creux portent en général le nom de *géodes;* mais ceux d'un certain minerai de fer (le fer hydroxidé), sont connus sous le nom vulgaire de *pierres d'aigle*. Il arrive souvent que la croûte extérieure de la géode est formée d'une matière compacte, dont l'aspect est terne et terreux ; tandis que les parois de la cavité intérieure sont tapis-sées d'une multitude de cristaux limpides et brillans, qui sont comme implantés par une de leurs extrémités dans la substance compacte, en même temps qu'ils tournent l'autre extrémité vers le centre de la géode. Enfin il existe encore d'autres formes arrondies, produites par des causes accidentelles, postérieurement à l'époque où le minéral s'est consolidé : ce sont celles des *galets* ou *cailloux roulés*, que l'on trouve abondamment dans le lit des torrens, sur les bords et à l'embouchure des grands fleuves, au fond et sur la grève des mers, et qui composent en outre dans l'intérieur des terres des amas immenses, non seulement à la surface du sol, mais même à d'assez grandes profondeurs, et aussi à des hauteurs considérables au-dessus du niveau des plaines. On ne peut avoir aucun doute sur l'origine de ces dépôts, puisqu'on en voit de semblables se former encore de nos jours, et s'accumuler au fond des vallées et dans toutes les parties basses de nos continens. Ces galets proviennent de débris de roches décomposées, de fragmens détachés des montagnes, du bord des rivières et du rivage de l'Océan, et qui, roulés par les torrens, charriés par les fleuves, ou balancés par les flots de la mer, s'usent et s'arrondissent par leur frottement mutuel, et surtout par l'action érosive des eaux courantes. Lorsque ces matières roulées sont réduites à l'état de petits cailloux ou de grains, on leur donne le nom de *gravier* ou de *sable ;* et si les galets ou les grains de sable sont réunis entre eux en une masse solide, ce qui a lieu souvent à l'aide d'un ciment de nature variable, il en résulte ce qu'on nomme des *poudingues* ou des *grès*.

7°. Les *formes dues au retrait* des argiles ou autres pâtes pierreuses qui se dessèchent, ou des matières fondues qui se refroidissent. Ces matières, par la dessication ou par le refroidissement, se fendillent en divers sens, et se partagent en fragmens polyédriques qui ont quelquefois une régularité apparente. C'est ainsi que les basaltes, qui sont d'anciennes laves de volcans, sont divisés par des fissures planes en grandes colonnes prismatiques (fig. 5, pl. 4) à trois, quatre, cinq et six pans. On trouve de ces masses basaltiques dans une multitude d'endroits, en Auvergne et dans le Vivarais. Elles sont le plus souvent partagées en grands prismes qui ressemblent à des prismes hexagonaux. Souvent ces prismes sont debout ou verticaux ; mais quelquefois aussi ils sont couchés et rangés à côté les uns des autres, à la manière des piles de bois de nos chantiers. Lorsqu'ils sont verticaux, et qu'on les voit de loin, ils s'offrent sous l'aspect d'une vaste colonnade; mais si l'on se trouve au-dessus de la masse même, et que l'on marche sur la tranche des prismes, le sol basaltique se présente alors comme un immense pavé composé de dales hexagonales, ce qui lui a fait donner le nom de *chaussée des géans*. Un mode de division semblable a lieu dans les masses de gypse dont se compose la colline de Montmartre près de Paris. Les argiles, les marnes desséchées présentent des fissures assez irrégulières; mais lorsque ces fissures ont été remplies postérieurement par une infiltration de matière diversement colorée, il en résulte sur la coupe de la masse des espèces de mosaïque, que l'on désigne en général sous le nom de *ludus* : on débite ces masses sous la forme de tablettes, que l'on emploie pour le revêtement des consoles.

8°. Les *formes empruntées*, ou les pseudomorphoses. Il arrive assez fréquemment que des minéraux se présentent sous des formes qui leur sont tout-à-fait étrangères et qu'ils ont en quelque sorte dérobées à d'autres corps, soit organiques, soit inorganiques. Cet emprunt de forme a pu avoir lieu de différentes manières : 1° par voie d'incrustation, comme lorsqu'un liquide chargé de matière calcaire la dépose à la surface de différens corps organisés, animaux ou végétaux, et les revêt d'une croûte pierreuse qui en retrace la forme extérieure avec plus ou moins de fidélité; c'est ce qu'on nomme une *incrustation*. Il existe en France, à Saint-Allyre, près de Clermont, et dans d'autres lieux, des sources qui possèdent cette vertu incrustante : on y plonge des nids d'oiseaux, de petits paniers de fruits, des branchages qui se recouvrent en très-peu de temps d'une enveloppe pierreuse. Le vulgaire s'imagine que ces sources ont la propriété de pétrifier, c'est-à-dire, selon lui, de changer en pierre les matières organiques : c'est une erreur grossière. Nous verrons plus bas quels sont les cas où l'on peut dire qu'il y ait pétrification, et ce que l'on doit entendre par ce mot. Ici les matières organiques ne font que se revêtir d'un simple enduit pierreux, sous lequel elles peuvent se conserver plus ou moins long-temps et se détruire ensuite spontanément, mais sans avoir été en aucune manière altérées ni remplacées par la matière du dépôt. La propriété qu'ont les eaux de certaines sources de déposer du calcaire sur tous les corps qu'elles rencontrent, paraît tenir à ce que ces eaux, au moment où elles viennent sourdre à la superficie du sol, abandonnent un principe gazeux (l'acide carbonique) qui favorisait la dissolution de la matière calcaire. 2°. Par voie de moulage, comme lorsqu'une matière pierreuse encore liquide, ou du moins dans un état de mollesse, vient se modeler, soit dans l'intérieur des coquilles ou d'autres corps organiques creux, ou bien à l'entour de ces mêmes corps, de manière à représenter ce qu'on peut appeler leur *moule intérieur* ou leur *moule extérieur;* soit enfin dans une cavité laissée libre par la destruction d'un être organique, ou même d'un minéral cristallisé qui l'occupait auparavant. 3°. Par voie de pétrification, c'est-à-dire de substitution graduelle d'une substance à une autre, comme lorsqu'en vertu d'une opération chimique les élémens d'un corps organique sont expulsés totalement ou en partie, et remplacés, molécule à molécule, par d'autres principes, de manière qu'il y a conservation, non seulement de la forme du corps organique, mais même de son tissu ou de sa structure intérieure. Les pétrifications les plus remarquables sont celles que nous offrent les bois fossiles, c'est-à-dire ceux qui ont été enfouis très-long-temps dans les couches de la terre, et que l'on trouve ordinairement convertis en silex, ou plutôt remplacés par des molécules siliceuses; car on ne peut admettre qu'il y ait ici transmutation de substance, mais une simple substitution. Le corps organique a été détruit par une action lente et progressive, couche par couche, et pour ainsi dire molécule à molécule; et à mesure que chacune de ses particules se décomposait, une molécule siliceuse en prenait exactement la place. Aussi, non seulement la véritable pierre qui résulte de cette action chimique souterraine présente-t-elle la forme exacte du végétal, mais encore tous les détails de son organisation interne, à tel point que l'on peut souvent reconnaître à quelle classe de plantes il appartenait. Le règne animal nous fournit pareillement des pétrifications; mais ce sont seulement les parties solides des animaux, telles que les os et le test des coquilles, qui peuvent se conserver assez longtemps dans le sein de la terre pour devenir pierreuses. On a cru qu'un animal tout entier, en chair et en os, pouvait se pétrifier : c'est une erreur. Le raisonnement est loin de démontrer la possibilité du fait, et l'observation lui a toujours été contraire. Non seulement les chairs ont disparu partout, et n'eussent pu en aucun cas se conserver, parce qu'elles sont trop putrescibles; mais les cartilages et les parties cornées ne se sont aussi conservées nulle part. Ainsi on ne rencontre à l'état pierreux ni sabots, ni ongles, ni becs d'oiseaux; aucun fruit mou, aucune substance molle. Il faut, pour la pétrification, des parties qui puissent résister à une prompte décomposition, conserver leur forme et leur structure pendant un temps considérable, et se laisser pénétrer lentement par les sucs pierreux qui les environnent. Des organes mous seraient détruits bien avant que la matière pétrifiante ait pu les saisir. Certaines couches de la terre abondent en débris organiques plus ou moins conservés, en pétrifications, moules et empreintes de plantes et d'animaux : on réunit généralement tous ces corps sous la dénomination commune de *fossiles*. Leur considération est d'une haute importance pour l'étude de la géologie.

Il existe aussi des pseudomorphoses produites par substitution graduelle dans le règne minéral : on leur donne le nom particulier d'*épigénies*. Elles proviennent des altérations que subissent certaines substances dans leur composition chimique, sans éprouver de changement de forme. Il peut donc arriver qu'une substance minérale se présente sous des formes cristallines qui lui soient tout-à-fait étrangères.

3°. DE LA CASSURE.

Lorsque d'une masse minérale on détache un fragment par la percussion, la forme de ce fragment et l'aspect de la surface de cassure sont souvent en rapport avec la structure du minéral et fournissent les moyens de la reconnaître. Ainsi, la cassure est lamelleuse ou feuilletée dans les corps à structure laminaire ou schisteuse; elle est fibreuse ou grenue dans les masses composées de fibres ou de grains; enfin elle est compacte ou terreuse dans les masses dont la structure est désignée par les mêmes noms. Cette dernière sorte de cassure présente des modifications particulières de forme et d'aspect. Relativement à la forme, elle est *conchoïde* lorsque la surface du fragment, étant concave ou convexe, est sillonnée de stries concentriques, comme celles que l'on voit sur les valves de certaines coquilles; ex. : la pierre à fusil; *écailleuse* lorsqu'il se détache de la surface du fragment de petites écailles semblables à celles que présente un morceau de bois que l'on a brisé, ou une masse de cire que l'on a rompue; ex. : l'agate, le pétrosilex; *raboteuse*, c'est-à-dire n'offrant que des inégalités irrégulières; enfin elle peut être tout-à-fait *plate*, comme dans les pierres lithographiques et les pierres meulières. Relativement à l'aspect de la surface, on dit que la cassure est *vitreuse*, lorsqu'elle offre l'éclat du verre, comme celle du cristal de roche; *résineuse*, lorsqu'elle offre l'aspect de la résine, comme celle des opales ou quarz qui renferment de l'eau; *cireuse*, lorsqu'elle ressemble à celle de la cire (certains pétrosilex); *terreuse*, lorsqu'elle est terne et mate comme celles des matières auxquelles on donne ce nom. La propriété dont jouissent les minéraux de se casser généralement de telle ou telle autre manière n'est pas sans intérêt pour les arts : ainsi, dans celui qui a pour objet la taille des pierres à fusil, on profite de la cassure conchoïde qui leur est propre, de même qu'on tire parti de la cassure presque plate des pierres meulières, pour les exploiter plus facilement.

4°. DE L'ASPECT EXTÉRIEUR.

Le caractère de cassure réunit, comme on vient de le voir, tout ce qui tient à l'aspect de la surface intérieure du minéral : la surface extérieure, celle qui n'est point le produit d'une cause artificielle, présente aussi dans son aspect général un ensemble de caractères qui détermine ce qu'on appelle le *facies* du minéral ou sa physionomie. Ce sont tous les caractères dont l'œil est frappé avant qu'on ait touché le corps, et qui le font ordinairement reconnaître quand une fois on l'a vu et bien examiné, parce qu'ils laissent dans l'esprit une impression qui se réveille à la présence de l'objet. Cette impression est le résultat combiné des sensations diverses que nous font éprouver à la fois la forme, la structure, la transparence, l'éclat et la couleur du minéral. Lorsque nous nous sommes exercés pendant quelque temps à saisir du premier coup d'œil les modifications, et, pour ainsi dire, les nuances que chacun de ces caractères peut offrir, et qu'il est si difficile d'exprimer par le langage, c'est alors que nous commençons à acquérir ce tact particulier qui distingue le minéralogiste, et lui fait souvent reconnaître et nommer une substance minérale à la première vue. Cette connaissance empyrique des minéraux est d'autant plus précieuse, que leur détermination par les procédés méthodiques est sujette à de grandes difficultés, ainsi que nous l'avons dit : or, on peut acquérir cette connaissance avec assez de facilité, parce que le nombre total des espèces minérales est peu considérable, et qu'il est aisé d'en réunir la collection complète. Un célèbre minéralogiste allemand, Werner, a même essayé de ramener cette étude à quelques principes, en créant une langue descriptive, à l'aide de laquelle il est parvenu à définir avec assez de bonheur et de précision tous les caractères extérieurs des minéraux.

Nous avons déjà parlé de la forme et de la structure, deux des caractères qui composent le facies du minéral : indiquons en peu de mots ce qui concerne les trois autres caractères, la transparence, l'éclat et la couleur.

1. *De la transparence.* Cette propriété est susceptible de degrés, depuis la transparence parfaite, jusqu'à l'entière opacité. On dit qu'un minéral est complètement *transparent*, lorsque la lumière qui le pénètre est assez abondante pour qu'on puisse distinguer nettement un objet à

travers son épaisseur ; il est *demi-transparent*, lorsqu'il ne laisse voir les objets que d'une manière confuse ; *translucide*, lorsqu'on ne peut rien distinguer, même confusément ; *opaque*, lorsqu'il ne laisse passer aucun rayon de lumière. Il est des substances qui sont opaques quand elles ont une certaine épaisseur, et qui deviennent transparentes lorsqu'on les réduit en lames minces, ou qui se montrent translucides vers les bords amincis de leurs fragmens.

2. *De l'éclat.* Les minéraux manifestent beaucoup de différence entre eux, relativement à la manière dont les rayons lumineux se réfléchissent à leur surface : on distingue, dans l'impression que font ces rayons sur l'organe de la vue, deux effets différens, susceptibles chacun de modifications particulières. Ces effets sont ce que l'on appelle l'*éclat* et la *couleur*. Celui-ci dépend de la nature des rayons réfléchis ; l'autre tient à leur intensité, aux qualités particulières de la teinte, et au plus ou moins de poli des surfaces. Il y a plusieurs sortes d'éclat dans les minéraux : l'éclat métallique, l'éclat vitreux, l'éclat résineux, l'éclat cireux, l'éclat gras, l'éclat soyeux et l'éclat nacré. Quelques substances pierreuses ont une certaine apparence de l'éclat propre aux métaux, mais qui disparaît aussitôt que l'on raie leur surface : on donne à ce faux éclat métallique le nom de *métalloïde*. Il est à remarquer que dans les corps qui ont une structure régulière l'éclat n'est pas toujours le même dans les différens sens de clivage. Ainsi, l'éclat nacré ne se montre ordinairement que dans une seule direction parallèle à la base des cristaux prismatiques.

3. *De la couleur.* Les couleurs des minéraux se distinguent en *couleurs propres* et *couleurs accidentelles.* Les premières sont celles des corps qui sont colorés par eux-mêmes ; elles sont dues à leurs propres molécules, et sont constantes tant que la substance conserve son état de pureté : ce sont les seules qui puissent servir de caractères pour la distinction des espèces minérales. Bien que nous les disions constantes, elles peuvent cependant varier d'intensité et de ton, suivant le mode d'agrégation des particules ou le degré de densité de la substance.

Mais on les trouve les mêmes dans les différentes variétés, si l'on a soin de ramener celles-ci aux mêmes conditions, ce que l'on fait en les réduisant toutes en poussière avant d'observer le caractère de leur couleur. Les substances naturelles qui possèdent des couleurs propres sont : le soufre, les métaux, les oxides et les sulfures métalliques, etc. Les corps dont la composition est plus compliquée, comme les composés ternaires et quaternaires, sont pour la plupart incolores par eux-mêmes : aussi la plus grande partie des minéraux pierreux se montrent-ils dépourvus de couleur lorsqu'ils sont purs et sans mélange ; mais ils peuvent se colorer accidentellement, et par conséquent d'une manière variable, par le mélange de leurs propres particules avec celles de corps colorés par eux-mêmes. Les couleurs accidentelles sont donc dues à la présence de molécules étrangères à celles qui constituent la substance dans son état incolore, et mélangées avec elle. Nous verrons bientôt que ce mélange peut avoir lieu de plusieurs manières.

Indépendamment des couleurs propres ou accidentelles dont nous venons de parler, et qui sont fixes dans les substances qui les présentent, il en existe d'autres que l'on peut appeler *mobiles* ou *changeantes* (voyez les *Notions préliminaires de physique*, page 26), parce qu'elles semblent se mouvoir à mesure que l'on fait varier la position du minéral à l'égard de l'œil. Tels sont les reflets que l'on voit flotter dans l'intérieur de certaines pierres, et auxquels on a donné le nom de *chatoyement*, par allusion aux yeux du chat, qui brillent dans l'obscurité, et que ces pierres imitent grossièrement lorsqu'elles sont taillées *en cabochon*, c'est-à-dire à surface arrondie, et non à facettes ; ex. : agate chatoyante. D'autres reflets diversement colorés, et que l'on nomme *irisés* ou *opalins*, se montrent aussi à l'intérieur ou à la surface de quelques substances ; ex. : l'opale, la pierre de Labrador.

DES CARACTÈRES PHYSIQUES DES MINÉRAUX.

Les caractères dont nous allons maintenant nous occuper sont ceux qui se manifestent sans altération de l'état chimique du corps, mais qui exigent, pour être éprouvés, que l'on mette ce corps en expérience, ou que l'on fasse usage de quelque instrument. Tels sont les différens degrés de densité et de dureté des minéraux, la double réfraction, la phosphorescence, l'électricité et le magnétisme.

1. *De la densité relative*, ou *pesanteur spécifique*. Les minéraux de nature diverse présentent en général des différences de poids appréciables, lorsqu'on les compare entre eux sous le même volume. Les rapports que ces différens poids ont avec celui d'une substance convenue (l'eau distillée) se nomment *pesanteurs spécifiques*. Voyez dans les *Notions préliminaires*, page 9, la manière de les déterminer.

2. *De la dureté*, *et de quelques autres propriétés dépendantes de la cohésion*. Les corps naturels, en vertu de la cohésion qui réunit leurs particules, opposent une résistance à toute action mécanique qui tend à les désunir. C'est ainsi qu'ils résistent plus ou moins à l'effort qu'on fait pour les rayer avec une pointe vive, à l'action d'un choc qui tend à les briser, à la pression qu'on exerce sur eux avec les doigts pour les désagréger, etc. On nomme *dureté* la résistance d'un minéral à l'effort qu'on fait pour le rayer, en faisant passer avec frottement sur sa surface une pointe d'acier, ou bien les parties anguleuses d'un autre minéral. On dit, par conséquent, qu'un minéral est plus dur ou moins dur qu'un autre, suivant qu'il le raye ou qu'il en est rayé. Ainsi le diamant est le plus dur de tous les minéraux, parce qu'il les entame tous, et qu'il n'est entamé par aucun. On nomme *tenacité* la résistance au choc : un minéral très-tenace est celui qui se brise avec la plus grande difficulté ; un minéral fragile ou facile à casser a très-peu de tenacité. Il est des substances tenaces qui sont très-tendres (le talc) ; il en est de dures qui sont très-fragiles (le diamant). Quand un minéral est doué d'un certain degré de dureté et de tenacité tout à la fois, il jouit de la propriété de donner des étincelles par le choc du briquet ; ex. : le silex. L'étincelle étant produite par la com-

bustion d'une particule d'acier détachée par le choc, il faut que le corps soit assez dur pour attaquer l'acier, et assez tenace pour ne pas se briser trop facilement par la percussion. La *friabilité* est la propriété d'un corps qui s'égrène par un choc léger, ou se désagrège par la simple pression du doigt ; ex. : la craie. La *flexibilité* est la faculté que possèdent certains minéraux de pouvoir être courbés sans se briser. Les minéraux flexibles sont en même temps *élastiques*, s'ils reviennent à leur première forme aussitôt que la force qui les a fléchis n'agit plus sur eux. La flexibilité et l'élasticité existent à un haut degré dans certains métaux ; et quoique ces qualités semblent incompatibles avec l'idée que l'on se fait communément des pierres, dans lesquelles la rigidité semble être une propriété caractéristique, cependant on les rencontre encore dans certaines substances pierreuses, dans les lames de Mica, par exemple, dans les plaques de grès du Brésil, dans celles de marbre saccharoïde, dont on fait des chambranles de cheminée, et qui souvent fléchissent par leur propre poids; on peut même dire qu'il n'est pas de pierre, qui ne soit flexible et élastique, lorsqu'on la considère en grand. On a vu les colonnes et les tours de certaines églises osciller lorsqu'on mettait en branle de grosses cloches, et l'on sait que le mouvement rapide d'une voiture pesamment chargée peut ébranler le sol et les bâtimens qu'il supporte. On est donc conduit à admettre que la flexibilité et l'élasticité existent dans les couches solides de l'écorce terrestre, qui sont de grandes plaques minérales fort étendues en longueur et en largeur, mais très-minces en épaisseur. Cette remarque est importante, en ce qu'elle fait concevoir la possibilité des tremblemens de terre, ou de ces mouvemens d'oscillation de l'écorce terrestre qui se font sentir de temps en temps en de certains points du globe, et se propagent à de grandes distances. La *ductilité* est la propriété que possèdent certains corps de se laisser étendre par la pression ou par le choc, sans se briser ni se déchirer, et en conservant sensiblement la forme qu'on leur a imprimée. C'est ainsi que certains métaux, l'or, l'argent, le fer, le cuivre, etc., s'allongent en fil lorsqu'on les force à passer par des trous d'un petit diamètre. Plusieurs se laissent aplatir et étendre sous le marteau, et prennent de cette manière la forme qu'on veut leur donner (l'or, l'argent, le cuivre, l'étain, etc.); on dit qu'ils sont *malléables*. Quelques substances pierreuses présentent aussi une sorte de ductilité lorqu'elles sont pénétrées d'eau : on dit alors qu'elles font pâte avec ce liquide; ex. : les argiles, les marnes.

3. *De la double réfraction*. La double réfraction de la lumière est l'une des propriétés caractéristiques des substances cristallisées, parce qu'elle tient à l'arrangement régulier de leurs molécules. Tous les minéraux transparens ont la propriété de *réfracter* (voyez les *Notions préliminaires*, page 23) les rayons lumineux qui les pénètrent, mais avec des différences importantes. Ceux qui ne sont point cristallisés, et ceux dont les cristaux se rapportent au système du cube ne possèdent que la réfraction simple, c'est-à-dire que chaque rayon qui les traverse se dévie sans se partager, et qu'ils ne donnent qu'une seule image de l'objet que l'on regarde à travers deux de leurs faces opposées; ex. : le diamant. Toutes les substances cristallisées, qui appartiennent aux autres systèmes, sont douées de la double réfraction, c'est-à-dire que chaque faisceau lumineux qui les traverse se partage généralement en deux autres faisceaux qui suivent des routes différentes; ce que l'on reconnaît à ce que ces faisceaux donnent deux images de chaque objet vu au travers du corps, lorsque leur séparation est sensible. Ce phénomène des doubles images s'observe très-facilement dans le calcaire limpide (dit *spath d'Islande*) et dans le soufre cristallisé, parce qu'ayant lieu dans ces corps, lorsqu'on regarde de très-près un objet à travers des faces parallèles, il suffit de tracer un point ou une ligne noire sur un papier, et d'appliquer le cristal dessus, pour voir deux images du point ou de la ligne. Pour les autres substances, par exemple pour les cristaux de quarz ou de topaze, la bifurcation des rayons aurait toujours lieu dans la même circonstance, mais si faiblement, qu'il faudrait des plaques très-épaisses pour la rendre sensible. C'est pour cela que l'on observe la double

réfraction de ces substances à travers des faces inclinées l'une à l'autre, parce qu'alors les deux rayons ne sortant plus du cristal dans des directions parallèles, comme dans le premier cas, finissent toujours par se séparer à une distance plus ou moins éloignée. Voici comment on s'y prend pour faire commodément l'expérience. On applique l'une des faces du corps contre l'œil, et l'on tient en même temps de l'autre main une épingle dirigée horizontalement, que l'on présente à une certaine distance du cristal, et que l'on regarde à travers les deux faces réfringentes. En faisant mouvoir cette épingle de bas en haut, on parvient bientôt à une position sous laquelle on voit deux images de l'épingle, situées l'une au-dessus de l'autre et irisées. On peut aussi faire l'expérience le soir, en regardant à travers le corps une bougie allumée, placée à une certaine distance. On voit alors deux images de la flamme, ordinairement nettes et bien séparées. C'est par ces moyens d'observation que l'on peut souvent distinguer l'une de l'autre deux pierres taillées par le lapidaire, et qui se rapprochent beaucoup par leurs caractères extérieurs : par exemple, on distinguera toujours le diamant de la topaze incolore, en ce que le premier n'a que la réfraction simple, tandis que la topaze est douée de la double réfraction.

4. *De la phosphorescence*. Il est un grand nombre de minéraux qui ont la propriété de devenir lumineux par eux-mêmes, et par conséquent de pouvoir luire dans les ténèbres, lorsqu'on les place dans certaines circonstances favorables à la production de ce phénomène, qui est connu sous le nom de *phosphorescence*. On développe cette faculté, dans les minéraux qui en sont susceptibles, par différens moyens, entre autres par l'action du frottement ou celle de la chaleur. La poussière du phosphate de chaux et celle du fluor donnent de belles lueurs phosphoriques, lorsqu'on les projette sur une pelle chaude. Si l'on frotte deux morceaux de silex l'un contre l'autre dans l'obscurité, on produit aux points de contact une traînée lumineuse.

5. *De l'électricité*. Toutes les substances minérales sont susceptibles d'acquérir la vertu *électrique* (voyez

les *Notions préliminaires*, page 19); mais elles diffèrent entre elles par la manière dont elles s'électrisent, par les moyens qu'il faut employer pour développer en elles cette propriété, et par le plus ou moins de tendance qu'elles ont à la conserver ou à la transmettre aux autres corps. La plupart des minéraux ne s'électrisent que lorsqu'on les a frottés avec un autre corps, tel qu'un morceau de drap; quelques-uns ont la propriété de devenir électriques lorsqu'on se borne à les presser entre deux doigts; d'autres enfin, mais en petit nombre, le deviennent lorsqu'on rend leur température croissante ou décroissante, en les chauffant et les laissant ensuite refroidir. Les uns ne peuvent s'électriser lorsqu'on les tient avec les doigts; d'autres, au contraire, s'électrisent parfaitement de cette manière. Les uns s'électrisent vitreusement, les autres résineusement; tandis que les minéraux électriques, par la chaleur, manifestent toujours les deux sortes d'électricité à la fois. Dans ceux-ci il y a toujours deux points opposés, qu'on appelle *pôles*, dont l'un est vitreux, l'autre résineux; de plus, leurs formes cristallines dérogent à la symétrie ordinaire, en ce que l'un des pôles présente des facettes qui ne se répètent pas sur le pôle opposé.

6. *Du magnétisme.* La propriété *magnétique* (voy. les *Notions préliminaires*, page 20) est restreinte à un très-petit nombre de substances, parmi lesquelles il n'y a que le fer qui se trouve dans la nature à l'état convenable pour agir sur l'aiguille aimantée. On distingue deux sortes d'action des minéraux sur cette aiguille : l'une qu'on appelle *magnétisme simple*, et que possèdent les corps qui attirent également les deux pôles de l'aiguille (le fer pur); l'autre qu'on nomme *magnétisme polaire*, et dont jouissent les corps qui, étant présentés successivement par le même point aux deux pôles, attirent l'un et repoussent l'autre (le fer oxidulé ou la pierre d'aimant).

DES CARACTÈRES CHIMIQUES DES MINÉRAUX.

1. *De la composition chimique des minéraux, et des*

résultats de leur analyse. Deux corps composés peuvent différer l'un de l'autre, 1° par la nature de leurs élémens, comme le sulfure de plomb et le chlorure d'argent, qui n'ont aucun élément commun; 2° par les proportions suivant lesquelles ces élémens sont unis : ainsi l'arsenic, combiné au soufre dans la proportion de soixante-dix parties en poids d'arsenic sur trente parties de soufre, donne un sulfure rouge que l'on nomme *réalgar;* tandis que le même corps, combiné au soufre dans la proportion de soixante-un à trente-neuf, donne un autre sulfure de couleur jaune qu'on nomme *orpiment;* 3° par le mode de réunion des atomes élémentaires ou des particules composées que ceux-ci produisent : deux corps peuvent être formés des mêmes élémens, unis dans les mêmes proportions, et cependant différer plus ou moins l'un de l'autre par leurs propriétés physiques et leurs caractères extérieurs; tels sont le calcaire et l'arragonite, qui, étant composés de chaux et d'acide carbonique unis dans le même rapport, diffèrent cependant l'un de l'autre par la forme cristalline, la pesanteur spécifique, la dureté, etc. L'analyse d'un minéral est une opération qui consiste à séparer les divers élémens dont ils se composent, et à déterminer la proportion exacte de chacun d'eux. Le résultat de cette analyse s'énonce en disant que cent parties, qui peuvent être des livres, des grains, des grammes ou autres poids quelconques, sont formées de tant de parties du premier élément, de tant de parties du second, de tant du troisième, et ainsi de suite. Par exemple, cent parties de calcaire sont formées de quarante-quatre parties d'acide carbonique et de cinquante-six parties de chaux. On voit que le résultat d'une analyse ne fait connaître que deux des rapports sous lesquels les minéraux peuvent différer chimiquement, savoir, la nature des élémens et leur proportion; et qu'ainsi ce résultat ne peut être l'expression rigoureuse et la représentation complète de leur composition chimique.

L'opération qui consiste à faire une analyse exacte d'un minéral, en prenant un poids déterminé du corps pour le décomposer entièrement et peser ensuite avec le plus grand soin chacun des élémens isolés, est du ressort du chimiste de profession : c'est une opération qu'il faut faire chaque fois que l'on découvre une nouvelle substance, afin d'avoir une notion du corps aussi complète que possible. Mais ce travail étant supposé avoir été fait pour chacun des minéraux connus, si l'on veut seulement reconnaître à l'aide de caractères chimiques une variété appartenant à une espèce qui a été bien déterminée, il n'est pas besoin d'en répéter l'analyse, mais seulement de faire l'*essai chimique* de la substance, essai que l'on pratique sur une simple parcelle détachée du minéral, et par lequel on cherche seulement à savoir de quels principes elle est composée, sans avoir égard à leur proportion, et par conséquent sans faire aucune pesée. Pour cela, on tâche de détruire la combinaison, et d'isoler chacun des élémens des autres par le moyen des *réactifs* (voyez les *Notions préliminaires*, page 30), afin de leur faire manifester successivement leurs caractères. Or, comme il faut, pour faciliter l'action chimique des corps les uns sur les autres, les diviser le plus possible, afin de multiplier les points de contact, les essais chimiques exigent une opération préparatoire qui consiste à vaincre la cohésion des particules du corps; ce qui peut se faire de deux manières, ou en fondant le corps par l'action du feu, ou en le dissolvant dans un liquide. De là deux sortes d'essais chimiques : les uns ont lieu *par la voie sèche*, à l'aide du feu et des réactifs solides; les autres *par la voie humide*, à l'aide des réactifs liquides.

2. *De l'essai des minéraux par la voie sèche.* Pour soumettre un minéral à l'action du feu, on se sert du chalumeau des bijoutiers, instrument qui se compose essentiellement d'un tube métallique recourbé vers l'une de ses extrémités, où il se termine par une ouverture très-déliée. On souffle dans le tube par l'autre extrémité, et le courant d'air qui en sort est dirigé sur la flamme d'une bougie ou d'une lampe à mèche plate; cette flamme s'allonge horizontalement en forme de dard, dont la pointe possède une chaleur très-intense. Le petit fragment que l'on veut exposer à l'action de

cette flamme se place à l'extrémité d'une pince en platine, ou sur un charbon dans lequel on a creusé une petite cavité. La flamme du chalumeau ne borne pas son action à fondre le minéral dans beaucoup de cas. Elle agit encore chimiquement sur lui, tantôt en l'oxidant s'il est combustible, tantôt en le désoxidant s'il est oxigéné. Quand elle l'oxide, c'est qu'on a chauffé le corps avec le contact de l'air, en le plaçant tout-à-fait à la pointe de la flamme; ce que l'on appelle le soumettre *au feu d'oxidation;* quand elle le désoxide, c'est qu'on l'a chauffé, sans le contact de l'air, en le plongeant tout entier dans la partie brillante de la flamme : ce qu'on nomme le traitement *au feu de réduction.* En variant de différentes manières le mode de traitement par le chalumeau, on obtient des caractères précieux pour la distinction des espèces. D'abord, on peut traiter le minéral seul, sans y ajouter de corps étrangers, afin de voir s'il est fusible ou infusible par lui-même : le caractère de fusibilité ou d'infusibilité est un de ceux que l'on emploie le plus fréquemment. Dans le cas de fusion, on examine si le fragment se réduit en un *verre* transparent, blanc ou coloré, ou en un *émail* (verre opaque) qui peut être pareillement blanc ou coloré. Il peut arriver aussi que le fragment soit réductible en un globule métallique, ou qu'il se transforme en une *scorie* ou matière boursouflée. Enfin l'action de la chaleur peut en dégager un principe volatil, que l'on reconnaît à son odeur, ou que l'on recueille en lui fournissant le moyen de se condenser. Par exemple, si le minéral renferme de l'eau, il suffit d'en mettre un fragment dans un petit tube de verre fermé par un bout, et de le chauffer à travers le tube : l'eau se dégagera sous forme de vapeurs, qui iront se condenser en gouttelettes dans la partie supérieure du tube qui est froide. On peut traiter le minéral après l'avoir mêlé à un corps étranger, qui est ou un *fondant* (corps qui facilite la fusion), ou un *réactif* (corps qui décompose le minéral). Le fondant le plus ordinairement employé est le *borax* (borate de soude); et les principaux réactifs sont la *soude* (à l'état de carbonate), qui agit au moyen de l'alkali qu'elle contient, et le *sel de phosphore* (phosphate de soude et d'ammoniaque), qui agit au moyen de son acide devenu libre par l'action du feu. La soude est aussi employée comme fondant dans un grand nombre de cas. Quand un minéral se fond avec le borax en un verre transparent, ce verre reçoit du corps dissous des propriétés et des couleurs qui tiennent à la nature des oxides métalliques qu'il renferme.

3. *De l'essai des minéraux par la voie humide.* Cet essai consiste généralement à mettre le corps en solution dans un liquide (l'eau ou un acide), et à faire agir sur lui différens réactifs également en solution, de manière à ce qu'on puisse isoler, soit par un dégagement de gaz, soit par des précipitations successives (voyez les *Notions préliminaires*, page 29), les principes qui le composent, et les reconnaître facilement à l'espèce de vapeur ou de précipité qu'ils produisent. Le dégagement de gaz est accompagné d'une sorte d'ébullition qu'on nomme *effervescence*. Quelques substances minérales sont solubles dans l'eau; mais la plus grande partie ne le sont que dans les acides, les unes à froid, les autres seulement à chaud: c'est ordinairement l'acide nitrique que l'on emploie pour les dissoudre. On se sert, pour faire les solutions, de petites capsules de verre, ou simplement d'un verre de montre, dans lequel on verse quelques gouttes d'acide nitrique, et l'on place au milieu un très-petit fragment ou un peu de poussière du minéral que l'on veut essayer. On a soin d'observer si ce minéral se dissout avec effervescence, en dégageant un gaz incolore ou coloré, s'il se dissout lentement, sans effervescence, mais en produisant au fond du verre une sorte de gelée; enfin, s'il se dissout lentement, sans effervescence et sans production de gelée. Les principaux réactifs liquides que l'on emploie pour l'examen des solutions, sont l'acide sulfurique, l'acide muriatique (ou hydrochlorique), l'ammoniaque, la potasse, etc.

OBSERVATIONS SUR LES CARACTÈRES DES MINÉRAUX.

Nous venons de parcourir rapidement l'ensemble des

propriétés diverses que peuvent présenter les substances minérales envisagées sous toutes leurs faces. Une de ces substances étant donnée, si l'on suppose connus par l'observation tous ses caractères, leur simple énumération fournira la description exacte de cette substance; et elle sera distinguée nettement de toutes les autres, parce qu'aucune de celles-ci n'offrira le même ensemble de propriétés; on aura donc ainsi la connaissance complète et absolue du corps. Mais cette connaissance est extrêmement difficile à acquérir, parce que les caractères les plus importans des minéraux ne se décèlent point d'eux-mêmes, qu'il faut les chercher, et qu'on ne peut les découvrir qu'après beaucoup de tâtonnement et des épreuves multipliées. Et non seulement la détermination d'un minéral que l'on rencontre pour la première fois dans la nature est pour le minéralogiste le plus habile une recherche longue et difficile, mais encore c'est souvent avec beaucoup de peine qu'il parvient à reconnaître et à nommer le corps qui se trouve déjà décrit et classé dans les ouvrages de minéralogie. Il n'en est donc pas de cette science comme de la botanique et de la zoologie, où, lorsqu'il s'agit de reconnaître un végétal ou un animal que l'on a sous les yeux, c'est-à-dire de trouver la place qu'il occupe et le nom qu'il porte dans la méthode, on est toujours sûr d'y parvenir en peu de temps, à l'aide d'un petit nombre d'observations simples, en suivant une marche indiquée par la méthode elle-même. Nous avons déjà donné les raisons de cette différence : elle tient à ce que, dans les règnes organiques, les caractères distinctifs des espèces sont tirés des propriétés extérieures les plus apparentes, parce qu'elles sont invariables dans tous les êtres individuels qui appartiennent à la même espèce, tandis que dans les minéraux, où les caractères extérieurs varient à l'infini et disparaissent chacun à leur tour sans que l'espèce change, on ne peut employer à la détermination de celle-ci que les caractères fixes qui dépendent des propriétés cachées, c'est-à-dire de propriétés qui se dérobent à l'observation, qu'on ne peut pas même prévoir, parce qu'elles n'ont point de rapport nécessaire avec les propriétés apparentes, et qu'il faut chercher et découvrir par voie de tâtonnement et d'expérience. Ainsi, quelle que soit la classification que l'on adopte dans le règne minéral, comme il est impossible qu'elle ne porte pas sur les caractères du genre de ceux dont nous venons de parler, elle ne peut jamais être fort commode pour les personnes qui n'ont d'autre but que de reconnaître un minéral, et ne saurait les dispenser de faire, un peu au hasard, un assez grand nombre d'essais pour arriver au nom qu'elles cherchent. Mais cette facilité que n'offre point la méthode minéralogique, et que l'on trouve dans les méthodes relatives aux deux autres règnes, pour parvenir promptement au nom d'un objet, est suppléée par un autre avantage : c'est que le nombre des espèces en minéralogie étant très-borné, on peut, à l'aide d'une étude de quelques mois, faite sur une collection nombreuse et bien étiquetée, exercer ses yeux à saisir les nuances qui diversifient le facies de chaque variété, et acquérir ainsi une connaissance empyrique des espèces, qui permette sinon de décider sur-le-champ de la nature de la première substance que l'on voit, ce qui suppose un tact assez rare ou une très-grande habitude, au moins de n'avoir à balancer qu'entre deux ou trois espèces pour savoir à laquelle on doit la rapporter.

Quand on est ainsi parvenu à se former le coup d'œil, en se familiarisant avec l'aspect des minéraux par une étude suivie de leurs caractères extérieurs, alors il suffit de quelques-uns des caractères physiques ou chimiques les plus simples et les plus faciles à saisir, pour lever l'indécision qui pourrait rester dans l'esprit de l'observateur. Un de ceux dont on fait le plus fréquent usage est la dureté, parce que souvent on n'a besoin que d'essayer la pierre avec la pointe d'un couteau, ou bien sur un carreau de vitre, ou un morceau de cristal de roche que l'on tient en réserve pour cet objet. On se sert aussi de la pesanteur spécifique, mais en l'estimant d'une manière approchée, ce qui se fait en sous-pesant le minéral dans la main; pour éprouver l'action des acides, on se contente quelquefois d'en verser une goutte sur un plan de verre ou dans une petite capsule de la même matière, et de placer au milieu un très-petit fragment ou un peu de poussière du minéral. Enfin, on tire aussi un très-grand parti du caractère de fusibilité par le chalumeau, dont l'épreuve est toujours prompte, et souvent décisive.

DE LA CLASSIFICATION DES MINÉRAUX.

On distingue deux sortes de *classifications* ou de *méthodes* en histoire naturelle : 1° les *systèmes* ou *méthodes artificielles*, dont les divisions sont établies arbitrairement, non sur l'ensemble des propriétés des êtres, mais sur un petit nombre de leurs caractères, que l'on choisit parmi les plus apparens et les plus tranchés. Le but d'un pareil arrangement n'est pas de présenter les corps dans l'ordre le plus propre à faire ressortir les rapports qu'ils ont entre eux, mais seulement de donner aux personnes qui ne connaissent pas le nom de ces corps, un moyen facile de le découvrir dans les livres par l'examen de l'objet lui-même; 2° les *méthodes naturelles*, dont les divisions successives sont fondées sur la considération de tous les caractères de quelque importance, et dans lesquelles les êtres sont classés de manière que ceux qui se ressemblent par le plus grand nombre de points, se trouvent le plus rapprochés. Une pareille méthode peut aussi servir à enseigner des noms; mais son principal avantage est de donner une connaissance plus complète de chaque être, et de le faire envisager non seulement en lui-même, mais dans ses rapports avec tous les autres; les analogies et les différences que ces êtres ont entre eux se trouvant marquées par la place même qu'ils occupent.

Nous avons vu combien il était difficile de fonder un système minéralogique, dans le seul but de fournir un moyen commode et sûr de reconnaître et de dénommer les minéraux : aussi est-ce la méthode naturelle que l'on cherche à établir de préférence en minéralogie. C'est cette méthode d'ailleurs que l'on s'efforce d'introduire de nos jours dans toutes les parties de l'histoire naturelle. Mais les essais en ce genre que l'on a tentés jusqu'ici sont plus ou moins imparfaits: car, pour qu'une semblable méthode fût parfaite, il faudrait que l'on connût tous les êtres qui peuvent se trouver dans la nature, et que l'on pût apprécier exactement, et pour ainsi dire peser tous leurs rapports. Il n'existe donc point de méthodes qui soient parfaitement naturelles, à prendre ce mot en toute rigueur, mais des méthodes qui se rapprochent plus ou moins de la vraie méthode naturelle. Celle-ci est comme le dernier terme auquel tendent toutes nos classifications actuelles, qui se perfectionnent et avancent vers leur but à chaque pas que l'on fait faire à la science.

La division première et fondamentale de toute méthode est celle à laquelle on donne le nom d'*espèce*. On peut la définir généralement : une collection de corps ou d'individus qui se ressemblent dans toutes leurs propriétés importantes, et qui ne diffèrent que par quelques modifications légères et accidentelles ; en sorte que deux individus d'une même espèce ont entre eux beaucoup plus d'analogie qu'ils n'en ont avec ceux des autres espèces. Cette définition s'applique aux trois règnes de la nature; mais dans les règnes organiques on la précise davantage, en la rattachant à un fait d'observation qui consiste en ce que les êtres qui naissent successivement les uns des autres sont justement ceux qui offrent une ressemblance presque parfaite dans les propriétés; d'où il suit que l'on peut, en botanique comme en zoologie, énoncer ainsi la définition de l'espèce : la collection de tous les corps organiques, nés les uns des autres, et de tous ceux qui leur ressemblent autant qu'ils se ressemblent entre eux; ou, plus simplement encore, la collection de tous les individus que l'on peut concevoir comme étant originaires d'un seul. En minéralogie, où les corps ne naissent point les uns des autres, il n'y a point lieu d'appliquer cette définition particulière, et il faut nécessairement revenir à la définition générale que nous avons donnée d'abord.

Un minéral étant *en général* composé dans toute sa masse de molécules semblables, il peut se faire qu'il y ait dans deux minéraux identité ou différence de molécules. Or, il est clair que deux minéraux qui sont formés de molécules identiques ont plus d'analogie entre eux que deux minéraux formés de molécules différentes. Le caractère de l'*espèce minérale* réside donc dans la molécule; et l'on peut la définir : la collection de tous les corps dans chacun desquels les molécules sont semblables entre elles et avec celles des autres corps; en sorte qu'on pourrait presque les concevoir comme originaires d'une même masse, qui aurait été partagée en autant de fragmens qu'il y a de minéraux individuels dans l'espèce. Comme cette similitude de molécules revient à une identité de composition chimique, on peut énoncer la définition de cette autre manière : l'espèce minérale est une collection de corps identiques par la nature, les proportions et l'arrangement de leurs élémens.

Lorsqu'on veut faire usage de cette définition pour la détermination de certaines espèces minérales, on rencontre plusieurs difficultés. La première, c'est que deux minéraux peuvent être composés des mêmes élémens, unis ensemble dans les mêmes proportions, et différer l'un de l'autre d'une manière très-sensible, non seulement dans leurs caractères purement extérieurs, mais même dans l'ensemble de leurs propriétés physiques. C'est ainsi que le calcaire commun et l'arragonite donnent le même résultat à l'analyse, et sont tous deux du carbonate de chaux pour le chimiste, tandis que minéralogiquement ils offrent des différences assez grandes pour qu'on en ait presque toujours fait deux espèces distinctes; et, en effet, ils diffèrent l'un de l'autre non seulement par la pesanteur spécifique, la dureté, la double réfraction, mais encore par le système cristallin, qui dans le premier est celui du rhomboïde, et dans le second celui du prisme droit à base rectangle. S'il était prouvé que cette différence remarquable tînt à ce que les particules de chaux et d'acide carbonique ne sont pas arrangées de la même manière dans les molécules de l'une et de l'autre substance, il y aurait nécessité, d'après la définition donnée de l'espèce, de séparer le calcaire de l'arragonite; car les compositions de ces corps, au lieu d'être identiques, ne seraient plus qu'équivalentes. Mais si elle provenait uniquement d'une différence d'agrégation dans les molécules des deux substances, elle ne pourrait dans ce cas établir que des subdivisions dans une même espèce, comme les caractères ordinaires de forme et de structure; seulement ces subdivisions, étant d'un ordre plus élevé, seraient distinguées par le nom de *sous-espèces*. L'impossibilité où l'on est de savoir lequel de ces deux cas a lieu, laisse le minéralogiste indécis sur la solution de la question : il se détermine alors à faire des deux minéraux deux espèces distinctes, ou simplement deux sous-espèces, selon qu'il juge plus ou moins importantes les différences qu'il a observées dans l'ensemble de leurs caractères.

Une autre difficulté qui se présente plus fréquemment, lorsqu'il s'agit de circonscrire une espèce dans ses véritables limites, vient de ce qu'un minéral n'est pas toujours pur, c'est-à-dire composé d'une seule sorte de molécules dans toute sa masse, ainsi que le suppose la définition de l'espèce; mais que souvent c'est un agrégat de molécules de nature diverse, et par conséquent un mélange de plusieurs espèces minérales. Il faut distinguer ici deux sortes de mélanges dans les minéraux : ceux qui ont eu lieu par voie mécanique, et ceux qui ont eu lieu par voie chimique ou de cristallisation. Il est arrivé souvent qu'un minéral s'est consolidé au milieu d'un dépôt de matière étrangère, soit liquide, soit pulvérulente; dans ce cas, il a presque toujours entraîné mécaniquement, et retenu entre ses propres molécules, quelques parties de cette matière, qui, disséminées plus ou moins irrégulièrement dans sa masse, n'ont gêné ni altéré en rien sa cristallisation, à laquelle aussi elles n'ont participé en aucune manière.

Ce mélange mécanique a lieu en quelque sorte au hasard entre des substances qui n'ont aucune analogie de composition chimique et de forme cristalline : on le reconnaît assez ordinairement à ce qu'il communique une couleur accidentelle à la substance qui a cristallisé, en même temps qu'il altère plus ou moins sa transparence et son éclat. Dans cette sorte d'agrégat mixte, il y a toujours une substance que l'on regarde comme principale, et qui détermine l'espèce : c'est celle qui a conservé sa structure et sa forme, et qui n'a éprouvé ainsi aucune modification notable dans ses propriétés les plus importantes; les autres matières, qui sont presque toujours en proportion moins considérable, sont regardées comme étrangères à la véritable composition du minéral, et comme constituant dans l'espèce une variété impure et accidentelle. Ex. de mélanges mécaniques : le quarz hématoïde ou d'un rouge de sang (souillé d'argile rougeâtre); le quarz rubigineux ou d'un jaune de rouille (souillé de fer hydroxidé jaune).

Les mélanges chimiques sont ceux qui ont eu lieu entre des moécules de nature diverse, qui, faisant partie d'une même dissolution, ont cristallisé ensemble, c'est-à-dire se sont déposées régulièrement les unes à côté des autres, comme si elles étaient identiques, de manière à former concurremment une même masse cristalline. On présume bien qu'un mélange de cette sorte ne peut se faire indifféremment entre des molécules de nature quelconque; aussi l'observation prouve-t-elle qu'il a presque constamment lieu entre les molécules des substances qui ont la plus grande analogie de forme et de composition, et que l'on nomme pour cette raison *substances isomorphes*. Ces substances sont le plus ordinairement des sels composés d'un acide commun et de bases différentes, mais de manière que dans chacun d'eux il y a le même nombre de molécules de base et d'acide. On reconnaît qu'un minéral provient d'un pareil mélange chimique à ce caractère, que si dans le résultat de son analyse on réunit toutes les bases des composés isomorphes que l'on soupçonne être mêlés chimiquement entre eux, elles contiendront ensemble une quantité d'oxigène égale à celle que donnerait une seule de ces bases pour la quantité d'acide qui correspond à elles toutes. Les mélanges chimiques se font en proportions indéfinies : leurs couleurs varient suivant la nature de celles des substances mélangées, et suivant leur quantité relative. Mais ce qui paraît caractériser cette sorte de mélange, c'est que lorsqu'elle a lieu entre une substance qui par elle-même est limpide et incolore, et des substances colorées, celles-ci n'altèrent en général ni la transparence ni l'éclat de la première, comme on le voit dans la plupart des pierres précieuses. Quant à la manière de classer un minéral que l'on a reconnu à son analyse pour un mélange chimique de composés isomorphes, ce qui semble le plus naturel, c'est de voir quel est celui de ces composés qui est en quantité dominante, et s'il se rapporte à une espèce déjà établie, c'est avec cette espèce que le minéral mixte doit être rangé. Si, au contraire, ce principe dominant ne se rapporte à aucune des espèces déjà connues, il doit lui-même en constituer une nouvelle. Exemple de mélanges chimiques : les grenats, les amphiboles, les pyroxènes de différentes couleurs.

Nous venons de dire comment les espèces minérales sont formées, il faut maintenant examiner comment on peut les grouper entre elles pour établir des genres. Les genres ne peuvent être établis que par le rapprochement des espèces qui ont le plus d'analogie dans leurs caractères chimiques et dans leurs caractères extérieurs, ce qui exige qu'on les compose de celles qui ont un principe commun; mais comment doit-on choisir ce principe? Dans les composés ternaires, par exemple, est-ce le principe qui fait fonction de base, ou celui qui fait fonction d'acide, que l'on adoptera, comme étant le lien commun des espèces d'un même genre? Pour décider la question il faut remarquer que dans chaque classe de combinaisons binaires, ternaires, etc., il est un petit nombre de principes actifs qui dominent dans ces combinaisons, qui les caractérisent, et servent même à les dénommer. Dans les composés binaires, c'est l'oxigène, le soufre, l'arsenic, le fluore, le chlore, etc., tous élémens que les anciens minéralogistes avaient très-bien distingués des autres par le nom de *principes minéralisateurs*. Dans les sels, ce sont les acides. Or, si l'on établit les genres d'après les principes minéralisateurs et acides, c'est-à-dire, en d'autres termes, si l'on suit la méthode adoptée depuis long-temps par les chimistes, on s'apercevra avec un peu d'attention que les groupes ainsi formés seront naturels, en ce qu'ils rapprocheront les espèces qui ont le plus d'analogie dans l'ensemble de leurs caractères de première valeur : la composition, la forme cristalline, l'éclat, etc. Nous aurons donc ainsi, d'une part, les genres *sulfures, arséniures, chlorures*, etc.; de l'autre, les genres *carbonates, sulfates, phosphates, borates, silicates*, etc. Après avoir ainsi groupé toutes les espèces en genres, on peut réunir de même les genres en familles, ou bien se contenter, comme le font la plupart de nos minéralogistes, de les distribuer dans un petit nombre de classes, fondées sur quelques propriétés très-générales et faciles à saisir.

Les détails dans lesquels nous venons d'entrer nous paraissent suffisans pour faire comprendre les principes qui, selon nous, doivent servir de guide dans la classification des minéraux. Afin de les rendre encore plus clairs par une application immédiate, nous allons présenter ici l'esquisse d'une méthode minéralogique fondée sur ces mêmes principes, et que nous avons tâché de rendre aussi simple que possible.

Nous partageons tout le règne minéral, ou du moins l'ensemble des minéraux simples, en trois grandes classes; savoir, la *Classe des Substances acidifères* ou *pierreuses*, la *Classe des Substances métalliques*, et la *Classe des Substances inflammables;* ou plus simplement, la *Classe des* PIERRES, la *Classe des* MÉTAUX, et la *Classe des* COMBUSTIBLES. Elles représentent ces grandes divisions du règne minéral que depuis tant de siècles l'usage a consacrées dans toutes les langues.

La première classe comprend les substances qui renferment un acide, soit libre, soit combiné avec des terres, des alcalis, ou des oxides de métaux proprement dits : elle renferme donc toutes les combinaisons connues en chimie sous le nom d'*acides* et de *sels minéraux*. Ces substances, lorsqu'elles sont à l'état solide, ont en général les caractères qui distinguent ce que l'on nomme communément une pierre, et dont les principaux sont de ne pas être combustibles, et d'avoir un éclat différent du brillant métallique (ordinairement un éclat vitreux dans les cristaux, et plus ou moins terne dans les masses non cristallines). Leur pesanteur spécifique est généralement au-dessous de 5. Elles ont de la transparence quand elles sont cristallisées et pures. Celles qui ne renferment que des terres et des alcalis sont généralement incolores par elles-mêmes; leur couleur, lorsqu'elle existe, dépend de principes accidentellement mélangés. Celles qui renferment un métal proprement dit, et que l'on peut, avec plus ou moins de facilité, réduire en globule métallique par le moyen du chalumeau, sont pour la plupart colorées par elles-mêmes.

La seconde classe réunit toutes les substances non acidifères, qui se composent de métaux proprement dits, soit libres ou à l'état *natif*, soit minéralisés, c'est-à-dire amenés à l'état de *minerais* par leur combinaison avec l'oxigène, le soufre, l'arsenic, le chlore, etc. — Ces substances ont naturellement l'éclat métallique, ou sont susceptibles de l'acquérir, soit simplement à l'aide du poli, soit par la réduction en globule au moyen du chalumeau et des réactifs. Elles sont douées d'une couleur propre, qui reste vive après la trituration; elles sont fréquemment opaques, même dans les cristaux. Leur pesanteur spécifique est généralement plus considérable que celle des substances pierreuses. Cette classe renferme tous les métaux usuels, et la plupart des minerais dont on les retire.

La troisième classe comprend toutes les substances inflammables, ou les combustibles non métalliques. Ces substances ne possèdent ni le genre d'éclat, ni la grande densité, ni les autres propriétés qui appartiennent aux substances métalliques. Le genre de combustion dont elles sont susceptibles les sépare aussi d'une manière très-marquée des Métaux proprement dits et surtout des Pierres.

TABLEAU MÉTHODIQUE
DES
ESPÈCES MINÉRALES.

I. CLASSE DES SUBSTANCES ACIDIFÈRES, OU DES PIERRES.

(*Acides et Sels.*)

Premier Genre. ACIDE CARBONIQUE.

* Libre.
— Gaz carbonique.

** Combiné : *carbonates.*

CARACT. Corps solides, solubles dans les acides avec effervescence, due au dégagement d'un gaz incolore et inodore.

PRINCIPALES ESPÈCES :

Carb. de chaux.
— calcaire.
— arragonite.
Carb. de chaux et magnésie. (*dolomie.*)
Carb. de fer. (*fer spathique.*)
Carb. de manganèse.
Carb. de baryte.
Carb. de strontiane.
Carb. de zinc.
Carb. de plomb.
Carb. de soude hydraté. (*natron.*)
Carb. de cuivre hydraté.
— vert (*malachite*).
— bleu (*azurite*).

Deuxième Genre. ACIDE MURIATIQUE, OU HYDROCHLORIQUE.

* Libre.
— Gaz hydrochlorique.

** Combiné : *muriates* ou *hydrochlorates.*

CARACT. Corps solubles dans l'eau, dégageant du chlore (gaz odorant et coloré), lorsqu'on verse de l'acide sulfurique sur leur mélange avec le peroxide de manganèse,

PRINCIPALES ESPÈCES :

Muriate de soude (*sel marin*).
Muriate d'ammoniaque (*sel ammoniac*).

Troisième Genre. **ACIDE FLUORIQUE.**

* Combiné : *fluates* et *fluo-silicates*.

CARACT. Corps solides, dégageant une vapeur blanche qui corrode le verre, lorsqu'on les fond dans un tube avec le sel de phosphore ou l'acide phosphorique.

PRINCIPALES ESPÈCES :

Fluate de chaux (*spath fluor*).
Fluate de soude d'alumine (*cryolithe*).
Fluo-silicate d'alumine (*topaze*).

Quatrième Genre. **ACIDE NITRIQUE.**

* Combiné : *nitrates*.

CARACT. Corps solides, solubles dans l'eau ; dégageant des vapeurs rouges avec effervescence, lorsque étant mêlés à la limaille de cuivre, on les traite par l'acide sulfurique projetés par des charbons incandescens, ils en activent la combustion.

PRINCIPALES ESPÈCES :

Nitrate de potasse (*salpêtre*).
Nitrate de soude.
Nitrate de chaux.

Cinquième Genre. **ACIDE SULFURIQUE.**

* Libre.

—Acide sulfurique.

** Combiné : *sulfates*.

CARACT. Corps solides, dégageant l'odeur fétide d'hydrogène sulfuré, lorsqu'après les avoir chauffés avec un mélange de carbonate de soude et de charbon, on verse quelques gouttes d'acide sur la masse fondue.

PRINCIPALES ESPÈCES :

Sulf. de chaux hydraté. (*gypse*).
Sulf. de chaux anhydre (*karsténite*).
Sulf. de strontiane. (*célestine*).
Sulf. de baryte (*barytine*.)
Sulf. de plomb.
Sulf. de potasse.
Alunite.
Sulf. d'alumine et de potasse. (*alun*).

Sixième Genre. ACIDE PHOSPHORIQUE.

* Combiné : *phosphates.*

Caract. Corps solides, produisant, par la fusion avec l'acide borique, un globule vitreux qui, traité ensuite par le charbon, donne du phosphore, ou bien qui, chauffé de nouveau, attaque un fil de fer que l'on plonge dans sa masse fondue.

PRINCIPALES ESPÈCES :

Phosphate de chaux. (*apatite*).
Turquoise.
Phosphate de plomb.
Phosphate de cuivre.
Phosphate de fer.
Phosphate d'urane.
—jaune (*uranite*).
—vert (*chalcolithe*).

Septième Genre. ACIDE ARSÉNIQUE.

* Combiné : *arséniates.*

Caract. Corps solides, dégageant une odeur d'ail, lorsqu'on les chauffe avec la poussière de charbon.

PRINCIPALES ESPÈCES :

Arséniate de chaux. (*pharmacolithe*).
Arséniate de plomb.
Arséniates de cuivre.
Arséniates de fer.

Huitième Genre. ACIDE BORIQUE.

* Libre.

—Acide borique.

** Combiné : *borates*, *borosilicates.*

Caract. Corps solides, décomposables par l'acide nitrique, dans lequel ils laissent un résidu qui a la propriété de se dissoudre dans l'esprit de vin et d'en colorer la flamme en vert.

PRINCIPALES ESPÈCES :

Borate de soude (*borax*).
Borate de magnésie (*boracite*).
Borosilicate de chaux (*datolithe*).

Neuvième Genre. **ACIDE SILICIQUE, ou SILICE.**

* Libre.

—Silice pure (*quarz*).

** Combiné : *silicates.*

CARACT. Corps solides, donnant une gelée de silice, lorsque après les avoir fondues avec la potasse on les dissout dans un acide, et que l'on concentre convenablement la solution.

PRINCIPALES ESPÈCES :

Silicates alumineux.

Silicates d'alumine.
—staurotide.
—disthène.
—pinite.

Silic. d'alum. et de glucyne.
—cymophane.
—émeraude.
—euclase.

Silic. d'alum. et de chaux, ou fer ou manganèse.
—grenats.
—idocrase.
—épidotes.
—prehnite.
—axinite.

Silic. d'alum. et de chaux, ou potasse, soude, lithine.
—wernérite.
—lapis.
—amphigène.
—analcime.
—mésotype.
—chabasie.
—harmotome.
—stilbites.
—feldspaths.
—pétalite.
—triphane.
—tourmaline.
—macle.
—micas.

Silicates magnésiens.
—talc.
—péridot.
—diallage.
—hypersthène.
—amphiboles.
—pyroxènes.

Silicate de zinc.
—calamine.

Silicate d'yttria.
—gadolinite.

Silicate de zircone.
—zircon.

Dixième Genre. **ACIDE ALUMINIQUE, ou ALUMINE.**

* Libre.

—Alumine pure (*corindon*).

** Combiné : *aluminates.*

CARACT. Corps solides, donnant une gelée d'alumine, lorsque après les avoir fondus avec la potasse, on les dissout dans un acide, et que l'on précipite la solution par l'ammoniaque.

PRINCIPALES ESPÈCES :

—Aluminate de magnésie (*spinelle*).

Onzième Genre. ACIDE TUNGSTIQUE ou SCHÉELIQUE.

* Combiné : *tungstates*.

CARACT. Corps solides, très-pesans; donnant par la fusion avec le carbonate de soude une matière soluble dans l'eau, dont la solution précipite par l'acide nitrique une poudre qui devient jaune, quand on fait bouillir la liqueur.

PRINCIPALES ESPÈCES :

Tungstate de chaux (*schéelite*).
Tungstate de fer et de manganèse (*wolfram*).

Douzième Genre. ACIDE TANTALIQUE ou COLOMBIQUE.

* Combiné : *tantalates*.

CARACT. Corps solides, donnant par la fusion avec le carbonate de soude une matière soluble dans l'eau, dont la solution précipite par l'acide nitrique une poudre blanche, qui reste incolore, quand on fait bouillir la liqueur.

PRINCIPALES ESPÈCES :

Tantalate d'yttria (*yttro-tantale*).
Tantalate de fer et de manganèse (*tantalite*).

Treizième Genre. ACIDE TITANIQUE.

* Combiné : *titanates* et *silicio-titanates*.

CARACT. Corps solides, donnant par la fusion avec le carbonate de soude une matière décomposable par l'acide hydrochlorique : la liqueur, qui est jaune, devient violette lorsqu'on y plonge un morceau de zinc.

PRINCIPALES ESPÈCES :

Titanate de fer (*fer titané*).
Silicio-titanate de chaux (*sphène*).

Quatorzième Genre. ACIDE MOLYBDIQUE.

* Libre.

—Acide molybdique.

** Combiné : *molybdates*.

CARACT. Corps donnant, après avoir été fondus avec le carbonate de soude et traités par l'acide nitrique, une poudre blanche soluble dans l'eau, dont la solution devient bleue, quand on y plonge un morceau de zinc.

ESPÈCE UNIQUE.

Molybdate de plomb (*plomb jaune*).

Quinzième Genre. **ACIDE CHROMIQUE.**

* Combiné : *chromates.*

CARACT. Corps colorés, donnant au chalumeau, lorsqu'on mêle leur poudre avec un peu d'alcali, un beau verre coloré en vert pur.

PRINCIPALES ESPÈCES :

Chromate de plomb (*plomb rouge*).
Fer chromé.

II. CLASSE DES SUBSTANCES MÉTALLIQUES, ou DES MÉTAUX.

(*Métaux proprement dits*, et *minerais métalliques*).

Premier Genre. **MÉTAUX NATIFS.**

CARACT. Corps essentiellement opaques, doués d'une couleur propre jointe à l'éclat métallique ; très-dilatables, plus ou moins fusibles, et oxidables par l'action de la chaleur. Pesanteur spécifique au-dessus de 6.

PRINCIPALES ESPÈCES :

* Libres.

—platine.
—or.
—argent.
—mercure.
—cuivre.
—fer.
—bismuth.
—antimoine.
—arsenic.

** Alliés.

—or argentifière (*electrum*).
—argent antimonial.
—merc. argental (*amalgame*).
—tellure aurifère (*or de nagyac*).

Deuxième Genre. **MÉTAUX OXIDÉS.**

CARACT. Corps solides, opaques et doués naturellement de l'éclat métallique, quand ils sont en masse, ou susceptibles d'acquérir cet éclat par le poli, ou transparens et doués d'une couleur propre ; d'un aspect mat et terreux quand ils sont en poussière.

Pesanteur spécifique comprise entre 3,8 et 6,8. Réductibles en métal à l'aide du charbon ; et donnant au verre de borax des couleurs différentes selon leur nature particulière.

PRINCIPALES ESPÈCES :

Oxides de cuivre.
—rouge.
—noir.

Oxides de fer.
—fer oxidé rouge.
—fer oligiste.

—fer magnétique.
—fer hydroxidé.
Oxides de manganèse.
—métalloïde.
—terne (*hydraté*).
Oxide d'étain.
Oxide de cobalt.
Oxide d'urane.
Oxides de titane.
—rutile.
—anatase.
Oxide de chrôme.

Troisième Genre. MÉTAUX SULFURÉS.

Caract. Corps doués d'un éclat métallique, plus ou moins prononcé et d'une couleur propre ; donnant l'odeur du soufre brûlé, lorsqu'on les traite au chalumeau sur le charbon. Pesanteur spécifique comprise entre 3,5 et 8.

PRINCIPALES ESPÈCES :

* simples.
Sulfure d'argent.
Sulfure de plomb.
(*galène.*)
Sulfure de zinc.
(*blende*).
Sulfures de fer.
—pyrite jaune.
—pyrite blanche.
—pyrite magnétique.
Sulfure de cuivre.
Sulfure de molybdène.
Sulfure de mercure.
(*cinnabre*).
Sulfure d'antimoine.
Sulfure de bismuth.
Sulfure d'arsenic.
—rouge (*réalgar*).
—jaune (*orpiment*).
Sulfure de nickel.
** multiples.
Sulf. d'antimoine et argent.
(*argent rouge*).
Sulfure de cuivre et fer.
(*cuivre pyriteux*).
Cuivre gris.
Oxi-sulfure d'antimoine.
(*antim. rouge*).

Quatrième Genre. MÉTAUX SÉLÉNIURÉS.

Caract. Corps doués de l'éclat métallique et donnant l'odeur de rave par la combustion.

PRINCIPALES ESPÈCES :

Séléniure de plomb.
Séléniure de cuivre.

Cinquième Genre. MÉTAUX ARSÉNIURÉS.

Caract. Corps doués de l'éclat métallique, et donnant l'odeur d'ail, lorsqu'ils sont chauffés au chalumeau.

PRINCIPALES ESPÈCES :

* simples.
Arséniure d'argent.
Arséniure d'antimoine.
Arséniure de cobalt.
(*cobalt arsenical*).
Arséniure de nickel.
** mutiples.
Sulfo-arséniure de cobalt.
(*cobalt gris*).
Sulfo-arséniure de fer.
(*mispickel*).

Sixième Genre. **MÉTAUX CHLORURÉS.**

CARACT. Les mêmes que ceux des hydrochlorates ; si ce n'est que les chlorures ne donnent point d'eau, lorsqu'on les chauffe dans le tube de verre.

PRINCIPALES ESPÈCES :

Chlorure d'argent (*argent corné*).
Chlorure de mercure (*calomel*).
Chlorure de cuivre.

III. CLASSE DES SUBSTANCES INFLAMMABLES, ou DES COMBUSTIBLES.

PRINCIPALES ESPÈCES :

Soufre.
Carbone.
—diamant.
—anthracite.
—graphite.
—houille.
—lignite.
—tourbe.
—terreau.
Hydrogène.
—sulfuré.
—carboné.
—phosphoré.
Bitumes.
Succin.
Mellite.

IV. APPENDICE.

Hydrogène oxidé (*eau*).
Azote et oxigène (*air*).

Remarques sur la classification précédente.

En présentant ici cet essai de classification, nous n'avons pas eu d'autre but que de donner une idée de la marche des méthodes, et de l'application que l'on peut faire de ce moyen d'étude au règne minéral. Nous avons donc cherché à simplifier ce tableau méthodique, le plus qu'il nous a été possible, de manière, cependant, à conserver la plupart des groupes naturels, que les minéralogistes modernes ont essayé d'établir sur l'accord des caractères de première valeur, et principalement sur ceux de la composition chimique et de la forme cristalline. Nous avons laissé le sel marin parmi les muriates ou hydrochlorates, parce qu'on est habitué à le considérer comme un sel, et à le ranger parmi les substances salines proprement dites; mais nous devons prévenir que cette substance en masse solide, ou telle qu'elle existe dans les mines dites de *Sel gemme*, est à l'état de chlorure de sodium; mais comme on l'a trouvée aussi dans la nature en solution dans l'eau (le sel marin) et qu'alors elle est à l'état d'hydrochlorate, on voit qu'elle pourrait avoir dans la méthode une double place, et que celle que nous lui avons assignée peut être en quelque sorte légitimée.

Nous avons placé dans un *Appendice* l'air et l'eau, que beaucoup de minéralogistes ne comprennent point dans la méthode minéralogique. Ces deux substances ne sauraient trouver place ni dans la classe des pierres, ni dans celle des métaux, ni dans celle des combustibles. Nous en ferions une quatrième classe, si l'on pouvait y joindre d'autres composés, qui, comme elles, ne seraient ni acidifères, ni métalliques, ni inflammables, tels que des oxides non métalliques, des terres et des alcalis, libres ou combinés entre eux. Mais c'est tout au plus si l'on pourrait citer aujourd'hui deux substances de cette nature, et elles ne sont point assez importantes pour qu'il soit nécessaire de les classer autrement que par appendice.

Considérations générales sur la formation des minéraux et leur manière d'être dans le sein de la terre.

Nous avons étudié les moyens que l'on peut employer pour décrire les minéraux et les classer d'après leurs rapports naturels; il nous reste maintenant à examiner les divers modes de formation des substances minérales, et en outre leurs différentes manières d'être dans le sein de la terre, leurs relations de position et leurs associations entre elles, en un mot tout ce qui constitue ce que l'on nomme le *gisement* d'un minéral.

La partie du globe terrestre qui est accessible à nos recherches, c'est-à-dire celle qui s'étend depuis la surface jusqu'aux plus grandes profondeurs où nous ayons pu pénétrer, n'en forme qu'une très-mince écorce, dont l'épaisseur n'est pas la millième partie du rayon de la terre. Les observations que l'on a faites dans tous les pays, et que chacun de nous est à même de répéter, en examinant les escarpemens des montagnes ou les excavations artificielles des mines et des carrières, ont appris que cette enveloppe superficielle du globe est composée d'un grand nombre de couches, de diverse nature, qui se recouvrent l'une l'autre, et qui ont entre elles des rapports de position assez fixes. Cette série de couches est une suite de dépôts formés successivement, à des époques plus ou moins éloignées, et par des voies différentes. Les causes qui ont donné naissance à ces masses minérales peuvent être facilement appréciées; car elles existent encore pour la plupart et continuent d'agir, mais avec moins d'énergie qu'autrefois. En effet nous voyons les volcans vomir par leurs cratères des matières en fusion qui se répandent à la surface du sol où elles forment de nouvelles couches, et dont les élémens, d'abord confondus, se séparent et cristallisent pendant le refroidissement de la masse : un grand nombre de couches minérales parmi les plus anciennes, paraissent avoir été formées de cette manière, c'est-à-dire par *voie de fusion ignée* et de cristallisation (les basaltes, les porphyres, etc.). Nous voyons de même les eaux des sources et des lacs précipiter sur leur fond une partie des molécules qu'elles tiennent en dissolution, y produire des dépôts cristallins et par l'accumulation de ces dépôts des couches pierreuses de différente nature : c'est aussi par *voie de dissolution aqueuse* et de précipitation chimique qu'ont été formées un certain nombre de masses minérales, parmi celles surtout qui sont plus ou moins solubles dans l'eau (par ex. : le gypse.). Un grand nombre d'autres l'ont été par *voie de sédiment* : c'est-à-dire que leurs matériaux réduits à l'état de particules assez déliées et tenues en suspension dans les eaux des rivières et des mers, ont fini par se déposer sur leur fond, par un simple effet de la pesanteur, avec les débris calcaires des coquillages que ces eaux nourrissaient : c'est encore ce qui a lieu de nos jours; mais sur une plus petite échelle. Enfin un assez grand nombre de masses minérales ont été formées par *voie de transport* : l'action des agens atmosphériques sur les roches des hautes montagnes tend sans cesse à les décomposer et à les désagréger; des éboulemens continuels remplissent les vallées de débris, lesquels, entraînés par les eaux courantes, vont au loin s'accumuler dans les parties basses des continens, et former des amas immenses de galets, de sable et de limon. Or, on trouve intercalées au milieu des dépôts de sédiment de nombreuses couches composées de fragmens et de cailloux roulés, auxquelles on est conduit à attribuer une semblable origine (les poudingues, les grès, les matières arénacées).

Les différentes causes que nous venons d'énumérer, et qui ont donné naissance aux grandes masses minérales, ont agi à différentes reprises, de manière à entremêler leurs produits. Elles continuent encore d'agir, mais avec une moindre énergie, pour accroître et modifier de nouveau la surface du globe; mais les couches profondes, celles qui renferment toutes les substances utiles, et qui sont de formation ancienne, n'éprouvent plus en général de modification : chaque substance y demeure dans l'état où elle était au moment de son dépôt. Les anciens minéralogistes, et Pline était de ce nombre, s'imaginaient que les pierres végétaient ou croissaient d'elles-mêmes à la manière des plantes; que les métaux précieux se perfectionnaient avec le temps et mûrissaient en quelque sorte dans leurs mines, qu'ils y renaissaient même à mesure qu'on en faisait l'extraction. L'observation de la nature a fait disparaître ces grossiers préjugés, qui ne sont plus partagés aujourd'hui que par les personnes étrangères aux plus simples notions de l'histoire naturelle. Un minéral ne naît point, et ne saurait se développer à la manière des plantes : une fois formé, il ne change plus, jusqu'au moment où il est détruit par des causes qui lui sont étrangères.

On entend en général par *couche* ou *strate*, en minéralogie, une masse minérale très-étendue en longueur et en largeur, mais limitée dans le sens de son épaisseur par deux grandes faces sensiblement parallèles. Quand les couches sont très-épaisses, elles prennent le nom de *bancs*, et quand elles sont très-minces on les nomme *lits* ou *feuillets*. Chaque couche est formée ou d'une seule substance minérale, ou de l'agrégation de plusieurs minéraux en une même masse. On donne en général le nom de *roche* à la substance simple ou composée qui constitue la matière des couches, et des grandes masses appelées *amas* et *filons*. Ces couches ne sont point continues, quoiqu'on en retrouve de pareilles dans une multitude de lieux très-éloignés les uns des autres : elles sont fréquemment interrompues et limitées, soit par les escarpemens, soit par les bords des bassins dans lesquels elles se sont déposées. Elles ne sont pas non plus exactement parallèles à l'horizon, mais plus ou moins inclinées, et quelquefois même presque verticales, de telle sorte que les couches qui dans certains lieux ne se rencontrent qu'à des profondeurs considérables, se relèvent à mesure qu'on avance vers d'autres lieux, et vont successivement se montrer au jour, et former la surface du sol. Cette disposition des couches permet d'en étudier un bien plus grand nombre que si elles étaient parfaitement horizontales; car en marchant sur leurs tranches, dans le sens perpendiculaire à leur direction, on obtient le même résultat que si l'on creusait verticalement dans un terrain de même nature, mais composé d'assises horizontales.

Les couches sont tantôt planes et tantôt contournées

(fig. 3, planche 5); quelquefois elle sont repliées en zigzag (fig. 4). Enfin elles peuvent offrir des courbures en sens divers, et c'est ce qui a lieu fréquemment dans les terrains qui n'ont pas été consolidés au moment du dépôt.

Les *amas* sont des masses minérales de forme irrégulière, qui ne sont plus étendues indéfiniment ou bornées par les accidens du terrain, comme les couches, mais qui sont limitées par elles-mêmes et enveloppées de toutes parts par des roches de nature différente. Ce sont des masses ordinairement de forme ovale ou lenticulaire, qui se distinguent des couches proprement dites, en ce qu'elles ne présentent pas une épaisseur à peu près constante dans toute leur étendue, n'étant plus terminées par des plans parallèles (voyez *c*, *c*, fig. 6, pl. 5). Les amas peuvent être situés ou entre deux couches minérales (fig. 6), ou dans l'épaisseur d'une seule couche ; ou bien dans l'intérieur d'une montagne, dont la division en couche n'est pas apparente. Quand les amas s'étendent entre les couches, dans leur direction même, on les nomme *amas couchés* ou *parallèles;* ils sont appelés *transversaux* lorsqu'ils coupent les couches d'un terrain plus ou moins obliquement. Beaucoup de substances métalliques se présentent en amas : il en est de volumineux, et d'autres qui sont beaucoup plus petits. Quand ils sont très-petits et renfermés dans l'épaisseur des couches, ils prennent les noms particuliers de *nids*, de *rognons*, de *noyaux*. Les nids sont ordinairement des amas de matières friables, et de forme irrégulière : les rognons sont composés de matières solides; leur forme est arrondie et souvent comme étranglée en divers points; ils sont à peu près de la grosseur du poing ou de la tête; enfin les noyaux sont de petites masses solides dont la forme ressemble à celle d'une amande, et dont la matière paraît s'être moulée dans une cavité préexistante.

Les *filons* sont des amas de matières minérales, en forme de grandes plaques, ou de coins très-aplatis, qui coupent transversalement les couches des terrains qui les renferment, et dont les substances composantes diffèrent plus ou moins de celles qui constituent la roche environnante (voyez *a*, *b*, fig. 5, pl. 5). On peut les considérer comme des fentes qui se sont opérées dans les terrains, pendant ou après leur formation, et qui ont été remplies postérieurement, en tout ou en partie, de matières pierreuses ou métalliques. Si l'on compare les strates d'un terrain aux assises d'un édifice, on pourra comparer les filons aux crevasses ou lézardes qui souvent traversent toutes ses assises, lorsque l'aplomb du bâtiment a été dérangé.

Les filons coupent en tous sens les terrains stratifiés, comme ceux qui ne le sont pas. Dans le premier cas, ils sont presque toujours obliques à la direction des couches; quelquefois cependant ils se montrent parallèles à cette direction; mais ce parallélisme n'a jamais lieu d'une manière complète, et ne se soutient pas sur une grande étendue. Les mineurs distinguent plusieurs parties dans un filon : les deux faces principales ou les parois du filon se nomment *salbandes ;* les parois de la fente avec lesquelles elles sont en contact sont appelées *épontes.* Lorsque le filon est incliné, ce qui est le cas le plus ordinaire, l'éponte inférieure sur laquelle il repose en est le *mur* et la supérieure le *toit.* La partie du filon qui se montre au jour en est la *tête* ou le *chapeau.*

La considération des filons est d'une grande importance, parce qu'ils sont les gîtes les plus ordinaires des substances utiles que recherchent les mineurs. Aussi on étudie avec beaucoup de soin l'*allure* d'un filon, c'est-à-dire la manière dont il se dirige, s'incline et s'étend dans le terrain qu'il traverse. L'épaisseur ou la *puissance* des filons est très-variable; et elle n'a rien de constant dans le même filon, qui éprouve tantôt des renflemens, et tantôt des étranglemens : l'*étendue* d'un filon paraît en général proportionnée à sa puissance. Il y a des filons de quelques lignes de puissance, et dont l'étendue ne surpasse guère quelques mètres. Il en est d'autres, au contraire, dont la puissance et l'étendue sont fort considérables. Le plus célèbre de tous est le filon d'argent de Guanaxuato, au Mexique, qui a une puissance de cent trente pieds sur une étendue de plus de trois lieues.

La composition des filons est en général très-variée :

ceux que l'on exploite pour en extraire des minerais [1] sont communément des agrégats irréguliers de substances pierreuses et métalliques. Dans ce cas, on distingue la matière stérile dominante, de nature pierreuse, et la matière utile ou métallifère. La partie pierreuse du filon est appelée souvent la *gangue* du minerai. Les principales substances pierreuses qui entrent dans la composition des filons métallifères sont le quarz, le calcaire, le spath fluor, le sulfate de baryte. Les parties métallifères sont disposées, dans la gangue pierreuse, tantôt en rognons ou en grains épars, tantôt en zônes ou veines parallèles, alternant avec la matière de la gangue, et se répétant de la même manière, à partir des deux épontes. Les filons sont rarement remplis en totalité; ils offrent dans leur épaisseur des cavités dont les parois sont tapissées de cristaux réunis en druses. Ce sont ces cavités qui portent le nom de *fours* ou *poches* à cristaux; et c'est là que l'on rencontre les cristallisations les plus remarquables par la beauté des formes et la vivacité de l'éclat.

Les *veines* que l'on rencontre dans les roches sont en petit ce que les filons nous présentent en grand. Il est de ces veines que l'on doit considérer comme de véritables filons, c'est-à-dire comme des fentes qui ont été remplies de diverses manières; d'autres, au contraire, ne sont que des petits amas ramifiés, dont la formation est contemporaine à celle de la roche qui les renferme. Tantôt la matière de la veine est d'une autre nature que celle de la masse environnante; tantôt elle est de même nature, et n'en diffère que par la structure ou la couleur. Les marbres veinés nous offrent des exemples de ces différens cas.

Les substances minérales qui composent de grandes masses, ou qui en font partie essentielle, sont en très-petit nombre : toutes les autres substances du règne minéral ne se montrent qu'accidentellement et en faible

[1] Les *minerais* sont en général les minéraux simples ou les roches qui contiennent des substances utiles et particulièrement des métaux : tous les lieux d'où on les extrait s'appellent *mines*.

quantité au milieu d'elles. Celles-ci affectent en général deux manières d'être fort distinctes : ou bien elles sont *disséminées* en cristaux ou en grains dans l'intérieur des roches (fig. 2, pl. 5); dans ce cas, leurs cristaux peuvent être obtenus entiers, si on les dégage de la roche dans laquelle ils sont comme empâtés; ou bien elles sont *implantées* sur les parois des cavités de ces roches (fig. 1, pl. 5). Dans ce cas, l'une des extrémités des cristaux est comme fichée dans la matière de la roche, et souvent même se confond avec elle lorsqu'elle est de même nature; l'on ne voit saillir que l'autre extrémité; et si l'on cherche à détacher ces cristaux, on ne les a qu'avec un seul de leurs sommets. Il est enfin des minéraux qui ne se montrent qu'en enduit ou en *efflorescence* à la surface de certaines pierres; et d'autres qu'on ne trouve ordinairement qu'en solution dans les eaux, et principalement dans celles que l'on nomme *eaux minérales*.

DES SUBSTANCES QUI COMPOSENT LES ROCHES OU GRANDES MASSES MINÉRALES.

Le nombre des couches, qui par leur superposition forment les différentes parties de l'écorce minérale du globe, est assez considérable; mais ces couches peuvent être partagées dans un certain nombre de séries, dont chacune comprend une quantité plus ou moins considérable de couches qui sont naturellement associées entre elles, c'est-à-dire qui existent ou qui manquent presque toujours simultanément dans le même lieu, à tel point que la présence de l'une est un indice à peu près sûr de l'existence des autres. Ces groupes ou familles naturelles de couches ont reçu le nom de *terrains*. Nous verrons bientôt que ces terrains ne sont pas irrégulièrement répandus dans l'intérieur du globe; mais qu'ils sont toujours placés, les uns au-dessus des autres, dans un ordre fixe que l'observation a fait connaître, et qui est celui de leur formation successive. L'écorce minérale, ou la partie connue du globe terrestre se divise donc en *terrains*, dont chacun est formé par un certain assemblage de *couches*; ces couches sont composées de masses minérales appelées *roches;* et ces roches le sont à leur tour de substances minérales simples. Or, pour pouvoir étudier les roches, et s'élever ensuite à la connaissance des terrains, il est nécessaire d'avoir une notion préalable des minéraux, qui sont comme les matériaux ou les élémens des roches. Cette notion est d'autant plus facile à acquérir, que plus des neuf dixièmes des roches connues sont composées d'un très-petit nombre de substances minérales diversement combinées entre elles. Ces substances se bornent aux dix suivantes : le quarz, le feldspath, le mica, le talc, la diallage, l'amphibole, le pyroxène, le calcaire, la dolomie et le gypse. Elles méritent une attention toute particulière, puisqu'elles jouent le principal rôle dans la structure du globe, et qu'à raison de leur abondance, on est exposé à les rencontrer à chaque pas dans la nature. Il convient donc d'en présenter ici une description abrégée.

LE QUARZ.

Le Quarz est l'une des espèces minérales les plus remarquables par leur abondance dans la nature, et par les usages multipliés auxquelles se prêtent leurs nombreuses variétés. Il entre à peu près pour trois dixièmes dans la masse totale de la croûte superficielle du globe. On le rencontre partout à la surface et dans l'intérieur de la terre, à quelque profondeur que l'on descende. On le trouve dans les terrains de tous les âges, de tous les modes de formation, et dans toutes les circonstances possibles de gisement. Il se reconnaît à deux caractères faciles à vérifier : la dureté et l'infusibilité. Le quarz raie le verre et l'acier, c'est-à-dire qu'il est plus dur que ces deux corps; aussi donne-t-il des étincelles par le choc du briquet. Il ne fond point au feu du chalumeau, lorsqu'on le chauffe seul, ce qui le distingue du feldspath, avec lequel certaines variétés de quarz pourraient être confondues d'après l'aspect extérieur. Il est formé de silice pure. Ses variétés étant très-nombreuses, on a partagé leur série en quatre subdivisions ou sous-espèces, qui sont : le *quarz-hyalin*, ou quarz proprement dit, l'*agate*, le *jaspe* et l'*opale*.

1. *Quarz-hyalin*. Il est toujours cristallisé, sinon dans sa masse entière, au moins dans chacun des grains qui le composent. Il n'est point susceptible de clivage. Sa cassure est vitreuse, et quand il est transparent et en masse informe, il ressemble parfaitement à du verre. Lorsqu'il est cristallisé régulièrement, sa forme ordinaire est celle du prisme pyramidé (fig. 3, pl. 3). La fig. 4 représente un groupe irrégulier de semblables cristaux. Lorsqu'il est transparent il prend le nom particulier de *cristal de roche*. Le cristal de roche, lorsqu'il est pur, est parfaitement limpide et incolore; mais il est souvent coloré par des matières étrangères, qui se mélangent chimiquement avec lui en très-petite quantité, et il prend alors les noms particuliers d'*améthyste*, lorsqu'il est violet; de *fausse topaze*, lorsqu'il est jaune; de *rubis de Bohême*, lorsqu'il est rose; de *cristal enfumé*, lorsque sa teinte est brune et comme fuligineuse. C'est toujours en cristaux implantés dans les cavités des roches que se trouvent les variétés de quarz dont nous venons de parler. Il en est d'autres que l'on trouve disséminées au milieu des matières terreuses, dont quelques portions se sont mélangées mécaniquement avec elles, au point de les rendre opaques, mais sans altérer leur forme en aucune manière; telles sont les variétés *hématoïde* (d'un rouge de sang) et *rubigineuse* (d'un jaune de rouille), qui sont disséminées sous la forme de petits cristaux à deux pointes, la première dans une argile rougeâtre, la seconde dans un ocre jaune (fer hydroxidé terreux).

Ce que l'on nomme *œil de chat* n'est autre chose qu'un quarz pénétré de filamens d'un autre minéral pierreux (l'amiante), et qui présente, lorsqu'il est arrondi par la taille, des reflets nacrés, blanchâtres, lesquels semblent flotter dans l'intérieur de la pierre à mesure qu'on la fait mouvoir. Il est encore quelques variétés produites par des reflets particuliers de lumière, entre autres le *girasol*, qui présente un fond laiteux d'où s'échappent des reflets bleus et rouges lorsqu'on fait tourner la pierre au soleil, et l'*aventurine*, qui est un quarz brun, à structure grenue, dont le fond est parsemé d'une multitude de points brillans.

Les variétés précédentes ne forment point de grandes masses minérales; on ne les rencontre qu'accidentellement dans la nature, et elles sont recherchées pour être mises en œuvre dans la bijouterie. Les variétés de quarz-hyalin, qui composent à elles seules des roches, se bornent aux deux suivantes : le *quarz grenu* (ou quarzite), à gros ou à petits grains, pur ou mêlé de parcelles de mica qui lui donnent une structure schisteuse, et le *quarz arénacé* (vulgairement *sable siliceux*), composés de petits grains libres ou agrégés plus ou moins fortement entre eux, et donnant naissance aux sables ou grès quarzeux. Cette dernière variété forme des dépôts considérables que l'on retrouve à presque tous les étages de la série des couches minérales, depuis les plus anciens terrains de transport jusqu'aux dernières alluvions de nos continens. C'est le quarz arénacé qui forme le sable mouvant des bords de la mer, de nos plaines arides appelées *Landes*, des steppes de l'Europe septentrionale et de l'Asie, et des immenses déserts de l'Afrique. On se sert du sable quarzeux pour la fabrication du verre, en le fondant avec un alcali, et pour faire des mortiers ou cimens, en le mêlant avec de la chaux éteinte. On fait avec le grès quarzeux des pierres de taille, des pavés, des meules pour aiguiser les instrumens tranchans. Quelques variétés sont assez poreuses pour qu'étant sciées en plaques de peu d'épaisseur elles puissent être employées à filtrer les eaux.

Le quarz-hyalin ne forme pas seulement des roches distinctes à lui seul, il entre aussi comme base ou comme partie constituante dans un grand nombre de roches composées, où il est presque toujours disséminé sous la forme de grains (exemple : le granite).

2. L'*agate*. On réunit sous ce nom toutes les variétés de quarz qui sont demi-transparentes, compactes, et qui n'ont pas la cassure vitreuse, mais une cassure terne,

écailleuse ou conchoïdale. Ces pierres sont un peu moins dures que le cristal de roche, mais elles font encore feu avec le briquet; elles ne se présentent jamais sous des formes régulières, mais presque toujours sous des formes nodulaires, en rognons isolés, en stalactites, en masses irrégulières et mamelonnées. La série de leurs variétés peut se partager en deux sections : 1°. Les *agates fines* ou les *calcédoines*, qui ont une cassure semblable à celle de la cire, une transparence nébuleuse, et des couleurs vives et variées : telles sont la calcédoine bleuâtre ou calcédoine proprement dite des lapidaires; la calcédoine rouge (ou la cornaline); la calcédoine jaune-orangée (ou la sardoine); la calcédoine vert-pomme (ou la chrysoprase); la calcédoine vert-obscur, ponctuée de rouge (ou l'héliotrope); la calcédoine blanche et opaque (ou le cacholong). Les agates fines sont susceptibles de recevoir un poli assez vif; on les emploie dans la bijouterie et dans l'art de la gravure sur pierre. Ces agates sont souvent composées de couches de différentes couleurs; lorsqu'elles sont taillées de manière à offrir une série de bandes droites, à bord nettement tranchés, on leur donne le nom d'*agates rubannées ;* quand les bandes sont curvilignes et concentriques, ce sont des *agates onyx* (fig. 7, pl. 4). Quelques-unes montrent dans leur intérieur des dessins noirs ou rouges, qui représentent de petits arbrisseaux dépourvus de feuilles : ce sont les *agates arborisées* ou dendritiques (fig. 6, pl. 4). 2°. Les *agates grossières* ou les *silex*, qui sont moins translucides que les calcédoines, et dont la cassure est terne, ordinairement conchoïdale ou plate. Leurs couleurs sont moins vives, et le poli qu'elles reçoivent n'a jamais l'éclat de celui des calcédoines. Les principales variétés de silex sont : le *silex pyromaque* (ou la pierre à fusil), à cassure conchoïdale et légèrement luisante, divisible en fragmens à bords tranchans, qui, frappés par l'acier, en font jaillir de vives étincelles. Il est communément noir-grisâtre ou de couleur blonde. On le trouve en rognons de diverses grosseurs, placés les uns à côté des autres, et formant des espèces de cordons ou de lits interrompus au milieu de la craie. — Le *silex corné* (ou la pierre de corne infusible), opaque, à cassure presque plate, ayant un éclat semblable à celui de la corne. On le trouve pareillement en rognons dans des calcaires compactes de différens âges. — Le *silex molaire* (ou la pierre meulière), à cassure plate, à texture cellulaire, criblée de cavités irrégulières que remplit en partie une argile rougeâtre. Il appartient aux couches des dernières formations et les plus superficielles. On l'observe principalement aux environs de Paris, en bancs non continus, ou en blocs de dimensions variées, au milieu d'un dépôt argileux qui couronne presque tous les plateaux élevés. On l'emploie, lorsqu'on peut la débiter en gros blocs cylindriques, pour faire des meules de moulins, et lorsqu'on ne l'obtient que sous forme de fragmens irréguliers, elle sert pour la maçonnerie en moellons.

3. Le *jaspe*. Ce sont toutes les variétés de silex et de calcédoine qui, par suite d'un mélange mécanique, mais intime, avec diverses matières terreuses colorantes, sont tout-à-fait opaques, ont une pâte fine avec une cassure terne, et des couleurs plus ou moins vives, souvent variées dans le même échantillon, comme elles le sont dans les agates. Elles sont susceptibles de poli, et on en fait différens objets d'ornement. On trouve du jaspe en amas ou couches de peu d'épaisseur principalement dans les terrains d'ancienne formation.

4. L'*opale*. Cette sous-espèce comprend toutes les variétés de silex qui renferment une certaine quantité d'eau, dont l'éclat est résineux, et qui sont fragiles au point de ne pouvoir faire feu sous le briquet, comme les autres quarz. On les appelle aussi *quarz* ou *silex résinites*, à cause de leur éclat. Sa manière d'être ordinaire est de se présenter en stalactites ou en rognons, au milieu de roches argileuses, surtout celles qui proviennent des débris du terrain trachytique (*voyez* plus bas) remaniés par les eaux. Parmi les variétés d'opale on distingue l'*opale irisée*, à laquelle se rapporte spécialement le nom d'opale dans le langage des lapidaires. Elle se distingue par de beaux reflets d'iris, qui présentent les teintes les plus vives et les plus variées. — L'*opale miellée*, ou opale de feu, qui offre un fond d'un rouge-orangé, avec

des reflets d'un rouge de feu. — L'*opale hydrophane*, qui est blanche, poreuse, légèrement translucide, et qui acquiert un certain degré de transparence lorsqu'on la plonge dans l'eau, et que ses vacuoles se remplissent de ce liquide. — L'*opale commune*, qui ne se fait remarquer par aucuns reflets particuliers, et dont les couleurs varient à l'infini. C'est à l'opale commune que se rapporte la *ménilite*, que l'on trouve en plaque ou en masses tuberculeuses aplaties, dans l'argile schisteuse de Ménilmontant, près de Paris.

LE FELDSPATH.

Le feldspath est, comme le quarz, l'une des substances minérales les plus répandues dans la nature; il est caractérisé par une dureté comparable à celle du quarz, jointe à la propriété de fondre au chalumeau en émail blanc, et, lorsqu'il est cristallisé, ce qui est le cas ordinaire, par un tissu lamelleux particulier : il possède alors un double clivage, qui donne des faces également nettes et brillantes, et perpendiculaires l'une à l'autre. Il appartient à l'ordre des silicates alumineux, étant composé de silice, d'alumine, et d'une base alcaline. Ses formes cristallines se rapportent au système du prisme oblique à base rectangle (fig. E 1, pl. 2). On distingue parmi les variétés laminaires : le *feldspath adulaire*, qui est transparent et incolore; le *feldspath nacré* (ou la pierre de lune), offrant des reflets d'un blanc nacré, qui flottent dans l'intérieur de la pierre lorsqu'on la fait mouvoir; le *feldspath pétunzé* [1], qui est blanc et opaque; le *feldspath vitreux*, en cristaux minces et fendillés, dans les roches volcaniques; le *feldspath vert* (ou la pierre des Amazones); le *feldspath opalin* (ou la pierre de Labrador), d'un gris sombre, avec des reflets presque aussi brillans que ceux de l'opale, ordinairement de deux couleurs, bleue et verte, et quelquefois d'un jaune d'or. — Parmi les variétés compactes ou

[1] C'est le nom que lui donnent les chinois, qui l'emploient dans la fabrication de la porcelaine.

terreuses, on distingue le *feldspath décomposé* (ou le kaolin), terreux, blanc, friable et doux au toucher, faisant difficilement pâte avec l'eau. Il provient de la décomposition d'une roche formée de feldspath laminaire et de grains de quarz. Par suite de cette altération, le feldspath, qui est naturellement fusible, est devenu réfractaire, c'est-à-dire qu'il a la propriété de résister à un feu très-violent. En mêlant au kaolin infusible une certaine quantité de pétunzé, qui est un feldspath fusible, on obtient un mélange qui n'éprouve un commencement de fusion qu'à une très-haute température, et qui donne, après le refroidissement, une masse douée tout à la fois d'une grande consistance et d'un certain degré de translucidité : c'est la porcelaine. Le kaolin fait, comme l'on voit, le fond de la pâte de porcelaine, avec le pétunzé, qui lui sert de fondant. Les vases travaillés avec cette pâte sont en outre recouverts d'un vernis, qui est une sorte d'émail blanc produit par le pétunzé seul; ainsi, c'est uniquement le feldspath, mais dans deux états différens, qui constitue la porcelaine. — Le *feldspath tenace* (ou le jade de Saussure), compacte et très-difficile à briser. — Le *feldspath compacte mélangé* (ou le pétrosilex), à cassure écailleuse ou cireuse, ayant tout-à-fait l'aspect de certains silex, dont il se distingue par sa fusibilité. Cette variété forme, ainsi que le feldspath laminaire, la base d'un très-grand nombre de roches, comme nous le verrons ci-après.

LE MICA.

Le mica n'est point, à proprement parler, une espèce minérale, mais un groupe naturel de plusieurs espèces, qui se confondent par leurs caractères extérieurs, et qu'il est très-difficile de distinguer, quoique sous cette analogie d'aspect elles cachent des différences sensibles de composition et de structure. Nous ne chercherons point à apprécier ici ces différences, et nous nous bornerons à décrire les micas d'une manière générale, d'après leurs propriétés extérieures, qui suffisent pour les faire aisément reconnaître et distinguer de tous les autres minéraux. Les micas se présentent toujours en lames ou en feuillets minces, divisibles en lamelles d'une grande ténuité, brillantes, flexibles et élastiques. Ils fondent au chalumeau, et quelquefois même à la flamme d'une bougie. Ils appartiennent à l'ordre des silicates alumineux; mais ils font en quelque sorte le passage de ces pierres aux silicates magnésiens. Parmi les variétés de mica, on distingue le *mica foliacé*, en grandes feuilles transparentes, dont on s'est servi en Russie pour remplacer le verre à vitre, ce qui l'a fait nommer *verre de Moscovie*. Le *mica lamelliforme* ou *pulvérulent*, en petites paillettes brillantes, disséminées dans les roches solides ou dans les sables; ces paillettes ont fréquemment un éclat métalloïde, joint à la couleur blanche de l'argent ou au jaune d'or, ce qui les fait prendre pour des parcelles de ces métaux par les personnes qui ne jugent que sur l'apparence. La *poudre d'or*, ou poudre pour l'écriture, n'est autre chose que du mica que l'on a extrait des sables micacés par le lavage, et dont on se sert pour empêcher l'écriture de s'effacer. Le mica est très-répandu dans la nature : on le rencontre depuis les terrains les plus profonds ou les plus inférieurs (ceux de granite), jusque dans les couches sableuses des dépôts les plus superficiels. Il fait, ainsi que nous le verrons bientôt, partie essentielle de beaucoup de roches; et c'est à son abondance dans quelques-unes, et à sa disposition par feuillets ou par couches planes, qu'elles doivent leur structure schisteuse.

LE TALC.

Le talc est une substance pierreuse qui se rapproche beaucoup du mica par ses caractères extérieurs. Comme lui, il se présente sous la forme de feuillets minces; mais ces feuillets sont flexibles et mous, et non élastiques. Il est d'ailleurs beaucoup plus tendre (car c'est de tous les minéraux le moins dur), et sa poussière est onctueuse et grasse au toucher. Le talc est un silicate magnésien presque pur. On distingue parmi ses variétés le *talc laminaire*, blanc ou verdâtre, divisible en lames minces; le *talc écailleux* (ou la craie de Briançon), légèrement nacré, et divisible par écailles; les tailleurs s'en servent pour tracer leur coupe sur le drap, et il est la base de certains crayons dits de pastel. Réduit en poudre impalpable, on l'emploie pour préparer le fard qui sert à la toilette des dames, pour diminuer le frottement des machines, faciliter l'entrée des pieds dans les bottes neuves, et pour donner un brillant nacré aux papiers de tenture. Le *talc stéatite* (ou la pierre de lard), compacte, à cassure écailleuse, tendre, et se laissant couper à la manière du savon; sa couleur varie du blanc au vert et au rouge. On peut rapporter à cette variété la matière de la plupart de ces figures grotesques qui nous viennent de la Chine sous le nom de *magots*.

LA DIALLAGE.

C'est encore une de ces substances pierreuses, qui, comme le talc et le mica, se rencontrent ordinairement sous la forme de lamelles, ou de petites masses à structure laminaire, tendres et à poussière douce. Celles de diallage sont d'un vert plus ou moins foncé, et on les trouve toujours disséminées dans les roches de formation ancienne. Elles appartiennent aux silicates magnésiens, et sont composées de silice, de magnésie et d'oxide de fer; c'est à la présence de cet oxide qu'elles doivent leur coloration. Les lames que l'on en détache par le clivage sont ternes dans la cassure transversale, et d'un poli vif sur leurs grandes faces: ces faces présentent en outre un éclat qui est tantôt satiné, tantôt métalloïde. De là deux variétés principales de diallage: la *diallage verte* ou satinée, qui est d'un vert d'herbe, et dont les lames chatoyent en gris de perle; et la *diallage métalloïde*, qui est d'un vert ou d'un gris foncé, et dont l'éclat se rapproche de celui du bronze. La première variété fait partie de la roche nommée *vert de Corse*, dont on fait de jolis vases et des tablettes pour meubles.

L'AMPHIBOLE.

Les amphiboles sont des substances pierreuses assez faciles à reconnaître, parce qu'elles sont toujours cristallisées, et qu'elles offrent deux clivages très-éclatans, d'une égale netteté, et faisant entre eux un angle extrêmement ouvert. Leurs formes cristallines portent l'empreinte de leur type irrégulier, qui est un prisme oblique à base rhombe (fig. E 3, pl. 2). Les amphiboles sont assez durs pour rayer le verre : ils fondent assez facilement au chalumeau en un émail diversement coloré. Ils sont composés de silice, de chaux, de magnésie ou d'oxide de fer. Quand l'oxide de fer manque entièrement, ils sont blancs ; mais ils prennent des teintes vertes plus ou moins foncées, suivant qu'ils contiennent une proportion plus ou moins forte de cet oxide colorant. On distingue trois variétés principales d'amphibole : la *hornblende*, qui est d'un vert presque noir, ou d'un noir brunâtre. C'est la plus commune; on la trouve en couches assez considérables, et elle entre dans la composition de plusieurs roches. Elle y est ordinairement disséminée, ou en petites masses lamellaires reconnaissables à leur clivage éclatant, ou en cristaux nets et courts d'un noir foncé. — L'*actinote* (ou la pierre rayonnante) translucide, d'un vert foncé, en baguettes ou en aiguilles très-allongées, disposées en rayonnant autour d'un centre. — La *trémolite*, qui est blanche ou légèrement verdâtre, et que l'on trouve en cristaux prismatiques allongés, ou en masses composées de fibres déliées qui présentent un aspect soyeux. On rapporte à la trémolite une partie de ces substances filamenteuses, connues vulgairement sous le nom d'*amiante* ou d'*asbeste;* elles ont de tout temps attiré l'attention par leur grande flexibilité, qui est souvent telle que la masse est aussi souple que de l'étoupe de lin ou de soie, et par leur incombustibilité qui les distingue éminemment de ces matières organiques avec lesquelles elle a de la ressemblance. — Ces substances filamenteuses n'appartiennent pas à une espèce unique, comme on le pensait autrefois. Les mots d'*amiante* ou d'*asbeste* ne servent donc plus aujourd'hui qu'à désigner une manière d'être, une certaine forme, qui peut convenir à différens minéraux, et qui se rencontre en effet dans la diallage, le talc stéatite, l'amphibole, le pyroxène, etc. L'amiante le plus recherché est une substance blanche ou grise, en filamens soyeux, longs et flexibles, susceptibles de se filer à la manière du chanvre et du coton, sinon seuls, au moins lorsqu'on les mêle à une petite quantité de ces matières végétales, que l'on fait disparaître ensuite en les brûlant. L'amiante résiste à la flamme de nos foyers ; mais il fond, quand on l'expose à l'action d'un feu plus intense, celui du chalumeau, par exemple. Ainsi, les tissus que l'on pourrait travailler avec cette substance ne seraient point aussi indestructibles qu'on l'avait cru jadis. Les anciens ont connu l'amiante qu'ils prenaient pour une sorte de lin incombustible : ils connaissaient l'art de filer et tisser cette pierre, et ils en faisaient des draps et des linceuls, dans lesquels on enveloppait les corps des personnages dont on voulait recueillir les cendres, sans qu'elles se mêlassent à celles du bûcher. Le mot asbeste, qui signifie *inextinguible*, rappelle un autre usage auquel les anciens l'employaient : ils avaient des lampes dites perpétuelles, qui étaient alimentées par une source de bitume, et qui brûlaient à l'aide d'une mèche d'amiante. On a tenté de nos jours de faire avec les filamens d'asbeste un papier qui fût à l'abri des atteintes du feu ; mais tous les tissus de cette sorte, quoique bien réellement incombustibles, n'en sont pas moins attaquables par un feu violent, qui peut les fondre et les vitrifier. L'amiante tapisse de ses filamens les fissures de certaines roches magnésiennes : le plus beau que l'on connaisse est celui des montagnes de la Tarentaise en Savoie, et de l'île de Corse.

LE PYROXÈNE.

Les pyroxènes ont avec les amphiboles une certaine analogie d'aspect qui les a fait long-temps confondre avec ces substances. Comme elles, ils se montrent presque toujours cristallisés, et leurs formes cristallines appartiennent au même système. Ils sont en outre composés des mêmes élémens, unis dans d'autres proportions. On les distingue des amphiboles par leur éclat qui est moins vif, leur aspect plus vitreux, et par leur clivage qui a lieu dans trois sens différens parallèlement à la base et aux pans du prisme fondamental, mais avec plus de netteté dans le sens de la base que dans ceux des pans. Parmi les variétés de pyroxène, on distingue le *pyroxène augite*, ou pyroxène des volcans, en cristaux noirs très-courts, communs dans les roches volcaniques; le *pyroxène sahlite*, en cristaux ou en masses laminaires, d'un vert plus ou moins foncé; le *pyroxène diopside*, en cristaux transparens, blancs ou gris-verdâtres (variété plus rare).

LE CALCAIRE.

Le calcaire, ou le carbonate de chaux (la pierre à chaux), est l'une des substances le plus abondamment répandues dans la nature. On le distingue aisément de tous les autres minéraux par la faculté qu'il a de se dissoudre avec effervescence dans les acides, de se réduire en chaux vive par la calcination, et de se laisser rayer profondément par une pointe de fer. Lorsqu'il est cristallisé, on le reconnaît à son triple et facile clivage en fragmens rhomboïdaux, et à l'éclat vitreux qui lui est propre. Les masses laminaires limpides sont connues sous le nom de *spath d'Islande*; elles possèdent la double réfraction à un haut degré, et en montrent les effets à travers des faces parallèles. Les formes cristallines du calcaire sont extrêmement nombreuses, elles se rapportent toutes aux trois types B 1, B 2, B 3 (planche 2). Ces caractères de forme et de structure cristalline sont ceux du calcaire commun. Il est une autre espèce de carbonate de chaux que l'on ne rencontre qu'accidentellement dans la nature, et qui présente une structure et des formes tout-à-fait différentes. Sa cassure est vitreuse et non lamelleuse; ses formes sont celles du système D, pl. 2. Sa dureté et sa densité sont plus considérables que celles du carbonate ordinaire; aussi l'en a-t-on séparé sous le nom d'*arragonite*, parce que les premiers échantillons connus avaient été trouvés dans l'ancien royaume d'Arragon, en Espagne. Mais revenons au calcaire commun, qui nous intéresse beaucoup plus par la diversité de ses modifications et par ses nombreux usages. Cette espèce est si féconde en variétés qu'elle pourrait nous offrir des exemples de toutes celles que nous avons distinguées dans l'étude générale que nous avons faite des caractères extérieurs des minéraux. Nous nous bornerons à mentionner ici celles qui nous paraissent avoir le plus d'importance, en les rangeant sous deux divisions, les variétés de forme et les variétés de structure.

1°. *Variétés de formes*. Le calcaire en *stalactites*. *Voy.* p. 86 la manière dont se forment ces dépôts de couches successives. On y rapporte les stalagmites, qui sont des masses aplaties, mamelonnées, composées de couches qui s'étendent par ondulations, et dont la couleur varie entre le blanc-jaunâtre, le jaune de miel et le brun-rougeâtre. C'est cette variété qui fournit l'albâtre calcaire ou albâtre oriental, qu'il ne faut point confondre avec celui que l'on prend si souvent pour terme de comparaison, lorsqu'on veut désigner la blancheur. Ce dernier est un albâtre gypseux. L'albâtre calcaire a une cassure striée, et il est assez dur pour rayer le marbre blanc. Le bel albâtre oriental, si recherché des anciens, est un albâtre uni, d'un blanc légèrement laiteux, et d'une belle demi-transparence. Tel est celui dont est faite la statue égyptienne que possède le Musée royal. Il existe à Montmartre, près de Paris, un albâtre veiné, qui offre des couches d'une couleur brune entremêlée de veines d'un blanc sale.—Le calcaire *coralloïde* (*voyez* pag. 85). — Le calcaire *incrustant*, recouvrant différens corps organiques, tels que des branches ou des feuilles d'arbres. Il existe beaucoup de sources dont les eaux sont douées de la vertu d'incruster tous les corps qu'elles rencontrent au moment où elles sortent de terre. On en a un exemple auprès de Paris, dans les eaux de l'aqueduc d'Arcueil, dont les tuyaux s'engorgent en très-peu de temps. Les eaux des bains de Tivoli, près de Rome, et de Saint-Philippe, en Toscane, jouissent de la même propriété. On a cherché à en tirer parti dans l'intérêt des arts, en forçant ces eaux à déposer leur sédiment dans des moules creux, dont il prend et garde l'empreinte. On peut obtenir ainsi de petits bas-reliefs aussi nets que si on les avait sculptés sur le marbre. Ces mêmes eaux recouvrent le sol sur lequel elles se répandent d'un sédiment poreux, plus ou moins grossier, auquel on donne le nom de *tuf calcaire.* On connaît de ces tufs en masses considérables, dont la matière est compacte et homogène : tel est le *travertin* des carrières de Tivoli, qui a servi à la construction des monumens de Rome. Mais la plupart des tufs ont le grain grossier, et leur substance est souvent mélangée de parties étrangères, telles que des débris de coquilles et de végétaux. — Le *calcaire pseudomorphique*, dont les formes sont originaires de corps organiques, principalement de coquilles.

2°. *Variétés de structure* ou en masses : le *calcaire fibreux* à fibres droites et soyeuses. Cette variété assez rare est travaillée en Angleterre pour en faire des bijoux, auxquels on donne une forme arrondie, qui facilite le développement des reflets satinés de la pierre. — Le *calcaire lamellaire* ou *saccharoïde*, à cassure brillante. C'est à cette variété que se rapportent le marbre [1] statuaire des anciens, dit *de Paros*, et le marbre statuaire des modernes, dit de *Carrare.* Ce dernier a le grain semblable à celui du sucre; il se tire des carrières de Carrare, sur la côte de Gênes. Il en existe aussi en France, dans les Pyrénées. On n'emploie dans la sculpture que des marbres blancs et unis; mais il est des calcaires saccharoïdes qui sont veinés de talc verdâtre (le marbre cipolin), ou qui sont entièrement colorés, comme le *bleu-turquin*, qui est d'un bleu grisâtre. On emploie celui-ci pour faire des dessus de tables et des revêtemens de consoles; le premier sert principalement à faire des colonnes. — Le *calcaire compacte*, à grain fin et à cassure terne, coloré diversement par des mélanges mécaniques. C'est celui dont on fait l'emploi le plus habituel sous le nom de marbre. Il en est un grand nombre de variétés dont nous rappellerons ici les plus connues. Parmi les marbres unis, ou d'une seule couleur, le *jaune antique* et le *jaune de Sienne*, d'une teinte foncée, sans veines ni taches (les colonnes intérieures du Panthéon de Rome appar-

[1] Le mot *marbre* désigne en général toutes les pierres calcaires à grains fins, qui sont polissables, et que l'on peut employer dans la décoration et l'ameublement des édifices.

tiennent à ces variétés); le *rouge antique*, d'un rouge de sang : tel est celui des deux siéges antiques que l'on voit au Musée royal; les marbres *noirs* de Dinan et de Namur, que l'on emploie au carrelage des églises. Parmi les marbres veinés et tachetés : le *portor*, dont les veines sont jaunes sur un fond noir; le marbre de *Languedoc*, rouge et blanc, des carrières de Caunes, près Narbonne (les colonnes qui décorent l'arc du Carrousel, à Paris, sont de ce marbre); la *griotte*, d'un brun foncé, avec des taches d'un rouge rembruni, semblable à celui de la cerise griotte; venant également des carrières de Caunes (la plate-bande de l'arc du Carrousel en est formée); le *cervelas*, d'un rouge foncé, veiné de gris et taché de blanc; le marbre *Campan*, que l'on exploite dans la vallée de ce nom, près de Bagnères, et qui offre un fond rouge veiné de vert; le marbre *Sainte-Anne*, dont le fond noirâtre est veiné de gris et de blanc; c'est un des plus communs et des moins chers; il vient des frontières de la Belgique. Parmi les marbres lumachelles ou coquillers, c'est-à-dire ceux qui sont composés en tout ou en partie de débris de coquilles ou de madrépores : les *lumachelles* grise et noirâtre, de Narbonne et de la Bourgogne; la *lumachelle jaune*, dite d'*Astracan*, et qui vient des bords du Gange; le *petit granite*, dont le fond noir est semé de petites taches grises, rondes ou étoilées, et qui sont des fragmens d'encrines[1]; c'est un des marbres que l'on emploie le plus fréquemment à Paris; il s'exploite dans les environs de Mons. On appelle *marbres brèche* ceux qui sont composés de fragmens anguleux de diverses couleurs, réunis par une pâte calcaire d'une teinte différente. Quand les fragmens sont très-petits, ces marbres prennent le nom de *brocatelles*. Les *fausses brèches* sont des marbres veinés, qui ont l'apparence de brèches, ou qui semblent être composés de fragmens, par suite de la manière dont les veines s'entrelacent. — Le *calcaire compacte* jaunâtre (ou la pierre lithographique), à cassure lisse, et à grain très-serré; susceptible de poli : on l'emploie dans

[1] Voyez la partie zoologique, et la planche 39 de l'atlas.

la lithographie, nouvel art qui consiste à remplacer les planches de cuivre dont se servent les graveurs, par des pierres polies sur lesquelles on trace, avec un crayon gras, les dessins que l'on veut multiplier. Les meilleures pierres lithographiques viennent de Bavière; mais on en trouve d'assez bonnes en France, à Châteauroux. — Le *calcaire oolithique*, en grandes masses, composées de globules, assez gros communément, et quelquefois très-fins. — Le *calcaire crayeux* ou la craie, quelquefois sablonneuse et grisâtre, souvent blanche et très-friable, laissant des traces de son passage sur les corps durs. Triturée et délayée avec de l'eau, elle fournit une pâte dont on fait le *blanc d'Espagne*. — Le *calcaire marneux*, ou mélangé d'argile : c'est à cette variété que l'on rapporte la pierre de Florence (le marbre ruiniforme), à fond gris-jaunâtre, marqué de lignes brunes. Ces lignes, dues à des infiltrations qui ont rempli des fissures planes et croisées dans tous les sens, forment des dessins anguleux, qui, vus à une certaine distance, ressemblent à des ruines d'édifices. — Le *calcaire grossier*, plus ou moins mélangé de sable (la pierre à chaux commune et la pierre à bâtir des parisiens), d'un jaune ou d'un blanc sale, à grain grossier, et non susceptible de poli. Elle est très-commune aux environs de Paris, où elle se fait remarquer par la grande quantité de coquilles du genre *cérithe* [1] qu'elle renferme. On l'emploie principalement comme pierre de taille; mais elle sert aussi à l'extraction de la chaux, avec la craie, le marbre et les autres variétés de calcaire.

Pour convertir ces pierres en chaux vive, il n'est besoin que de les cuire ou les chauffer fortement dans des fours, ce que l'on appelle *calciner la pierre*. Par là on les dépouille de leur acide carbonique, et on les change en une substance pâteuse qui est la base de tous les mortiers ou bétons, dont on se sert pour unir et solidifier les matériaux des édifices. Les pierres calcaires donnent, selon leur degré de pureté, des chaux de qualités diverses, parmi lesquelles on distingue la *chaux grasse*,

[1] Voyez la fig. 6, planche 32 de l'atlas.

qui est très-blanche, absorbe beaucoup d'eau lorsqu'on l'éteint, et demande beaucoup de sable pour la confection du mortier; la *chaux maigre*, qui demande peu d'eau et porte peu de sable; la *chaux hydraulique*, qui a la propriété de durcir sous l'eau, sans mélange de ciment. C'est celle-ci que l'on emploie pour les fondations humides et tous les ouvrages de maçonnerie qui doivent être submergés.

On trouve aux environs de Paris, dans la forêt de Fontainebleau, des cristaux calcaires qui se sont formés au milieu du sable, en entraînant dans leur masse des particules siliceuses. Ces particules sont quelquefois si abondantes, qu'elles donnent à ces cristaux l'apparence du grès commun : aussi sont-ils connus sous le nom fort impropre de *grès cristallisé de Fontainebleau*.

LA DOLOMIE.

La dolomie (ou le calcaire magnésien) se rapproche beaucoup du calcaire ordinaire par ses caractères extérieurs ; mais elle s'en distingue en ce qu'elle ne fait à froid qu'une effervescence très-lente dans les acides, et que sa solution précipite toujours abondamment par l'ammoniaque. Ses principales variétés sont : la *dolomie lamellaire*, en cristaux rhomboïdaux ou en masses lamellaires, offrant des clivages semblables à ceux du calcaire commun, mais avec un éclat ordinairement nacré; la *dolomie grenue*, en masse composée de grains fins, de couleur blanche ou grise; la *dolomie compacte*, en masse compacte, homogène, à grain excessivement serré. Les dolomies cristallisées et compactes constituent des roches assez abondantes dans la nature. On rapporte aux dernières la pierre à rasoir, dite *pierre à l'huile* et *pierre du Levant*.

LE GYPSE.

Le gypse (ou la pierre à plâtre) est une substance extrêmement tendre, susceptible d'être entamée par l'ongle, qui la réduit en une poussière blanche et farineuse, et divisible dans un seul sens en lames minces quand elle est cristallisée. Si l'on expose ces lames sur un charbon ardent, elles se subdivisent d'elles-mêmes en une multitude de feuillets qui décrépitent et blanchissent, parce qu'ils dégagent de l'eau. Soumis à un feu modéré, le gypse perd toute son eau et se convertit en une substance blanche et terne qu'on nomme *plâtre*. Le gypse est un sulfate de chaux hydraté; il est légèrement soluble dans l'eau. Sa cristallisation se rapporte au système du prisme oblique à base rectangle. Il est souvent incolore et quelquefois jaunâtre. Parmi ses variétés, on distingue: le *gypse soyeux*, dont le tissu imite celui de la plus belle soie. Cette variété ressemble beaucoup au calcaire fibreux que l'on travaille en Angleterre; mais elle est moins dure. — Le *gypse lenticulaire*, en cristaux altérés par des arrondissemens et présentant la forme de lentilles. Souvent deux lentilles sont accolées l'une à l'autre, de manière qu'elles semblent se pénétrer en partie. Les fragmens que l'on détache de ces doubles lentilles par le clivage ou par le choc, ressemblent à un coin échancré à sa base; on leur donne le nom de *gypse en fer de lance*. Ces lentilles sont communes à Montmartre.—Le *gypse compacte* (ou l'albâtre gypseux), qu'il ne faut point confondre avec le véritable albâtre, qui est une variété de calcaire. C'est au gypse compacte que se rapporte l'expression proverbiale, *blanc comme l'albâtre*. Celui que l'on trouve en Toscane est translucide et d'un blanc de lait: tout le monde a vu les vases, les pendules, les statues dont il fournit la matière. Il existe à Lagny, auprès de Paris, un albâtre veiné, d'un blanc jaunâtre, que l'on exploite avec avantage. On en fait aussi des pendules, des socles, des revêtemens de cheminée. — Le *gypse grossier* (ou la pierre à plâtre), composé de grains lamelleux, jaunâtres ou d'un blanc sale : tel est celui dont se compose en grande partie la colline de Montmartre, auprès de Paris. Ce gypse est mêlé d'une certaine proportion de calcaire, qui donne plus de solidité au plâtre que l'on en retire par la cuisson. Le plâtre n'est autre chose que du gypse cuit et réduit en poudre. Ce gypse ayant perdu toute l'eau qu'il contenait, absorbe l'humidité avec une grande avidité; et lorsqu'on le gâche avec de l'eau, il se prend en une masse solide. Tout le monde connaît l'usage que l'on fait du plâtre pour sceller les ferrures dans la pierre, pour enduire l'extérieur des maisons, pour faire les plafonds et les corniches, pour mouler les statues, etc. On s'en sert aussi pour amender les terres. En le mêlant avec de l'eau et de la colle-forte, on en forme une pâte qui prend une grande consistance, et que l'on nomme du *stuc*. Ce stuc pouvant se colorer à volonté, et recevoir un beau poli, s'emploie avec succès dans toutes les constructions où il s'agit d'imiter le marbre.

Il existe un autre sulfate de chaux, qui diffère du gypse en ce qu'il ne contient pas d'eau : c'est le *gypse anhydre* (ou la karsténite). Celui-ci se clive dans trois directions rectangulaires; il est aussi plus dur et plus pesant que le gypse ordinaire.

DES ROCHES, QUI JOUENT UN ROLE IMPORTANT DANS LA STRUCTURE DU GLOBE.

A l'aide de ces notions minéralogiques sur le petit nombre de substances que l'on peut regarder comme les matériaux essentiels des grandes masses, nous sommes maintenant en état d'étudier les caractères des principales roches dont se composent les terrains. Rappelons-nous que l'on donne en général le nom de *roche* à la substance minérale, simple ou composée, qui se présente en grande masse. Quand elle résulte de l'association de plusieurs minéraux, ceux-ci forment un tout qui offre toujours la même composition, et souvent la même contexture de parties. Il arrive fréquemment que ces minéraux se distinguent à l'œil nu, ou avec le secours d'une loupe, et alors la composition de la roche est apparente; mais il peut arriver aussi que cette composition soit cachée pour l'œil, et que la roche paraisse simple et homogène, quoique formée cependant de plusieurs minéraux différens. Dans ce cas sa détermination présente d'assez grandes difficultés.

Considérées indépendamment de la nature de leurs élémens, les roches peuvent être divisées en différens ordres, soit d'après leur composition homogène ou hétérogène, soit d'après le degré d'adhérence de leurs parties, soit enfin d'après l'origine de ces mêmes parties ou leur mode de formation. Ainsi, l'on distingue des *roches simples* (formées d'une seule espèce minérale) et des *roches composées* (formées par l'agrégation en une seule masse de plusieurs espèces différentes). Relativement à l'adhérence des parties, on distingue des roches *solides* et des roches *meubles*. Enfin, quant à leur origine, on peut les diviser en plusieurs classes: 1° les *roches cristallines* ou les *agrégats*, dont les élémens ont été préalablement dissous, soit par la chaleur, soit par un liquide quelconque; et ont ensuite cristallisé séparément, mais en même temps, en formant par leur agrégation une masse solide dont toutes les parties sont contemporaines (ex. : le granite). 2°. Les *roches sédimentaires*, ou formées de sédimens, dont les parties composantes tenues en suspension, et pour ainsi dire délayées dans un liquide, se sont déposées par l'effet de leur pesanteur (ex. : la craie, le calcaire grossier des environs de Paris). 3°. Les *roches clastiques* ou les *conglomérats*, composées de débris de roches plus anciennes, ou de débris organiques, charriés et accumulés par les eaux, et quelquefois de parties cristallines, dont la formation est postérieure au dépôt de ces débris (ex. : les poudingues, les grès). 4°. Les *roches vitreuses*, dont la contexture est celle des substances que le feu a vitrifiées. Elles sont d'origine ignée, et ne diffèrent des agrégats qu'en ce que la cristallisation de leurs élémens n'a pu s'opérer, le refroidissement de la masse ayant été trop rapide. 5°. Les *roches argileuses*, ayant l'aspect et la contexture de matières terreuses, et provenant de la décomposition de roches plus anciennes, dont les parties sont restées en place, ou bien ont été enlevées et remaniées ensuite par les eaux (ex. : les argiles).

On peut encore distinguer parmi les roches celles qui sont visiblement *stratifiées*, et celles qui ne portent aucun indice certain de stratification, et qu'on peut appeler *massives*. Une roche est stratifiée lorsqu'elle est divisée par des fissures parallèles et d'une grande étendue, en lits ou assises (*strates*) superposées les unes aux autres.

Les strates de certaines roches se subdivisent souvent dans le même sens en feuillets minces, dont la direction est parallèle à celle de la stratification. Ces différences dans la structure des grandes masses minérales paraissent être en rapport avec leurs modes de formation par l'eau ou par le feu.

Les caractères distinctifs des roches se tirent de la nature de leurs parties composantes, et de la structure de la masse formée par leur agrégation. Les principales sortes de structure des roches sont les suivantes: la *structure granitoïde*, ou celle des roches composées de minéraux différens, agrégés les uns aux autres, et intimement soudés non par le secours d'une pâte ou d'un ciment, mais par l'enlacement et la simple cohésion de leurs parties, qui semblent avoir cristallisé simultanément au moment de leur réunion. Le type de cette structure nous est donné par le granite, roche composée de feldspath, de quartz et de mica, réunis sous forme de grains entrelacés. — La *structure schisteuse*, ou celle des roches qui semblent être composées de feuillets minces et distincts (ex. : le micaschiste, l'ardoise). — La *structure porphyroïde*, ou celle des roches qui présentent, au milieu d'une pâte d'apparence homogène, des cristaux disséminés, qui ont été formés en même temps qu'elle. Le type de cette structure est fourni par les roches nommées *porphyres*, composées d'une pâte de couleur foncée, qui enveloppe des cristaux de feldspath ordinairement blanchâtres, dont la teinte tranche nettement sur celle du fond (*voy*. fig. 2, pl. 5). — La *structure globulaire*, ou celle des roches, composées d'une pâte enveloppant des globules formés en même temps qu'elle, et que l'on peut considérer comme des réunions de cristaux, ou des cristaux imparfaits (ex. : le diorite globulaire de Corse, vulgairement nommé *granite orbiculaire*). Cette structure est quelquefois si imparfaite, que les globules ne sont pas nettement séparés de la masse, et ne paraissent que comme de simples taches sur un fond d'une autre couleur. On lui donne alors le nom particulier de *structure variolitique*, parce que le type en est fourni par la roche appelée *variolite*. —

La *structure cellulaire*, ou celle des roches qui présentent dans leur masse des cavités nombreuses, sphériques, allongées ou sinueuses, ce qui semble indiquer qu'elles ont été originairement fondues, boursouflées, et traversées par des gaz qui se dégageaient de leur intérieur (ex. : les laves modernes). — La *structure amygdaloïde*, ou celle des roches qui présentent au milieu d'une pâte des noyaux ou amandes dont la matière semble être venue après coup se loger dans des cellules vides, et qui souvent est susceptible de se détacher de ces cellules. (Ex. : les laves anciennes.) Ce sont des roches qui étaient primitivement cellulaires, et dont les cavités ont été remplies par des infiltrations de matières de diverse nature. Ces noyaux diffèrent de ceux des roches variolitiques en ce que leur formation a été postérieure à celle de la masse, tandis que les noyaux de celles-ci sont de formation contemporaine à celle de la matière enveloppante, avec laquelle ils font corps. — La *structure fragmentaire*, ou celle qui est propre aux roches clastiques, c'est-à-dire composées de fragmens de roches préexistantes; ces roches sont par conséquent de formation postérieure à celle des grains ou fragmens qui les constituent.

Les *roches simples* et réellement homogènes étant formées d'un seul minéral, ont pour caractères distinctifs ceux de l'espèce à laquelle ce minéral se rapporte. Il est donc inutile de les considérer ici. Il nous suffira de dire que la presque totalité des substances que nous avons décrites précédemment peuvent former à elles seules des roches, soit à l'état cristallin, soit à l'état compacte. Le quarz et le calcaire, entre autres, se distinguent par le rôle qu'ils jouent sous ce rapport; leurs roches sont répandues avec tant de profusion dans toutes les parties de l'écorce minérale du globe, qu'elles composent peut-être près de la moitié de la masse totale de cette écorce.

Les *roches composées*, en y comprenant celles qui ont une apparence d'homogénéité, sont les seules que nous ayons besoin de connaître et d'étudier en particulier. Nous suivrons dans leur examen la division que nous avons indiquée plus haut, et qui est établie sur les différences que peuvent présenter les roches relativement à leur origine. Ainsi nous parlerons successivement des roches de cristallisation, des roches clastiques, ou formées de débris, des roches vitreuses et des roches argileuses.

I. Roches de cristallisation. Les roches composées qui font partie de cet ordre sont toutes des roches siliceuses, c'est-à-dire qu'elles résultent de l'agrégation de silicates, soit entre eux, soit avec le quarz. Les silicates composans sont ceux que nous avons précédemment décrits : le feldspath, le mica, le talc, la diallage, l'amphibole et le pyroxène. On peut les partager en plusieurs séries, d'après ceux de ces élémens qui dominent dans leur composition.

1° *Les roches feldspathiques.* Les principales roches de cette série sont : le granite, la syénite, le porphyre et le trachyte. — Le *granite* est une roche grenue, composée de grains de feldspath, de quarz et de mica, immédiatement agrégés entre eux, et comme entrelacés. Le quarz forme à lui seul plus du tiers de la masse ; il est en grains vitreux irréguliers, et a le plus ordinairement une teinte grise. Le feldspath est en lames oblongues, à bords droits et parallèles : ses teintes sont très-variées. Le mica est en lamelles noires, ou d'un blanc argentin. Il y a entre les granites de pays différens une grande diversité d'aspect, qui tient à la couleur particulière de la substance dominante, et à la grosseur des grains. On distingue des granites à gros grains et des granites à grains fins ; des granites rouges, roses, gris, etc. Le granite est une roche massive, ou qui se présente en masse continue, sans stratification bien prononcée. Comme il est d'une grande dureté il prend bien le poli ; mais on l'exploite et on le travaille difficilement ; on en fait des colonnes et des statues de grande dimension, des dalles, des bornes, des bordures de trottoir, etc. Le granite renferme quelquefois des lamelles noires d'amphibole. Tel est entre autres le granite rouge d'Égypte, dont le feldspath est d'un rouge foncé, ou couleur de rose. La fameuse colonne de Pompée, les obélisques d'Alexandrie, plusieurs tables que l'on voit au Musée royal en sont composés. A Paris, on fait usage de granites gris des environs de Cherbourg. Si l'on suppose que dans le granite le mica vienne à disparaître presque entièrement, on aura la roche nommée *pegmatite*, et aussi *granite graphique*, parce que dans cette roche les cristaux de quarz s'allongent ordinairement dans un sens, et s'alignent avec plus ou moins de régularité, de manière à dessiner sur la surface des morceaux polis, des espèces de caractères orientaux. Le feldspath des pegmatites passe fréquemment à l'état de kaolin. Si dans la pegmatite les grains de feldspath et de quarz s'atténuent au point que la roche ait une structure grenue très-fine, elle devient ce que les minéralogistes ont nommé le *leptynite;* et si, l'atténuation du grain continuant, la roche passe à l'état compacte, on a alors l'eurite ou le *petrosilex*, sorte de feldspath compacte mélangé, qui est la base des porphyres. —La *syénite* est une roche granitoïde, composée essentiellement de grains de feldspath et d'amphibole irrégulièrement mêlés entre eux. L'amphibole y est quelquefois si abondant, que la roche paraît tout-à-fait noire. On en distingue plusieurs variétés : la syénite commune, qui renferme souvent du quarz et du mica; la syénite porphyroïde; la syénite compacte, que l'on a appelée *granite noir antique* et *basalte oriental*, à cause de sa ressemblance avec le véritable basalte : les Égyptiens en ont fait des statues et de petits obélisques ; la syénite zirconienne, à feldspath ordinairement opalin, renfermant des cristaux de zircon, et quelquefois des cristaux linéaires de feldspath vitreux semblables à ceux des roches trachytiques. — Le *porphyre* est une roche composée d'une pâte de petrosilex diversement coloré, et enveloppant des cristaux de feldspath laminaire ordinairement blanchâtres. La pâte des porphyres est fusible au chalumeau en émail noir ou gris; les porphyres sont généralement durs et reçoivent un beau poli, leurs couleurs sont très-variées et tirent toujours sur des nuances foncées. On en distingue plusieurs variétés : le porphyre rouge antique, à fond rouge parsemé de petits cristaux blancs de feldspath et de points noirs, qui sont de l'amphibole; il a été souvent employé par les Égyptiens pour faire des cuves sépulcrales, des statues et des obélisques; deux grandes cuves antiques et plusieurs statues de ce porphyre se voient au musée royal. Le porphyre brun, à pâte brune ou violette, et à cristaux blancs, de Suède; le porphyre noir antique, à pâte d'un noir foncé, avec cristaux de feldspath blanc. Ce que l'on nomme porphyre vert antique est une roche porphyroïde que l'on rapporte aux roches trapéennes (voyez plus bas), et dont la pâte d'un vert foncé contient des cristaux de feldspath gras et verdâtre; le porphyre globuleux de Corse est une autre roche porphyroïde, composée d'une pâte de petrosilex d'un jaune brunâtre, enveloppant des cristaux de feldspath et des globules d'un à deux pouces de diamètre, formés d'aiguilles de feldspath disposées à l'entour d'un noyau de quarz. Cette roche, lorsqu'elle est polie, produit un effet assez agréable. — Le *trachyte* est une roche composée d'une pâte de feldspath terreux, blanchâtre ou gris-cendré, cellulaire et rude au toucher, enveloppant fréquemment des cristaux de feldspath vitreux, fendillés, linéaires, et passant quelquefois à la pierre poreuse nommée *ponce;* il est fusible au chalumeau en émail blanc. Cette roche compose en France la masse du Puy-de-Dôme, du Mont-Dore et du Cantal.

On donne le nom de *phonolithe* (pierre sonore), à une roche composée d'une pâte feldspathique, verdâtre ou blanchâtre, ordinairement porphyroïde et schisteuse, divisible en plaques qui rendent un son quand on les frappe avec un corps dur; cette roche renferme des cristaux de feldspath vitreux, comme le véritable trachyte, dont elle n'est vraisemblablement qu'une variété.

Le *porphyre trachytique* est une autre roche à pâte feldspathique, grisâtre et rude comme celle du trachyte, mais moins pure; et enveloppant des cristaux de feldspath, d'amphibole et de pyroxène; sa croûte superficielle est quelquefois d'une teinte rougeâtre. Ces porphyres sont souvent celluleux et en même temps très-durs, par suite d'un mélange de matière siliceuse : on les emploie en Hongrie pour faire des meules de moulin.

2°. *Les roches micacées.* Les principales roches de cette série sont le gneiss et le micaschiste. — Le *gneiss* est une roche composée de feldspath et de mica, à structure toujours schisteuse, par suite de la disposition en couches planes des lamelles de cette dernière substance. Il peut aussi contenir du quarz, mais ce minéral ne s'y montre qu'accidentellement; on appelait anciennement cette roche un *granite schisteux*. Le feldspath y est souvent grenu; les feuillets du gneiss sont quelquefois courbes et ondulés; c'est une des roches les mieux stratifiées. Si dans le granite on suppose que le feldspath vienne à manquer, on aura une roche granitoïde, composée seulement de quarz et de mica; c'est le *greïsen*, que l'on a aussi nommé *granite stannifère*, parce qu'il est le gîte ordinaire des minerais d'étain. Le *micaschiste* est aussi une roche composée essentiellement de mica et de quarz, comme le greïsen, mais dans laquelle ces deux élémens ont une disposition différente. Les lamelles de mica, plus nombreuses, forment des feuillets continus, qui sont séparés par des couches minces de quarz; c'est donc une roche schisteuse.

3°. *Les roches talqueuses*. Les principales roches de cette série sont la protogyne, le schiste talqueux, le schiste argileux et le phyllade.—La *protogyne* est une roche granitoïde, composée essentiellement de feldspath laminaire, de quarz et de talc; ce dernier élément est souvent à l'état compacte (stéatite), ou à l'état de terre verte (chlorite). Le feldspath en forme ordinairement la partie dominante, mais le talc lui donne en général une teinte verdâtre; ce talc, au lieu d'être disséminé sous forme de grains, s'étend fréquemment sous forme de veines ou de feuillets entre les autres substances. On a donné aussi à cette roche le nom de *granite vert* ou *talqueux*, et celui de *granite alpin*, parce qu'il constitue la plupart des hautes cimes des Alpes centrales, entre autres celle du Mont-Blanc. — Le *schiste talqueux* est une roche schisteuse, qui ne diffère du micaschiste que par la substitution du talc au mica.

Lorsque dans ces deux roches le feldspath et le quarz ne sont plus visibles, que les lamelles de mica et de talc sont tellement atténuées et confondues les unes avec les autres, qu'il en résulte une roche d'apparence homogène, à texture terreuse et feuilletée, on lui donne le nom de *schiste argileux*; c'est une roche tendre, qui ressemble assez par son aspect aux matières argileuses, qui donne comme elles une certaine odeur terreuse, lorsqu'on y répand la vapeur de l'haleine, mais qui s'en distingue en ce qu'elle n'est pas susceptible de se délayer dans l'eau. Elle a la propriété de se déliter dans un sens en feuillets minces, et lorsqu'on la considère en grand, on voit que sa masse est en outre traversée dans plusieurs directions par des fissures, qui la divisent en fragmens prismatiques. Elle présente assez fréquemment une grande quantité de taches ou de nœuds, qui sont dus à des substances minérales, imparfaitement cristallisées et empâtées dans la matière de la roche. Les schistes argileux varient infiniment de couleur : il en est de blanchâtres, de verdâtres, de gris bleuâtres, de rouges et de noirs; ces derniers ont pour principe colorant une matière charbonneuse. Les schistes argileux ont quelquefois dans le sens de leurs feuillets un luisant particulier ou éclat satiné. Ce que nous venons de dire peut s'appliquer jusqu'à un certain point aux *phyllades*, qui ont la plus grande analogie d'aspect et de propriétés avec les schistes argileux; on leur donne même souvent ce nom de *schistes argileux* en y ajoutant l'épithète d'*intermédiaires*, pour exprimer leur différence de position dans la série des couches du globe; mais ils diffèrent encore des schistes argileux proprement dits par leur véritable nature et leur origine. Les schistes argileux sont entièrement formés par la voie de cristallisation : les phyllades au contraire sont formés en partie par voie de cristallisation, et en partie par voie de transport ou de sédiment. Lorsqu'ils sont mélangés d'un grand nombre de parcelles détachées de mica et de grains roulés, ils passent à la roche que l'on a appelée *grauwacke schisteuse*, et qui offre une apparence de grès sur sa tranche (voyez ci-dessous les Conglomérats). Les phyllades diffèrent aussi des schistes argileux en ce qu'ils renferment souvent des débris ou plutôt des empreintes de corps organisés. Les schistes argileux et les phyllades sont employés dans les arts à différens usages ; les premiers, lorsqu'ils abondent en particules siliceuses, fournissent les *pierres à aiguiser*; les phyllades donnent aussi de bonnes pierres à aiguiser, et surtout les *pierres à rasoir*. Celles-ci sont formées de deux lits superposés, l'un jaune et l'autre noirâtre: elles viennent des Ardennes; quelques phyllades quarzeux donnent encore des *pierres de touche*. Mais le principal emploi des schistes et phyllades, surtout de ceux qui ont la propriété de se séparer en feuillets solides, minces, droits et sonores, se rapporte à l'architecture; ce sont eux qui fournissent les meilleures *ardoises*. La couleur des ardoises varie beaucoup, mais la teinte la plus ordinaire est le gris-bleuâtre, c'est celle des ardoises d'Angers et de Charleville qui sont le plus communément employées en France, et surtout à Paris.

4°. *Les roches diallagiques*. Les principales roches de cette série sont l'euphotide et la serpentine. — L'*euphotide* (le gabbro des Florentins) est une roche granitoïde composée de feldspath compacte ou imparfaitement cristallisé, et de lamelles de diallage tantôt verte et tantôt métalloïde. Cette roche est très tenace et difficile à travailler; elle est très-abondante dans les Alpes et dans le pays de Gênes; elle forme en Corse des couches assez étendues, d'où l'on tire la matière connue sous le nom de *vert de Corse*, et qui est fort estimée pour ses beaux effets. La *variolite* est une sorte d'euphotide compacte, dans laquelle le feldspath forme des globules qui ne peuvent se détacher de la masse environnante —La *serpentine* est une roche à texture compacte, formée par un mélange de talc et de diallage; elle est souvent porphyroïde, et renferme des lamelles de diallage chatoyante, lesquelles semblent se fondre insensiblement dans la pâte qui les entoure. Elle est tendre et douce au toucher, et sa cassure est terne et écailleuse comme celle de la cire; son éclat est faiblement gras ou résineux, sa couleur est le vert foncé, passant par nuances au gris jaunâtre. Les degrés de transparence varient depuis la translucidité jusqu'à l'opacité parfaite La serpentine est infusible au chalumeau, mais elle blanchit et se durcit par l'action d'un feu prolongé. Parmi les variétés de cette roche on distingue la *serpentine noble*, qui est translucide, d'un vert de poireau ou d'un vert de pistache, et généralement d'une couleur uniforme; on la travaille pour en faire des tabatières, des plaques d'ornement, des vases de différentes formes. — La *serpentine commune*, opaque et de couleurs mélangées; sa surface est tachetée ou veinée de vert, de jaunâtre ou de rougeâtre; on a comparé ces taches et ces veines à celles qu'offre ordinairement la peau des serpens, d'où est venu à la roche elle-même le nom de serpentine. Les serpentines communes s'emploient dans plusieurs pays, où elles se présentent pures et en assez grandes masses, à la fabrication de certaines poteries économiques, et surtout de marmites propres à cuire les alimens. C'est à cause de cet usage que les variétés de serpentine sont désignées sous le nom de *pierres ollaires;* elles possèdent naturellement toutes les qualités que l'on recherche dans les poteries, et sont assez tendres pour pouvoir être travaillées au tour; il suffit de les creuser et de leur donner la forme que l'on désire pour avoir des vases qui puissent servir immédiatement et soutenir l'action du feu. On trouve de bonnes pierres ollaires dans les environs du lac de Côme, en Italie, elles sont d'un gris azuré et portent le nom de *pierres de Côme*.

5°. Les *roches trapéennes*. Ce sont des roches essentiellement composées de feldspath mélangé avec l'amphibole hornblende ou le pyroxène augite, ou avec tous les deux; elles fondent en émail, ordinairement de couleur foncée. Quand l'amphibole prédomine, elles appartiennent à la section des roches amphiboliques nommées *diorites* ou *grunsteins ;* quand c'est le pyroxène qui est le principe dominant, elles appartiennent à la section des roches pyroxéniques, nommées *dolérites*. La structure de ces roches varie de la granitoïde à la granulaire, et même à la compacte; quand elles offrent l'aspect d'une pâte homogène, comme on n'a plus aucun moyen facile et sûr de distinguer l'amphibole du pyroxène, il y a alors quelque incertitude dans leur détermination. Le *diorite* est une roche granitoïde composée d'amphibole et de feldspath, comme la syénite, mais qui diffère de celle-ci, en ce que l'amphibole domine et que les deux principes composans sont plus confusément mélangés.

On en distingue plusieurs variétés : le diorite commun, simplement granitoïde ; le diorite globulaire (dit *granite orbiculaire* de Corse), qui offre un assemblage de globes, dans lesquels l'amphibole et le feldspath sont disposés par couches concentriques ; le diorite porphyroïde, à grains distincts avec cristaux de feldspath et d'amphibole disséminés. Le diorite passe souvent à l'état compacte, et prend alors le nom d'*aphanite* (*trap* ou *cornéenne*). Une partie des roches que l'on a rapportées à l'aphanite paraissent être composées principalement de pyroxène (porphyre noir et porphyre vert ou *ophite*) ; l'aphanite est quelquefois porphyroïde. — La *dolérite* est une roche granitoïde essentiellement composée de pyroxène et de feldspath, avec une certaine quantité de fer titané ; cette roche est souvent cellulaire ou amygdaloïde. Le *basalte* est une roche à structure granulaire et presque compacte, composée de pyroxène, de feldspath, de fer titané et parfois d'amphibole et d'un minéral verdâtre et grenu appelé *olivine* (var. du péridot). Sa surface est mate, et sa couleur d'un gris de fer tirant sur le noir ; c'est une roche dure et très-tenace : elle reçoit assez bien le poli, elle est cellulaire et souvent amygdaloïde ; elle se présente en masses non stratifiées, mais divisées en prismes par des fissures planes. Le basalte, qui est une roche volcanique ancienne, abonde en France dans les départemens du Cantal, du Puy-de-Dôme, de la Haute-Loire, de l'Ardèche, de l'Hérault, etc. On l'emploie souvent dans l'art de la bâtisse. — La matière du basalte paraît former le fond de la plupart des roches volcaniques, celluleuses ou scoriacées, appelées *laves*, et qui présentent une pâte pierreuse dure, de couleur grise, brune ou noire, enveloppant souvent des cristaux de pyroxène.

II. Roches clastiques ou conglomérats. La plupart des roches de cristallisation, que nous venons de passer en revue, ayant été soumises à l'influence de divers agens destructeurs, ont donné naissance à de nouveaux dépôts composés de leurs débris, à des poudingues ou brèches [1], à des grès, sables ou graviers. Parmi

[1] La brèche diffère du poudingue en ce que les fragmens qui

tous ces conglomérats, on doit distinguer principalement les grès, et surtout les grès quarzeux, qui sont les plus abondans dans la nature. Un *grès* est en général une roche composée de grains de quarz, et de quelques autres substances pierreuses, réunis entre eux par agrégation, ou à l'aide d'un ciment terreux ou cristallin, de nature siliceuse, calcaire ou argileuse. Les grès quarzeux sont ceux dans lesquels l'élément dominant est le quarz : on les partage en grès quarzeux homogènes et grès quarzeux mélangés; les grès qu'il importe le plus de connaître à raison de leur importance et de leurs usages, sont les suivans :

1°. Le *grès intermédiaire* (ou la grauwacke), composé de grains de quarz et de phyllade, réunis mécaniquement par un ciment siliceux, et renfermant des parcelles isolées de mica. On distingue la *grauwacke grossière* ou à gros grains, prenant quelquefois la forme de poudingue, et la *grauwacke schisteuse*, à grains fins et à texture schisteuse, se rapprochant du phyllade.

2°. Le *grès quarzeux feldspathique* (ou l'arkose), composé de grains de quarz et de feldspath.

3°. Le *grès micacé* argilifère (ou *grès houiller*); composé de grains de quarz, et quelquefois de fragmens de diverse nature, avec abondance de mica, le tout réuni par une petite quantité d'argile. Ce grès est communément de couleur terne, gris ou jaunâtre, quelquefois verdâtre, ou même tout à fait noir par suite de son mélange avec des matières charbonneuses.

4°. Le *grès rouge* ancien, autre grès composé d'une pâte argiloïde, ordinairement rougeâtre, enveloppant des grains de quarz et des fragmens de granite, de schiste, etc. Sa couleur rouge dominante est celle de brique, et quelquefois de lie de vin : ces grès sont durs, serrés, luisans, à grains plus ou moins grossiers.

5°. Le *grès bigarré*, ou nouveau grès rouge, ainsi nommé parce que lorsqu'on le considère en grand, il est souvent bigarré de rouge, de brun, de jaune, etc. C'est encore un grès à ciment argileux ou marneux [1], moins

la composent ont une forme anguleuse, tandis que le poudingue est composé de fragmens arrondis ou cailloux roulés.

[1] La marne est un mélange d'argile et de calcaire.

serré, et moins dur que le grès précédent, et qui renferme souvent des lits de marne rouge.

6°. Le *grès ferrugineux*, c'est un grès ou sable quarzeux, dont les grains sont agglutinés par un ciment de fer hydroxidé; sa couleur dominante est le brun ou le jaune de rouille.

7°. Le *grès vert*, grès analogue au précédent, et dans lequel le fer est à l'état de grains verts, par suite de sa combinaison avec la silice.

8°. Le *grès marneux*, tendre et verdâtre (ou la *mollasse*), contenant toujours du mica, et quelquefois des fragmens de calcaire.

9°. Le *grès blanc*, ou grès quarzeux homogène, presque sans aucun ciment (les grès communs à pierres de taille et à pavés). La plupart des grès que nous venons d'énumérer sont employés dans les lieux où ils abondent, pour les constructions et le pavage des routes. Quelques-uns, et surtout les grès rouges et blancs, servent à faire des meules pour aiguiser les outils.

Les grès grossiers passent à l'état de poudingue ou de brèche, lorsque leurs grains deviennent de véritables cailloux ou fragmens, arrondis ou anguleux, et que leur ciment est très-apparent. Les poudingues présentent en général une grande solidité et sont susceptibles de recevoir un beau poli : aussi il en est beaucoup qui sont employés comme matières d'ornement. Nous citerons parmi les plus remarquables : le *poudingue anagénique* (ou l'anagénite) sorte de grauwacke à très-gros grains, composée de galets de quarz, de granite, de schiste, de pétrosilex, réunis par un ciment talqueux ou pétrosiliceux. On y rapporte le poudingue de Valorsine, en Valais; et le poudingue d'Egypte, improprement nommé *brèche universelle*, dont les fragmens de nature très-variée sont liés entre eux par une pâte de pétrosilex verdâtre.—Le *poudingue calcaire* (ou le nagelflue des Suisses), composé de fragmens de calcaire compacte, et de roches diverses réunis par un ciment calcaire ou marneux. Ce poudingue forme des montagnes d'une grande élévation, entre autres le Rigi, aux environs de Lucerne. — Le *poudingue siliceux* (dit caillou de Rennes), à très-petits cailloux de silex jaunâtre réunis par une pâte de jaspe rouge : on le trouve aux environs de Rennes, en cailloux roulés plus ou moins gros, et on en fait des boîtes, des socles, de petits vases. — Le *poudingue anglais* à noyau de silex réunis par un ciment de grès.

Les sables et graviers sont des roches meubles composées des débris arénacés ou des fragmens les plus menus de celles qui formaient anciennement ou qui forment encore aujourd'hui les montagnes. Ces grains, charriés au loin par les eaux, vont s'amonceler au fond des vallées, sur les rives et dans le lit des fleuves, sur la plage des mers. La plupart des sables et graviers ont pour base le quarz et le silex : ce sont en effet parmi les substances pierreuses les plus abondantes, celles qui sont en même temps les plus dures et les plus susceptibles de résister au frottement et aux chocs multipliés des transports. On distingue parmi les sables quarzeux ceux qui sont simples, et ceux qui sont mélangés; aux premiers appartiennent les sables qui couvrent les déserts de Syrie et d'Arabie, les steppes de la Pologne, les landes et les dunes de la France. Les sables mélangés sont ceux qui contiennent des paillettes ou des grains de mica, de calcaire, d'argile, de fer hydroxidé, etc., mêlés à la matière quarzeuse. Les sables et graviers ne se trouvent pas seulement dans le lit des fleuves et sur les bords de la mer : on en trouve aussi de vastes dépôts dans l'intérieur des terres, principalement sous la couche qui s'est changée en terre végétale. Toutes ces matières arénacées ont été mises à profit pour les arts : elles servent, suivant leur nature, à différens usages, à la confection des mortiers, à celle des moules dans les fonderies, à la fabrication du verre, etc.

III. Roches vitreuses. Une partie des roches qui, selon toute probabilité, ont été primitivement, comme les laves des volcans modernes, dans un certain état de fusion par l'effet de la chaleur souterraine, ont cristallisé pendant le refroidissement, et produit par la séparation de leurs élémens des roches pierreuses hétérogènes, telles que le porphyre, le trachyte, le basalte, etc. Mais une autre partie de ces matières fondues ne s'étant pas trouvée dans les circonstances favorables à la cristallisation, ont formé par le refroidissement des masses à texture vitreuse, dans lesquelles les élémens sont restés confondus. On observe souvent des passages insensibles de chacune de ces roches vitreuses aux roches lithoïdes, qu'elles accompagnent ordinairement, qui paraissent avoir eu la même origine qu'elles, et dont elles ne sont que des transformations. C'est ainsi que les porphyres et trachytes se convertissent souvent en rétinites, obsidiennes et ponces, les dolérites et basaltes en gallinaces et scories. Les *rétinites* sont des substances imparfaitement vitrifiées, translucides, à éclat résineux, et à structure souvent porphyroïde; elles sont très-fusibles et dégagent de l'eau lorsqu'on les chauffe. Elles ont de l'analogie avec les obsidiennes, mais elles n'offrent point comme elles de passage à la pierre ponce. Les *obsidiennes* sont des substances vitreuses, souvent transparentes, à teinte ordinairement noire ou fuligineuse, et dont la cassure est conchoïde à bords tranchans. Elles se boursouflent sous le feu du chalumeau et fondent en émail blanc. Elles offrent des passages à la ponce. Elles sont souvent porphyroïdes ou globulaires. Les peuples de l'antiquité et les naturels du Pérou en ont fait des miroirs et des instrumens tranchans. Il y a des obsidiennes chatoyantes d'un ton verdâtre, qui sont fort estimées. Les *perlites* sont des obsidiennes à l'état d'émail, à structure testacée, ayant un éclat nacré ou perlé, et une couleur d'un gris-bleuâtre ou d'un blanc-grisâtre. Les *ponces* sont des substances poreuses, légères, à pores allongés qui donnent à la masse une structure fibreuse avec un éclat nacré. Elles varient de couleur : celles que l'on trouve dans le commerce sont d'un gris de perle, et âpres au toucher; elles raient les corps durs, quoiqu'elles soient assez faciles à briser; aussi les emploie-t-on fréquemment pour donner le poli à différens corps. On les tire des îles Ponces et de Lipari, non loin de la Sicile. Les *gallinaces* sont des substances vitreuses, analogues aux obsidiennes, mais à teintes foncées, rouges, noires ou bleuâtres, et fusibles, non pas en verre blanc, mais en verre coloré. Elles sont ordinairement porphyroïdes. Les *scories* sont ces mêmes substances très-boursouflées, hachées et défigurées par la multitude de cellules qu'elles présentent. Elles forment des croûtes à la surface supérieure des courans de laves basaltiques; elles sont aussi rejetées par les volcans avec les matières incohérentes auxquelles on donne le nom de *sables* et de *cendres volcaniques*. Les scories passent souvent du noir au rouge, par l'action de l'air.

On peut rapporter aux roches vitreuses les tripolis et les thermantides, qui proviennent de matières argileuses, chauffées et torréfiées naturellement par les feux des houillères embrasées. Les *tripolis* ou argiles tripoléennes sont des matières composées presqu'entièrement de silice, sèches au toucher, ne faisant point pâte avec l'eau, et ayant une structure irrégulièrement feuilletée. Elles sont légères, d'une teinte de rose pâle ou de blanc-cendré. On les emploie comme matières à polir. Les *thermantides* (ou *jaspes porcelaines*) sont des argiles cuites et changées en une espèce de matière jaspoïde à surface luisante et à teintes grises, rougeâtres ou bleuâtres.

IV. ROCHES ARGILEUSES. Les argiles sont des mélanges variables de matières terreuses, qui proviennent pour la plupart de la décomposition des roches formées de silicates alumineux, dont les parties ont été charriées au loin, broyées et réduites en limon par les eaux. Elles contiennent en général une certaine quantité d'alumine et de silice à l'état d'hydrate, mais on ne peut leur assigner pour base aucune espèce minérale bien distincte. A côté des argiles proprement dites, nous rangeons[1] les produits terreux ou *argiloïdes* de l'altération qu'éprouvent sur place certaines roches de cristallisation, et quelques-uns de leurs conglomérats. Ce sont toutes ces roches terreuses, ou du moins les principales d'entre elles, que nous allons décrire succinctement, sous le nom générique de roches argileuses.

1°. Les *argiloïdes* ou les substances d'apparence argileuse. — Le *kaolin* (ou terre à porcelaine), provenant de la décomposition du granite et de la ponce (voy. pag. 137). — Le *porphyre argileux*, provenant de l'altération des porphyres et pétrosilex : il est souvent cellulaire et im-

[1] D'après M. Cordier.

prégné de particules siliceuses. — La *téphrine* (ou roche cendrée), composée d'une pâte argiloïde, dans laquelle on retrouve les élémens des roches trachytiques. — Le *trass*, sorte de tuf blanchâtre, composé de débris de ponce plus ou moins altérés, et réunis par un ciment d'apparence argileuse. On en exploite à Andernach, sur les bords du Rhin, d'où on le transporte en Hollande, pour en faire des cimens hydrauliques. — Le *trap altéré* (ou la spilite), dont l'aspect est aride et terne, et la teinte brune ou verdâtre. — Le *basalte altéré* (ou la wacke), dont la cassure est terreuse, et la couleur noire ou d'un gris-verdâtre. Ces deux roches renferment presque constamment des noyaux de diverses substances pierreuses, dont les molécules se sont introduites dans leurs cavités par voie d'infiltration : ce sont les roches amygdaloïdes par excellence. — Le *tufa* (ou tuf volcanique), substance solide, tendre, à cassure terreuse, composée de fragmens de scories, de sables et de cendres volcaniques que le tassement et les infiltrations ont consolidés. Ses couleurs sont le gris, le jaune, le rouge et le noir. — Le *pépérino*, brèche volcanique, composée comme la roche précédente, de fragmens de plusieurs sortes réunis par un ciment de tuf. Les tufs et pépérinos ont assez de solidité pour pouvoir être employés dans les constructions. Les Romains en ont fait un fréquent usage. — La *pouzzolane*, sorte de sable volcanique terreux, de couleur foncée, que l'on tirait autrefois de Pouzzole dans le royaume de Naples, et qui paraît formé de petits fragmens de scorie plus ou moins altérée. On l'emploie comme le trass, pour faire avec la chaux et le sable commun des mortiers hydrauliques. Elle est tantôt en poudre fine, âpre au toucher, et tantôt formée de petits fragmens que l'on est obligé de pulvériser, avant d'en faire usage.

2°. Les *roches argileuses* proprement dites. — L'*argile commune*, composée d'alumine, de silice et d'eau; solide, tendre, douce au toucher, faisant pâte avec l'eau et prenant du retrait et de la dureté par la cuisson. Elle ne fait point effervescence avec les acides. Elle est en général très-réfractaire, c'est-à-dire qu'elle résiste à la fusion par le feu ; cependant elle cesse d'être infusible quand elle se mélange de chaux et d'oxide de fer, et fond à des températures plus ou moins élevées, suivant qu'elle contient plus ou moins de ces principes. Parmi ses variétés on distingue l'argile plastique (ou la terre glaise, la terre à poteries) quelquefois blanche, le plus souvent colorée de différentes teintes de gris-bleuâtre, de vert, de rouge, etc.; l'argile smectique (ou la terre à foulon) dont la pâte est fine, savonneuse et se délaie facilement dans l'eau : on s'en sert pour enlever aux draps les parties huileuses qui sont mêlées à la laine; l'argile ferrugineuse (ocre jaune ou rouge), colorée par de l'oxide rouge de fer, ou du fer hydroxidé jaune. — L'*argile schisteuse* (ou le schiste proprement dit), substance terreuse à structure feuilletée, terne, diversement colorée, contenant quelquefois des paillettes fines de mica, et présentant souvent des empreintes de plantes. Elle est fusible au chalumeau; elle se pénètre quelquefois de parties calcaires, qui la rendent effervescente, et de parties charbonneuses et bitumineuses qui la colorent en noir, et lui donnent la propriété de brûler plus ou moins facilement. Elle est commune dans les terrains houillers. — L'*argile calcarifère* (ou la marne), mélange terreux d'argile, de calcaire, et quelquefois de sable, dans des proportions variables. Elle se distingue des argiles communes, en ce qu'elle fait effervescence avec les acides. On en connaît trois variétés : la marne calcaire blanchâtre ou jaunâtre, qui renferme plus de calcaire que d'argile, et a la propriété de se diviser et de s'émietter à l'air; la marne argileuse, qui est presque toujours d'un gris verdâtre, qui renferme plus d'argile que de calcaire, et fait une pâte assez tenace avec l'eau; et la marne sablonneuse, qui n'est qu'une marne calcaire mélangée d'une forte dose de sable. Ces trois sortes de marnes sont employées par les agriculteurs pour amender les terres; ils ont soin de choisir celle qui convient à la nature du sol qu'ils veulent bonifier. — L'*argile limoneuse* (ou le limon d'atterrissement, la terre franche, la terre à brique), terre grasse, qui étant simplement humectée ou ramollie dans l'eau, est susceptible de se mouler, et d'acquérir ensuite une grande solidité par la dessication à l'air ou par la cuisson. Ses teintes les plus communes sont le gris cendré, le gris bleuâtre et le jaune ocreux. Elles se changent au feu en un rouge plus ou moins vif, phénomène dû à la présence du fer dont ces argiles sont chargées.

Considérations générales sur la structure du globe terrestre, et sur les changemens successifs qu'ont éprouvés et qu'éprouvent encore ses couches superficielles.

Nous connaissons maintenant les matériaux essentiels dont se compose la partie de notre globe qu'il nous est donné de pouvoir observer. Nous pourrions dès lors les assembler de manière à reconstituer les différentes sortes de *terrains* dans lesquels cette partie du globe peut se diviser. Mais auparavant il est nécessaire de jeter un coup d'œil sur la forme et la structure générale de la terre, et sur les différentes causes qui ont contribué et qui contribuent encore à former, accroître et modifier ses couches superficielles.

Considéré dans son ensemble, le globe terrestre peut se diviser en quatre parties principales : 1° la partie centrale, ou la *masse interne*, soustraite pour toujours à nos observations, et sur la nature de laquelle nous ne pouvons que former des conjectures plus ou moins probables; 2° l'enveloppe solide, ou l'*écorce minérale*, qui recouvre immédiatement la masse interne; sorte de croûte oxidée, composée presque entièrement de substances pierreuses; 3° l'enveloppe liquide, ou la masse des eaux qui couvre près des trois quarts de la superficie du globe : la profondeur de cette masse varie considérablement d'un lieu à un autre, mais tout porte à croire que sa profondeur moyenne ne dépasse guère un millier de mètres, c'est-à-dire que si l'on supposait que cette masse formât une couche uniforme sur toute la surface de la terre, cette couche aurait à peu près une épaisseur de mille mètres (ou un cinquième de lieue); 4° l'enveloppe aériforme, ou l'atmosphère, qui entoure la précédente et embrasse le globe dans toute son étendue, en s'élevant à une hauteur que l'on ne peut déterminer avec exactitude, mais que l'on a évaluée approximativement à une quinzaine de lieues. Les densités des couches atmosphériques vont en décroissant à partir de la surface de la terre jusqu'à cette limite extrême : si l'atmosphère avait dans toute son étendue la même densité qu'au niveau de la mer, elle ne formerait autour du globe qu'une couche d'air d'environ 8000 mètres d'épaisseur (un peu plus d'une lieue et demie). De ces quatre parties, celle qu'il nous importe le plus de connaître en ce moment, c'est l'écorce minérale. Résumons donc en peu de mots ce que les observations nous ont appris de positif sur cette écorce, et nous chercherons ensuite à en tirer quelques inductions probables relativement à la nature de la masse interne.

Le globe terrestre a, comme chacun sait, la forme d'un sphéroïde aplati vers les pôles : c'est précisément celle qu'il a dû prendre de lui-même par suite des mouvemens dont il est animé, en supposant qu'il ait été originairement fluide. Cette figure est déterminée par la surface de l'océan, que l'on peut imaginer prolongée uniformément au-dessous des surfaces continentales. Les nombreuses inégalités du sol, qui nous semblent immenses parce que nous les comparons à notre extrême petitesse, nous paraîtraient insensibles par rapport à la masse totale du sphéroïde, si nous pouvions en embrasser le contour d'un seul coup d'œil. Les plus hautes montagnes ne seraient pas sur sa surface ce que les petites aspérités de la peau d'une orange sont sur ce fruit; et la plus considérable n'aurait pas même une demi-ligne de hauteur sur un globe de quatre pieds de diamètre. Mais ces différentes inégalités, qui disparaissent pour ainsi dire lorsqu'on envisage la masse entière du globe, n'en ont pas moins une très-grande importance aux yeux du géologue, parce qu'elles mettent à nu la superposition d'un grand nombre de couches de l'écorce minérale, et montrent ainsi dans leurs flancs entr'ouverts la structure de la partie superficielle de cette écorce.

Les inégalités du globe, c'est-à-dire les éminences et les creux dont sa surface est parsemée, offrent un mélange continuel de montagnes, de vallées et de plaines. On sait que les montagnes sont souvent disposées en bandes très-étendues en longueur, qu'on désigne le plus ordinairement sous le nom de chaînes. Cependant il est rare que les montagnes soient assez bien liées entre elles pour former sur un grand espace des lignes non interrompues : elles sont presque toujours distribuées en masses irrégulièrement ramifiées, ou en groupes de figures bizarres, qui ne semblent se rattacher qu'accidentellement les uns aux autres. C'est le cas du système des Alpes proprement dites, dont le massif principal est situé entre la Suisse, l'Italie et la France. Lorsque l'on contemple l'ensemble de leurs sommités de la cime du Mont-Blanc, la plus élevée d'entre elles, on est frappé de l'espèce de désordre qui règne dans leur disposition. Mais lorsqu'on considère le même système d'un point de vue éloigné, des hauteurs du Jura par exemple, il semble que tous ces sommets altiers soient rangés sur une même ligne, et c'est principalement de cette apparence que vient la dénomination de chaîne que l'on donne à ce système de montagnes.

Les nombreuses vallées qui sillonnent la surface des continens sont de deux espèces. Les unes ont une largeur inégale, et présentent dans une partie de leur longueur une alternative d'étranglemens et de renflemens. Telles sont, parmi les vallées des hautes montagnes ou des pays à couches obliques, celles qu'on nomme *longitudinales*, parce qu'elles sont parallèles à la direction générale des montagnes qui les bordent. La direction d'une chaîne étant le plus souvent parallèle à celle des couches qui la composent, il s'ensuit que dans une vallée longitudinale les couches sont en général parallèles à la direction de la vallée. D'un côté elles montrent seulement leur tranchant à pic, et de l'autre des portions assez étendues de leur plan, et quand elles sont fortement inclinées, il arrive souvent que les flancs opposés sont composés de roches de nature différente. Les vallées de cette espèce ne doivent point leur origine à l'action des cours d'eau ; elles ont pu être modifiées par eux après leur formation ; mais elles sont aussi anciennes que les montagnes qui les circonscrivent, et ont été produites par les mêmes causes qui ont soulevé les masses de ces montagnes.

Les vallées de la seconde espèce se distinguent des premières par leur largeur uniforme, ou le parallélisme de leurs flancs, qui est tel que les parties opposées offrent toujours des angles saillans et rentrans vis-à-vis l'un de l'autre ; ce qui pourrait faire croire que ces vallées sont le résultat de l'action de quelques courans anciens, qui se creusèrent un lit dans l'épaisseur du sol. Telles sont la plupart des vallées de montagnes qu'on nomme *transversales*, parce qu'elles sont situées en travers de la direction des chaînes, et surtout les vallées des pays de plaines et de collines plates, dont les couches sont horizontales ou peu inclinées. Dans celles-ci, les flancs opposés sont de nature semblable ; les couches qui les composent, au lieu d'être parallèles à la direction des vallées, les coupent au contraire transversalement ; elles conservent exactement le même ordre des deux côtés et se correspondent à la même hauteur.

Lorsqu'on a observé les nombreuses inégalités dont la surface du globe est recouverte, et qu'on a été frappé de l'aspect morcelé qu'elles présentent, si l'on vient à examiner la composition intérieure de l'écorce minérale, on arrive bientôt à des résultats qui étonnent par leur nouveauté et leur importance. On demeure en effet convaincu que le globe n'a pas toujours eu la même enveloppe superficielle; que la formation de ses couches a été successive, et souvent interrompue; que la plus grande partie de celles qui composent nos continens actuels a été déposée sous les eaux qui recouvraient originairement ces continens; que ceux-ci sont sortis par degrés du sein des mers, dont le bassin s'est resserré de plus en plus; enfin que la vie n'a pas toujours existé sur le globe, qu'elle s'est développée successivement, en commençant par les organisations les plus simples, et qu'elle a éprouvé des perturbations, et des changemens brusques, en rapport avec les bouleversemens qui ont à diverses reprises modifié le relief de l'écorce minérale.

On reconnaît d'abord dans cette écorce deux systèmes

de couches bien distincts : l'un supérieur, composé de couches produites l'une après l'autre, de bas en haut, et contenant de nombreux débris d'animaux et de végétaux : on le nomme *sol de transport et de sédiment*, parce qu'il est essentiellement formé de matières transportées par les eaux courantes ou déposées par les eaux tranquilles ; l'autre, inférieur, enveloppé par le premier et composé de roches cristallines, dans lesquelles on ne rencontre aucun débris d'êtres organisés : on le nomme *sol primordial*, parce qu'il a recouvert le globe de toute ancienneté, qu'il est par conséquent antérieur à la création des premiers êtres vivans, et que sa surface a servi de fond à l'océan primitif. Le sol de transport et de sédiment est aussi appelé par opposition, *sol secondaire*.

On a la preuve que ce sol secondaire n'a point été formé d'un seul jet, mais bien par des opérations successives et par des causes variées et intermittentes, lorsqu'on observe la stratification et surtout la nature et la composition de ses couches. En effet, si partant des plaines basses de nos continens, pour se diriger vers les grandes chaînes de montagnes et s'élever jusqu'à leurs sommets, on examine avec soin la superposition des couches dont est formé le sol des pays que l'on traverse, soit dans les escarpemens naturels qui rendent cette superposition visible, soit même à la surface du sol, lorsque les couches viennent y présenter leurs tranches, on remarque, à mesure que l'on se rapproche des hauteurs, que ces mêmes couches ont perdu la position horizontale dans laquelle elles doivent avoir été formées d'après leur nature, et qu'à différens points de la série elles se relèvent brusquement, pour se placer, relativement à celles qui les précèdent ou qui leur sont supérieures, dans une position plus ou moins oblique, et quelquefois même verticale. Ces solutions de continuité dans le parallélisme des couches annoncent clairement qu'il y a eu des interruptions subites dans la succession des dépôts, et qu'à différentes époques les couches précédemment formées ont été redressées par des causes violentes et passagères, avant que des couches plus récentes ne soient venues les recouvrir ou s'appuyer sur elles ; car les couches obliques sont nécessairement plus anciennes que les couches moins inclinées sous lesquelles elles s'enfoncent.

Les traces des révolutions de l'écorce minérale sont plus manifestes encore, lorsqu'on examine l'intérieur des montagnes formées par le sol primordial. On reconnaît dans ce sol deux parties principales, dont l'une, supérieure, est composée de roches schisteuses et distinctement stratifiées (gneiss, micaschistes, schistes argileux, etc.) et l'autre, inférieure, se compose de roches massives ou sans stratification distincte (granites, syénites, etc.), Or, la partie supérieure, qui sans doute formait primitivement une enveloppe continue, paraît avoir éprouvé des convulsions, qui l'ont disloquée et brisée en une multitude de fragmens, car elle n'offre plus que des massifs de couches culbutées sur leurs tranches, et dont les fentes et les intervalles sont remplis par des roches analogues à celles qui constituent le fond du sol primordial, comme si la matière de celles-ci avait été soulevée, et qu'elle eût ensuite ressoudé tous les débris de la croûte supérieure. C'est par suite de cette disposition des roches granitiques, que l'on rencontre à la fois le granite dans les lieux les plus profonds, sous toutes les autres roches, et dans les lieux les plus élevés, où il se montre à nu et forme ordinairement les crêtes centrales des grandes chaînes de montagnes. Aussi l'a-t-on regardé comme composant le noyau ou la charpente de l'écorce minérale tout entière.

Les filons nombreux qui traversent à la fois le sol primordial et les roches de la partie inférieure du sol secondaire, sont aussi des témoins non équivoques de ces anciennes dislocations de la croûte minérale. Tous les géologues s'accordent à reconnaître que les filons [1] sont des fentes qui se sont opérées par l'ébranlement du sol, et dont les vides ont été remplis après coup de diverses substances. Il ne peut y avoir de doute à cet égard; car, à l'entour des filons, on remarque ordinairement des preuves du mouvement du terrain : presque toujours une partie s'est séparée de l'autre par un com-

[1] Voyez pages 127 et 128.

mencement de rotation, puis elle a glissé de haut en bas, en sorte que les couches de même nature ne se correspondent plus sur les épontes. Quant au remplissage des filons, il a eu lieu de différentes manières, et souvent après un laps de temps plus ou moins considérable. Il paraît incontestable que des causes de nature différente ont concouru à la formation de ces masses minérales : car il existe des filons qui ont leur plus grande largeur vers le bas, et qui vont en se rétrécissant vers la surface du terrain. Ils ont donc été ouverts par la partie inférieure et n'ont pu être remplis que par des matières provenant de l'intérieur du sol. Au contraire il en est d'autres qui ont été ouverts dans le sens opposé, et qui n'ont pu être remplis que par en haut, comme le prouvent les matières dont leur masse est formée. Les filons existent rarement seuls dans le même terrain : on en trouve souvent plusieurs qui se croisent de différentes manières. Or quand deux filons se croisent, il arrive ordinairement qu'ils sont de nature différente : l'un des deux traverse l'autre sans éprouver aucune interruption, et celui-ci est coupé en deux parties séparées, qui souvent ne sont plus dans la même direction. Il est clair que le filon coupant doit être plus nouveau que le filon traversé : ainsi les observations faites sur l'intersection des filons peuvent servir à prouver les dislocations successives qu'un même terrain a éprouvées, et de plus à déterminer les époques relatives de ces phénomènes.

Mais ce ne sont point seulement les dérangemens et redressemens des couches qui témoignent en faveur des changemens d'état successifs que la surface du globe a éprouvés. Des preuves non moins convaincantes, et si faciles à saisir qu'elles n'ont point échappé aux plus anciens observateurs, se tirent des différences que présentent les couches secondaires dans leur nature et leur mode de formation.

La plupart de ces couches sont presque entièrement composées de produits de la mer, tels que des coquilles et des débris de polypiers. Quelquefois les coquilles sont si abondantes qu'elles forment à elles seules toute la masse du terrain à une très-grande profondeur. Cette présence de corps marins dans l'intérieur des couches solides du globe, se remarque non seulement dans les parties basses des continens, mais encore dans les lieux situés à de grandes distances des mers actuelles; aussi bien sur le sommet de hautes montagnes que dans les vallées profondes. Ces débris fossiles sont presque toujours dans un état de conservation si parfaite, qu'on ne peut douter que la mer ne les ait déposés elle-même dans les lieux où on les trouve; ils fournissent donc la preuve du séjour long et tranquille que l'océan a fait anciennement sur la partie de la terre que nous habitons[1]. Mais les couches coquillières n'ont point été formées sans de nombreuses interruptions de la cause qui les produisait; car elles alternent un grand nombre de fois avec d'autres couches, qui ne sont que des amas de débris de roches plus anciennes, de cailloux roulés et de matières arénacées. Les périodes de tranquillité pendant lesquelles se déposaient les premières ont donc été séparées par des temps de trouble, où les eaux fortement agitées attaquaient et minaient les roches superficielles des points élevés du globe, en charriaient au loin les débris, et les étendaient sur le sol des parties basses, en sorte que chaque destruction dans un lieu était suivie d'une reproduction dans un autre endroit. La force des mouvemens qui animaient la masse des eaux pendant la durée de ces phénomènes violens et passagers est attestée non seulement par l'immense quantité de débris qu'on trouve accumulés dans les profondeurs du sol, mais aussi par les traces encore subsistantes du dernier bouleversement qui a donné à la surface du sol son relief actuel, et l'a recouvert presque partout d'un dépôt de limon, de sables et de galets, enlevés à toutes les couches que les eaux ont balayées[2].

[1] Les philosophes de l'antiquité ont connu le fait de l'existence des coquilles dans l'intérieur de la terre, et en ont conclu que les continens avaient été formés par la mer, comme le prouvent ces paroles qu'Ovide a mises dans la bouche de Pythagore :

. . . . Vidi factas ex æquore terras,
Et procul a pelago conchæ jacuere marinæ.

[2] Ce dépôt a été appelé *diluvium*, parce qu'on peut rapporter à

Cette action destructive des eaux a été assez puissante pour produire une partie des vallées qu'occupent nos rivières actuelles et des grandes dépressions qui séparent les plateaux et les buttes isolées de nos plaines; elle a donc enlevé les couches supérieures du sol, sur de grands espaces, en sorte que des portions considérables de terrains plus anciens ont été mises à nu: il n'est point de pays qui n'offre à sa surface des exemples plus ou moins frappans de ces phénomènes que les géologues appellent des *dénudations*. Au lieu de couches entières, on observe presque partout des couches morcelées ou déchirées, de véritables lambeaux épars, mais dont la position atteste qu'ils faisaient primitivement un tout continu. Que l'on examine, aux portes de Paris, les coteaux qui bordent la rive droite de la Seine, et particulièrement les buttes de Montmartre et de Ménil-Montant, et l'on verra les différentes couches de gypse et de marne qui composent ces buttes s'étendre horizontalement, traverser tous les coteaux en conservant la même épaisseur, et se raccorder parfaitement entre elles. Les monts isolés recouverts de plateaux basaltiques, que l'on voit aux environs de Clermont en Auvergne, présentent un autre exemple non moins remarquable de ce morcellement des couches superficielles. Un phénomène qui semble fournir une nouvelle preuve des mouvemens violens dont les eaux ont été anciennement agitées, est celui des blocs de roches primordiales, d'un volume considérable, que l'on trouve répandus dans certains pays à la surface du sol secondaire, et souvent séparés par des vallées profondes des hauteurs d'où ils ont été détachés: il est probable que les vallées dont il s'agit n'existaient point encore à l'époque où ces énormes masses ont été transportées.

Mais il est une autre considération qui démontre plus

la catastrophe qui l'a produit la grande inondation connue sous le nom de *déluge*, dont parle l'Écriture, et dont font mention les Annales de tous les anciens peuples. Nous verrons que les faits géologiques fournissent le moyen de calculer à peu près l'époque de cet événement historique, qui ne remonte guère plus haut que quatre à cinq mille ans.

évidemment encore les nombreuses révolutions auxquelles la surface du globe a été soumise : c'est celle des rapports qui existent entre la nature des couches du sol secondaire et celle des corps organisés fossiles qu'elles renferment. En examinant avec soin les débris organiques qui sont enfouis dans chacune de ces couches, à partir des plus profondes, lesquels débris proviennent des animaux et des plantes qui ont vécu soit dans les mers qui recouvraient cette couche, soit sur les parties sèches de sa surface, on remarque que les fossiles de nature différente ne sont pas irrégulièrement dispersés dans la succession des dépôts, mais qu'ils s'y montrent par groupes successifs, assez bien déterminés, et qui correspondent aux grandes périodes de formation du sol secondaire [1]; que les genres et les espèces deviennent de plus en plus variés et nombreux, à mesure que l'on s'élève dans la série des couches ; que dans les couches anciennes les êtres fossiles diffèrent en général de ceux qui vivent aujourd'hui ; qu'ils paraissent s'en rapprocher de plus en plus à mesure qu'ils se rencontrent dans des couches plus modernes, mais que les êtres vivans avec lesquels ils ont de l'analogie n'existent pour la plupart que dans les régions intertropicales ; que la végétation et l'organisation animale se sont développées, de manière que dans chaque règne on voit paraître d'abord les êtres les plus simples, et successivement les classes d'êtres plus

[1] La considération de la similitude ou de la différence entre les fossiles que renferment les couches de pays différens, que l'on compare entre elles, est d'une grande importance en géologie, parce qu'elle aide à faire reconnaître l'identité ou la différence d'âge de ces couches ; il faut dire cependant qu'elle a d'autant plus de valeur, que les couches comparées ont été formées dans des contrées moins éloignées les unes des autres. Les géologues donnent souvent le nom de *formation* à un ensemble de couches qu'ils regardent comme étant le résultat d'un même ordre de choses, c'est-à-dire comme ayant été formées par les mêmes causes, agissant simultanément et sans interruption pendant une certaine période de temps. Ces couches peuvent différer par leur nature ; mais elles sont liées par les fossiles qui leur sont communs, et qui constituent le *caractère zoologique* de la formation.

compliqués, et que nous regardons comme plus parfaits; que non seulement il y a eu dans la nature végétale et animale des variations successives, mais même des changemens brusques à différentes hauteurs du sol, changemens qui correspondent aux solutions de continuité que nous avons déjà remarquées dans l'allure des couches, et qui probablement ont coïncidé avec les époques des convulsions auxquelles sont dus les dislocations et redressemens divers de ces mêmes couches.

Ainsi, de cet examen comparatif des différentes parties du sol secondaire et de leurs fossiles, il résulte qu'il y a eu dans la nature vivante, soit végétale, soit animale, une succession de variations qui correspondaient sans doute à celles qu'éprouvait en même temps la nature brute environnante, c'est-à-dire les eaux et l'atmosphère. Tout semble prouver que l'étendue des mers et la température ont toujours été en diminuant : car on remarque que les dépôts marins sont d'autant plus limités qu'ils sont plus modernes, et nous avons vu que les fossiles des dernières couches, qui se rapprochent des êtres actuellement vivans, n'ont d'analogues pour la plupart que parmi ceux des climats chauds, quoique nous les trouvions maintenant dans des régions froides. Tous ces changemens d'état de la surface du globe, les uns lents et progressifs, les autres subits, ont eu sur le développement des êtres organiques une influence telle qu'ils ont amené par degrés les classes de ces êtres à leur état actuel. Dans chaque règne, on voit les différentes classes apparaître successivement, à mesure que les circonstances variables du monde extérieur rendent leur existence possible; et successivement aussi on voit disparaître sans retour plusieurs des espèces ou des races anciennes, que ces mêmes révolutions de la nature ont complètement éteintes ou anéanties.

Dans le règne végétal, ce sont les plantes les plus simples par leur structure qui se montrent les premières : d'abord les Cryptogames, puis des plantes en quelque sorte intermédiaires entre celles-ci et les véritables Phanérogames, puis les Monocotylédones, et enfin, dans la dernière période de formation du sol secondaire, les plantes Dicotylédones[1]. Dans le règne animal, on voit aussi paraître en premier lieu les plus simples des animaux, les Zoophytes (coraux, madrépores, etc.), puis des Crustacés et des Mollusques à coquilles, ensuite les Poissons, les Reptiles, et enfin dans les couches les plus supérieures, les Oiseaux et les Mammifères. Quant aux ossemens humains, on n'en trouve que dans les terrains meubles de formation moderne et dans les fentes des rochers, ce qui fait voir que l'Homme n'a paru sur la terre qu'après toutes les autres classes d'animaux[2].

Les faits remarquables dont nous venons de présenter un rapide aperçu nous démontrent que le globe terrestre a éprouvé, non seulement des dégradations et des changemens successifs qui ont pu à la longue renouveler l'état de sa surface, mais encore des révolutions subites, de grandes catastrophes qui ont eu lieu à des époques éloignées et séparées l'une de l'autre par des intervalles de tranquillité. Pour se faire une idée des causes par lesquelles ces événemens peuvent être expliqués, il n'est besoin que d'examiner ce qui se passe aujourd'hui sur le

[1] Voyez, pour l'explication de ces différens termes, la table générale des matières.

[2] Nous ferons remarquer ici la conformité qui existe entre l'ordre assigné par la Genèse aux diverses époques de la création et celui des périodes géologiques que l'observation de la nature a fait reconnaître. La première époque à laquelle remonte l'auteur de la Genèse est celle où la Terre, jusqu'alors aride et sans habitans, était entièrement recouverte par l'abîme, sur les eaux duquel reposait une immense atmosphère. C'est précisément l'époque qui sert de point de départ à la géologie moderne, celle où l'océan primitif couvrait toute la surface du sol primordial, et n'avait encore déposé aucun débris d'être organisé, aucune couche secondaire. Une seconde époque, admise également par Moïse et les naturalistes, est celle où les Eaux se rassemblant en un seul lieu, mettent à nu différentes parties de la terre, et donnent ainsi naissance aux continens. Les autres époques, pareillement concordantes, sont celles où, la terre et les eaux ayant été séparées et animées par la lumière, les plantes et les animaux aquatiques furent créés, puis les oiseaux et les animaux terrestres, et enfin l'Homme, le dernier de tous.

globe, de rechercher tous les agens qui tendent encore à modifier sa surface, et de supposer que ces mêmes causes ou quelques-unes d'entre elles ont agi à certaines époques plus fréquemment ou bien avec plus d'intensité qu'elles ne le font de nos jours. Parmi ces agens, les uns sont extérieurs, et attaquent la croûte solide du globe par sa superficie; les autres sont intérieurs, et agissent sur elle de bas en haut.

I. Agens extérieurs. Ces agens sont l'*air* et l'*eau*, qui entourent la terre, et exercent une action continuelle sur sa surface. L'air agit concurremment avec l'eau pour décomposer et désaggréger les roches superficielles : les pluies et les dégels dégradent les montagnes escarpées, produisent des *éboulemens*, et les débris qui tombent aux pieds de ces montagnes y forment des croupes arrondies, des talus plus ou moins élevés, dont la masse augmente tous les ans. L'air en mouvement produit sur les terrains meubles des effets remarquables : dans les plaines sablonneuses, les vents soulèvent des nuages de poussière, les transportent au loin, et les y accumulent sous forme de bancs ou de collines. C'est ainsi que les sables stériles de la Libye tendent continuellement à envahir les terres cultivables de l'Egypte. Ce sont aussi les vents qui élèvent sur les bords de la mer, lorsque la plage est basse et le fond sablonneux, ces monticules de sable, appelés *dunes*, et les poussent continuellement vers l'intérieur des terres, parce que la même force qui fait monter les grains sableux du rivage sur le sommet de la dune, les précipite sur la face opposée. Ces dunes sont fréquentes sur les côtes de la Hollande, de la Flandre et du golfe de Gascogne. On sait de combien elles s'avancent par siècle, et même par année, dans chaque localité. Du côté de Bordeaux, par exemple, leur marche est d'environ soixante pieds par an; et si on ne leur opposait aucun obstacle, il ne leur faudrait que deux mille ans pour atteindre cette ville et l'ensevelir sous leur masse. Mais on parvient à les arrêter et à les fixer, en y plantant des végétaux convenables. Certains météores ou phénomènes atmosphériques, auxquels les vents et les nuages donnent naissance, comme les ouragans, les tempêtes, les trombes, etc., produisent aussi par fois des changemens locaux et des bouleversemens dans les parties superficielles du sol.

L'eau exerce à la surface de la terre, selon ses divers états de mouvement ou de repos, une action destructive ou reproductive. Elle agit tantôt chimiquement, en dissolvant certaines substances minérales à travers lesquelles elle filtre; tantôt mécaniquement, lorsque, sous forme de courant, elle dégrade et corrode le lit et les rives qui la contiennent, et en transporte au loin les détritus. Les eaux courantes des montagnes, dont le volume et la vitesse augmentent subitement à la suite des orages, ou lors de la fonte des neiges, rencontrant dans les hautes vallées les débris provenant de la décomposition des roches qui les dominent, les entraînent avec elles, et roulent ainsi vers les vallées plus basses et les plaines auxquelles elles aboutissent des quantités souvent considérables de galets, de gravier, de sable et de limon : à mesure qu'elles parviennent à des pentes moins rapides, ou dans des bassins plus larges où leur vitesse se ralentit, elles déposent ces débris sur le sol qu'elles inondent, abandonnant d'abord les pierres les plus grosses, puis les graviers, puis les sables, et enfin ces parties terreuses auxquelles on donne le nom de *troubles*, parce que, tenues en suspension dans les eaux, elles en altèrent la transparence. Ces dernières sont à peu près les seules que les rivières et les fleuves qui naissent des montagnes transportent jusqu'à leur embouchure dans les grands lacs ou dans la mer. On voit donc que les destructions de terrains, auxquelles participent les cours d'eau dans les parties montueuses des continens, sont suivies de nouvelles formations opérées par l'accumulation de leurs sédimens dans les parties basses : ces terrains, déposés et accrus continuellement par les cours d'eau de l'époque actuelle, sont ce qu'on nomme des *alluvions* ou *attérissemens*. C'est dans les endroits où le mouvement des eaux est moindre, par conséquent sur les bords des courans, et surtout vers leur embouchure, que ces accroissemens du sol sont les plus considérables. Ces langues de terre, ordinairement très-fertiles, qui se forment aux bouches des grands fleuves, et auxquelles on donne souvent le nom de *delta*, à cause de leur figure, ne sont que le produit des alluvions répétées de ces fleuves, qui étendent sans cessent le rivage et le prolongent en avant en forme de promontoire. L'élévation du sol s'opère en même temps que son extension, et le lit du fleuve s'exhausse lui-même, aussi bien que les plaines adjacentes. La marche progressive de ces atterissemens peut être calculée : on sait, par exemple, que le Nil dépose tous les cent ans sur le sol de la Basse-Egypte un sédiment de près de cinq pouces d'épaisseur; et que la pointe du promontoire formé par les bouches du Pô avance dans l'Adriatique d'environ deux cents pieds par an.

La mer produit aussi, comme les cours d'eau, une double action destructive et reproductive. Là où les côtes sont élevées, les vagues les attaquent par le bas, et les transforment en escarpemens appelés *falaises*. Les fragmens qui s'en détachent, roulés et usés sans cesse par les flots, donnent naissance aux galets que l'on trouve accumulés au pied de ces falaises, ou se réduisent en parcelles déliées, dont les courans littoraux s'emparent pour les déposer dans les anses où les eaux sont plus tranquilles. Ces parcelles se joignent aux matières que les fleuves apportent et aux sables que la mer rejette vers ses bords; et c'est ainsi que se forment ces alluvions des côtes de l'Océan, ces bandes de terres fertiles qui s'ajoutent à certaines plages, et font reculer la mer, au point que des villes que l'on avait bâties sur ses bords s'en trouvent aujourd'hui éloignées de plusieurs lieues.

Dans les lacs qui ont une issue, les eaux exercent continuellement une action érosive contre les digues qui s'opposent à leur écoulement, ou contre les parois des échancrures par lesquelles elles s'échappent. Dans les lacs sans issue, ou les mers Caspiennes, des tremblemens de terre peuvent amener subitement la rupture des digues et la débâcle des eaux, comme le prouve cette multitude de bassins d'anciens lacs desséchés que nous offrent les contrées montueuses. De pareilles débâcles ne peuvent manquer de laisser sur le sol des traces profondes de leur violence extraordinaire.

L'eau à l'état solide a aussi une grande part dans les alternatives de destructions et de formations de terrains qui se succèdent à la surface de notre globe. Celle qui est surprise par la gelée dans les fissures des roches où elle s'est infiltrée, augmente de volume en passant à l'état de glace, et, par sa force de dilatation, élargit ces fissures et provoque ainsi la désaggrégation des roches. Aussi est-ce surtout au moment du dégel que les éboulemens et les grandes avalanches de pierres ont lieu dans les hautes montagnes. Les débris des rochers qui bordent les vallées les plus élevées tombent sur les *glaciers* (amas de glaces), dont leur fond est ordinairement rempli, et qui proviennent des neiges perpétuelles qui s'accumulent et se condensent à ces grandes hauteurs. Ces glaces, reposant sur un plan incliné, glissent et descendent peu à peu vers les vallées basses, où leur poids les entraîne, et où elles se fondent et sont continuellement remplacées par celles qui les suivent. Les pierres dont elles sont chargées obéissent à leur mouvement progressif : elles descendent aussi vers le bas de la vallée, et se déposent à l'extrémité des glaciers ou le long de leurs bords, à mesure que les glaces inférieures ou latérales se fondent. De là ces grands amas de sables et de débris qui terminent et encaissent les glaciers, et qui sont connus dans les Alpes sous le nom de *moraines*.

Les eaux qui circulent dans l'intérieur de l'écorce terrestre, à travers les fentes et les fissures qui divisent les couches ou les séparent l'une de l'autre, se chargent souvent de nouvelles substances minérales qu'elles dissolvent ; elles les entraînent pour en former ailleurs des dépôts, soit de stalactites dans les cavités souterraines, soit de tuf, ou d'incrustations à la surface du sol.

Dans certains parages, la mer dépose sur son fond des débris organiques, qui, réunis par agglutination, forment de nouveaux bancs coquilliers. Dans la mer du Sud, où les polypes coralligènes se propagent avec une grande force, les produits pierreux de ces animalcules forment en s'entrelaçant des rochers qui s'élèvent à fleur d'eau et deviennent des écueils dangereux pour les navigateurs.

Le règne végétal a aussi sa part dans les formations qui tendent à accroître l'écorce solide de notre globe ; des forêts ont été abattues et enfouies, des amas considérables de bois ont été submergés, et leurs dépôts recouverts par des couches d'une autre nature. Les plantes herbacées et marécageuses, par l'accumulation de leurs débris plus ou moins altérés, donnent naissance à des couches de tourbes, qui couvrent quelquefois de grands espaces dans les bas-fonds des vallées et des plaines, et dans les gorges et bassins des montagnes. Enfin les plantes terrestres, par le mélange de leurs détritus avec la partie superficielle et meuble du sol qu'elles recouvrent, produisent une couche de terreau dont l'épaisseur augmente avec les années.

Tels sont les agens extérieurs qui contribuent plus ou moins efficacement aux modifications de la surface du globe. On voit que toutes ces causes réunies, quand même on supposerait qu'elles eussent été autrefois plus actives, ne pourraient avoir produit les révolutions qui ont eu pour résultat les dislocations et redressemens des couches, et la formation des faîtes de montagnes. Bien loin qu'elles puissent donner naissance aux grandes inégalités de la surface terrestre, leur action, liée à celle de la pesanteur, tend sans cesse à niveler ou à aplanir cette surface, en transportant les débris des hauteurs dans les fonds des vallées, et en exhaussant le sol des plaines. Nous avons vu que l'observation avait fait connaître les effets produits par la plupart de ces causes dans un temps donné, par exemple pendant un siècle. Or, en comparant ces effets séculaires avec l'effet total que chaque cause a produit depuis qu'elle a commencé d'agir, on parvient à calculer à peu près l'époque où ce commencement d'action a eu lieu, c'est-à-dire celle de la dernière révolution qui a donné aux continens la forme générale que nous leur connaissons maintenant. Les calculs de ce genre que l'on peut faire sur la marche des attérissemens, sur celle des dunes, des moraines, etc., mènent tous au même résultat; ils prouvent que cette révolution n'est pas très-ancienne, et qu'elle ne peut guère remonter au-delà de cinq à six mille ans. Ainsi, l'histoire de la nature s'accorde avec l'histoire de l'homme, pour démontrer le peu d'ancienneté du monde actuel [1].

II. Agens intérieurs. Ce sont les agens dont le siége ou le foyer d'activité est situé au-dessous de l'écorce minérale, dans cette partie du globe que nous avons appelée la *masse interne*. Leur action sur cette écorce s'exerce de bas en haut, et paraît consister en des pressions de matières fluides, qui ébranlent les couches solides, et parviennent quelquefois à les soulever en masses ou bien à les percer pour faire éruption au dehors. L'existence et la nature de ces agens ne peuvent nous être connues que par ceux de leurs effets qui se manifestent à la surface du globe : ils ne sont point, comme les agens extérieurs dont nous avons parlé, continuellement aux prises avec l'écorce minérale; leur action ne se montre que par intervalles, et tout nous indique que dans des temps reculés, avant l'ordre de choses actuel, elle s'est développée à différentes reprises avec une effrayante énergie. C'est à ces agens qu'il faut attribuer la plus grande part dans les révolutions successives que le globe a éprouvées; seuls ils ont produit les dislocations et redressemens des couches anciennes, et ont donné naissance à cette multitude de roches vitreuses ou cristallines, dont la matière est venue dans un état de fluidité plus ou moins grande se déverser sur les roches sédimentaires, ou s'intercaler entre elles. Les principaux effets par lesquels ils manifestent leur existence sont les tremblemens de terre, les soulèvemens et affaissemens du sol, les éruptions volcaniques, etc.

1°. *Tremblemens de terre.* C'est ainsi que l'on nomme ces secousses subites et plus ou moins violentes, ces mouvemens d'oscillations plus ou moins rapides que les agens intérieurs impriment à l'écorce flexible du globe, et qui tantôt se font ressentir uniquement dans un espace très-limité, par exemple à l'entour des volcans, et

[1] Voyez le Discours sur les révolutions de la surface du globe, par M. le baron Cuvier, troisième édition, 1825.

tantôt se propagent à d'immenses distances avec une incroyable célérité. Ils s'annoncent ordinairement par des bruits souterrains, que l'on a comparés au fracas de plusieurs chars roulant sur le pavé. Les secousses se propagent dans des directions déterminées; elles se succèdent avec plus ou moins de rapidité et plus ou moins de force. Il en est qui ne durent que quelques secondes, et d'autres qui se prolongent pendant plusieurs minutes. Tantôt elles consistent en un mouvement d'élévation et d'abaissement, une sorte de balancement pareil à celui que l'on éprouve sur mer; tantôt en un choc vertical; tantôt, enfin, en un mouvement transversal d'ondulation, ou bien en une sorte de tournoiement du sol sur lui-même. Les secousses ressenties sur les continens se transmettent à la mer, et se communiquent même d'une manière sensible aux vaisseaux qui voguent à sa surface. Lorsqu'elles sont très-fortes, elles causent souvent de grands ravages, elles détruisent les hommes et les animaux, renversent les édifices de fond en comble, produisent dans le sol ébranlé une multitude de fentes et de crevasses, et quelquefois le bouleversent au point de le rendre méconnaissable. Parmi les tremblemens de terre les plus célèbres par les désastres qu'ils ont occasionés, nous citerons celui qui dévasta entièrement la Calabre en 1783; celui qui détruisit Lisbonne en 1755, et le tremblement de terre qui renversa la capitale du Pérou en 1746. Ceux des contrées littorales soulèvent souvent les flots de la mer d'une manière effrayante, et il en résulte de violentes inondations. C'est dans le voisinage des volcans que les tremblemens de terre ont lieu le plus fréquemment; ils accompagnent presque toujours les éruptions volcaniques; et souvent aussi de nouveaux volcans se font jour au milieu des secousses qui ébranlent et déchirent le sol des contrées voisines. Il y a, comme l'on voit, une relation manifeste entre ces deux sortes de phénomènes, qui ne sont très-probablement que les effets d'une seule et même cause.

2°. *Soulèvemens et affaissemens de terrains.* Les agens intérieurs qui produisent les tremblemens de terre soulèvent des matières fondues ou ramollies par la chaleur, dont la pression est souvent assez forte pour vaincre la résistance que lui oppose la croûte minérale. Il peut arriver alors ou que cette croûte cède en quelques points à l'effort de ces matières et leur livre passage à travers des ouvertures ou crevasses, ce qui est le phénomène connu sous le nom d'*éruptions volcaniques;* ou bien, il se peut que le terrain, présentant une résistance plus égale dans toutes ses parties, soit soulevé en masse, sans que cet exhaussement du sol soit toujours accompagné de la sortie des matières fluides. Nous citerons plusieurs exemples de pareils soulèvemens, qui ont eu lieu depuis des époques peu éloignées. Dans l'intendance de Valladolid, au Mexique, en 1759, une plaine de trois à quatre mille carrés se souleva subitement en forme de vessie : l'élévation du sol au-dessus de son niveau primitif a été de cinq cents pieds vers le centre de l'espace soulevé. Ce phénomène avait été précédé de tremblemens de terre; et il fut suivi de l'apparition d'un nouveau volcan, le volcan de Jorullo. Les écrivains de l'antiquité parlent souvent d'îles que l'on a vu s'élever tout-à-coup du sein des mers de la Grèce. De pareilles formations se sont renouvelées depuis, et à diverses époques dans ces parages. En 1707, après quelques secousses de tremblement de terre, on vit paraître près de Santorin une île nouvelle, dont la sortie ne fut accompagnée d'aucun phénomène volcanique, et ne peut être attribuée, par conséquent, qu'au soulèvement subit du fond de la mer. En 1822, lors du tremblement de terre qui détruisit plusieurs villes au Chili, on reconnut que la côte s'était élevée d'une manière sensible, sur une étendue de plus de trente lieues. On connaît des terrains dont le niveau paraît avoir monté et baissé à plusieurs reprises; tel est entre autres le sol du temple de Sérapis, près de Pouzzoles, dans la campagne de Naples. Le pavé de ce temple, bâti à quelques toises de la côte, se trouvait très-probablement élevé au-dessus des eaux de la mer, à l'époque de sa construction; maintenant il est à son niveau, et il est certain qu'il a été beaucoup au-dessous, et que le sol du temple a été envahi par la mer, qui même y a séjourné assez long-temps, puisqu'on trouve sur les colonnes, à six ou sept pieds au-dessus du sol, des incrustations produites par les eaux, et des trous que des animaux marins ont creusés, et dans lesquels ils ont laissé leurs coquilles. Des observations modernes semblent aussi prouver que le niveau de certaines contrées, celui de la Suède, par exemple, s'élève graduellement, et par des causes sans cesse agissantes.

Ces soulèvemens, produits par les agens intérieurs de la terre, et dont quelques-uns se sont opérés de nos jours, paraissent avoir été beaucoup plus considérables avant la période de tranquillité dans laquelle nous vivons, et l'on est conduit à les regarder comme la principale cause de ces grandes révolutions physiques, qui ont, à diverses reprises, interrompu la formation des couches de sédiment, renouvelé l'état de la surface du globe, et marqué de nouvelles périodes dans la série des temps géologiques. En effet, la manière dont les roches massives et cristallines qui constituent le centre et les hautes sommités des grandes chaînes de montagnes, se présentent intercalées entre les roches stratifiées et sédimentaires, au milieu desquelles elles semblent s'être fait jour, et avoir pénétré sous différentes formes; la disposition des couches de sédiment, qui sont comme déchirées et relevées sur les flancs de ces montagnes, tandis qu'on les voit au loin dans la plaine conserver leur horizontalité primitive, tout porte à croire que les masses des grandes chaînes ont été formées par voie de soulèvement ou d'éruption, et qu'elles sont sorties du sein de la terre, en brisant avec violence sa croûte superficielle. Cette manière de concevoir la formation des montagnes, presque généralement adoptée maintenant par les géologues, outre qu'elle rend parfaitement compte des dislocations et redressemens que l'on observe dans leur voisinage parmi les couches stratifiées, permet en même temps d'expliquer la présence des coquilles sur quelques-uns de leurs sommets les plus élevés, sans qu'on soit forcé d'admettre que la mer les ait recouverts dans leur état actuel. Il suffit de dire, en effet, que ces montagnes, en sortant du sein des eaux, ont soulevé avec elles et porté à de grandes hauteurs les couches coquillières qui les recouvraient auparavant.

La formation des montagnes par voie de soulèvement étant une fois admise, on en déduit une conséquence remarquable : c'est que toutes les grandes chaînes n'ont point surgi à la même époque, et qu'il est possible non seulement de déterminer l'ordre de leur ancienneté relative, mais encore de rapporter l'âge de chacune d'elles à l'une des périodes de formation du sol secondaire. En effet, parmi les couches de sédiment qui s'appuient sur les flancs des montagnes, les unes ont été redressées postérieurement à leur dépôt par les mêmes forces qui ont soulevé ces grandes masses : ce sont celles qui se présentent dans des positions inclinées ou verticales ; d'autres, au contraire, se prolongent horizontalement jusqu'aux pentes des mêmes montagnes, ce qui prouve que ces couches, et par conséquent aussi le sol sur lequel elles s'appuient, n'ont éprouvé aucun dérangement depuis l'époque de leur dépôt. Chaque chaîne de montagnes est donc plus récente que les couches qui sont relevées sur ses flancs, et plus ancienne que celles qui sont horizontales; et par conséquent elle a été soulevée dans l'intervalle de temps qui a séparé la formation des premières de celle des secondes [1].

Les vallées, situées entre les divers chaînons dont se compose un système de montagnes, ont sans doute été formées en même temps que celles-ci, et par un effet des mêmes causes intérieures. Tandis qu'il se produisait des soulèvemens en différens points de la croûte primitive du globe, des affaissemens avaient lieu dans d'autres parties; les portions de cette croûte fracturée étaient soumises à des mouvemens de bascule, qui relevaient une extrémité des couches en abaissant l'autre. L'apparition d'une chaîne de montagnes, en modifiant subite-

[1] Ces considérations importantes et neuves viennent d'être développées avec beaucoup de talent par un habile géologue, M. Elie de Beaumont; elles lui ont servi à déterminer avec beaucoup de probabilité l'âge relatif de plusieurs chaînes de montagnes de l'Europe.

ment le relief d'une partie de la surface terrestre, a dû influer aussi sur l'état des contrées lointaines, par l'agitation et l'altération de niveau qu'elle a produites dans les eaux de la mer. Tout porte à croire que c'est un événement de ce genre qui a causé chacune de ces révolutions physiques et de ces grandes catastrophes dont l'écorce minérale nous montre les traces.

3°. *Éruptions volcaniques.* L'action des agens intérieurs ne se manifeste pas seulement par les tremblemens de terre, et le soulèvement de portions déjà consolidées de la croûte du globe; mais encore par les ouvertures ou les fentes qu'elle fait naître dans les différentes parties de cette croûte, et d'où il sort de temps en temps des jets de substances embrasées, et des torrens de matières fondues. On donne le nom de *volcans* à ces bouches ignivomes, presque toujours placées au sommet de montagnes isolées, coniques, et creusées dans leur partie supérieure d'une cavité en forme de coupe, qu'on nomme *cratère*. On connaît plus de deux cents *volcans brûlans*, ou qui soient actuellement en activité : ils sont situés dans des îles ou sur les continens, le long des côtes, toujours dans le voisinage de la mer. Rarement ils sont isolés; mais on les trouve réunis par groupe à l'entour d'un centre, ou disposés en série à la suite les uns des autres. Outre les volcans en activité, l'intérieur de nos continens renferme un grand nombre de *volcans éteints*: on en compte plus d'une centaine en France, dans l'Auvergne, le Vivarais et les Cévennes. Les volcans dits en activité ne vomissent pas continuellement de la flamme ou des matières fondues : la plupart restent pour ainsi dire dans l'inaction pendant un temps considérable, après lequel se manifeste tout-à-coup une de ces crises passagères appelées *éruptions*. Les signes précurseurs des éruptions sont des tremblemens de terre, des bruits souterrains, l'émission d'une grande quantité de vapeur ou de fumée épaisse, qui s'élève sous la forme d'une immense colonne, dont le sommet s'arrondit en se dilatant. Bientôt cette colonne est traversée par des jets de matières pulvérulentes et de pierres embrasées qui s'élancent en divergeant, comme des gerbes d'artifice, et retombent autour de la bouche du volcan, sous forme d'une pluie de cendre et d'une grêle de scories ou de pierres. Enfin, il s'élève du fond du cratère une matière incandescente et visqueuse, appelée *lave*, semblable à un métal en fusion; elle remplit d'abord toute cette énorme coupe, puis se déborde, coule sur les flancs du cône, et se répand sur le sol voisin avec plus ou moins de vitesse, en entraînant ou enveloppant tout ce qui se trouve sur son passage. Quelquefois la lave en s'élevant occasione par sa pression des ruptures ou des fentes longitudinales dans les flancs de la montagne, et elle jaillit par cette nouvelle issue comme un torrent impétueux. Après l'éruption, ces fentes se bouchent par la consolidation de la lave, et deviennent de grands filons en forme de murs, auxquels on donne le nom de *dykes*. L'émission des laves est ordinairement suivie d'une nouvelle projection de matières pulvérulentes.

Les matières gazeuses qui se dégagent des volcans sont composées principalement de vapeur d'eau chargée de substances acides, telles que l'acide sulfureux et l'acide muriatique. Les déjections pulvérulentes se composent de portions de la substance même des laves, entraînées à l'état de mollesse par les gaz qui sortent du fond du cratère avec une vitesse extraordinaire. Ces matières se divisent encore et se figent dans l'atmosphère, et suivant le degré de division auquel elles parviennent et l'aspect qu'elles présentent, elles reçoivent les noms de *scories*, de *sables* et de *cendres volcaniques*. Ces dernières, qui n'ont rien de commun que le nom et l'apparence avec le résidu de la combustion des matières végétales, sont quelquefois d'une si grande finesse qu'elles pénètrent partout, dans les lieux où elles retombent, et peuvent être transportées par les vents à des distances de plus de cent lieues. Les pluies de cendres et de sables volcaniques produisent souvent sur le sol des couches fort épaisses, qui, tassées et pénétrées par l'eau, forment des *tufs volcaniques*. Les laves qui, à la sortie du volcan, sont ordinairement très-fluides, acquièrent bientôt de la viscosité, et leur marche se ralentit. Parvenues sur des terrains plats, elles emploient quelquefois plusieurs jours pour s'avancer de quelques pas. Cependant le refroidissement n'est rapide qu'à la superficie des courans de lave : leur intérieur peut conserver sa chaleur et sa fluidité pendant des années entières. On en cite qui fumaient et coulaient encore plus de huit ans après leur sortie du cratère. Les laves en état de fusion et d'incandescence bouillonnent et dégagent des vapeurs qui les rendent plus poreuses et boursouflées vers leur partie supérieure, en sorte que chaque coulée est recouverte d'une couche de véritables scories.

On a vu quelquefois sortir d'une montagne volcanique, pendant l'éruption, des torrens d'eau boueuse ; mais c'est un phénomène assez rare, avec lequel on a confondu les inondations causées soit par la fonte des neiges sur la cime des volcans, soit par les eaux que lancent à l'état gazeux les volcans eux-mêmes, et qui, se refroidissant rapidement dans l'athmosphère, retombent presque subitement sur le sol.

L'effet des volcans à cratère de l'époque actuelle sur les modifications de la surface du globe est tout-à-fait local, et se borne à élever dans quelques contrées sous forme de montagnes coniques, des tas de matières auparavant ensevelies dans la profondeur, à couvrir le sol environnant de longues traînées de laves, et à faire naître subitement des îles au milieu des mers ; car il existe des volcans sous-marins aussi bien que des volcans terrestres. Tout porte à croire que les agens volcaniques étaient plus puissans et plus actifs autrefois qu'ils ne le sont aujourd'hui ; mais pour bien se représenter tous les changemens qu'ils ont pu produire à la surface du globe, il ne faut pas restreindre l'idée de leur action aux effets des volcans à cratère, et aux éruptions de laves accompagnées de scories. En effet, il existe encore des montagnes volcaniques qui n'ont point de cratères, et d'où les laves s'échappent par des crevasses latérales, sous forme de bandes étroites ou de nappes plus ou moins larges. D'autres ne présentent aucune ouverture ni à leur sommet ni sur leurs flancs; elles ont été soulevées en une masse solide ou simplement ramollie, sous la forme de pics ou de dômes. Quelques-uns de ces pics sont creux dans leur intérieur, et l'action volcanique qui s'y exerce ne se manifeste au dehors que par l'ébranlement des terrains d'alentour, le bouleversement et la rupture de leurs couches; mais il est arrivé fréquemment que des cratères se sont ouverts dans ces montagnes, postérieurement à l'époque de leur soulèvement. Enfin, les courans de laves ne sortent pas toujours du sommet ou des flancs d'une montagne volcanique : on a vu de longues fentes se former dans une plaine, et la lave jaillir tout le long de ces crevasses, en se répandant sur le sol environnant, sous forme de couche ou de nappe d'une grande étendue; quelquefois aussi les matières soulevées auxquelles ces fentes livrent passage sortent çà et là en plus grande abondance, de manière à former une suite de buttes disposées sur une même ligne. Les phénomènes d'éruption produits par les agens volcaniques ont donc varié beaucoup dans leur mode d'apparition à la surface du globe, il n'ont pas moins varié par la nature des matières qu'ils ont soulevées ou rejetées : en effet ces matières, au moment de leur sortie, se sont trouvées tantôt à l'état fluide, et tantôt plus ou moins ramollies, ou même complètement solides; et par le refroidissement elles ont donné des roches tantôt cristallines ou compactes, comme les trachytes et les basaltes, tantôt poreuses et scoriacées, comme la plupart des laves modernes. On voit que les éruptions volcaniques, envisagées d'une manière générale, se rattachent aux phénomènes de soulèvement dont nous avons précédemment parlé.

Quand les volcans sont depuis long-temps en repos, ou qu'ils s'éteignent, leur sol encore fumant dégage des vapeurs de soufre qui se déposent à la surface des anciennes laves; de semblables terrains se nomment des *solfatares* ou soufrières naturelles : telle est celle des environs de Pouzzole, dans le royaume de Naples.

On a quelquefois comparé aux phénomènes volcaniques des phénomènes qui n'ont avec eux qu'une faible analogie, et qui dépendent de causes d'une autre nature. Ce sont ceux que produisent les dégagemens de gaz et de vapeurs, que l'on observe en quelques endroits, particulièrement en Italie ; et qui entraînent et rejettent souvent avec force des matières terreuses, délayées par l'eau. Ces déjections ont lieu à différens intervalles, comme par une sorte d'explosion, et il se fait autour des ouvertures qui les vomissent de petits cônes terreux, provenant de la consolidation de la vase. Ces cônes, dont la hauteur n'est que de quelques pieds, sont terminés par un cratère rempli d'une boue liquide, d'où s'échappent par momens de grosses bulles de gaz. Les terrains où s'observent ces phénomènes ne présentent aucun des caractères des terrains volcaniques, ce sont presque toujours des terrains argilo-sablonneux, dont le fonds est humide et fangeux, et les dégagemens de gaz paraissent dus à des actions chimiques qui s'opèrent à peu de profondeur au sein de certaines couches minérales. On a donné à ces phénomènes les noms de *volcans d'air*, *volcans d'eau et de boue*. Mais parce que l'eau et la boue que rejettent ces prétendus volcans est ordinairement salée, ils sont connus particulièrement sous le nom de *salses*. Dans d'autres parties de l'Italie, on trouve des amas plus ou moins considérables d'une eau bourbeuse, d'où s'exhalent avec impétuosité des gaz et des vapeurs d'eau bouillante : ces amas d'eau, que produisent les vapeurs mêmes en se condensant, sont appelés *lagonis*, d'après le nom que leur donnent les Italiens. De simples dégagemens de gaz peuvent avoir lieu sans être accompagnés des phénomènes qui caractérisent les salses et les lagonis. On connaît de pareilles sources gazeuses dans une multitude de lieux. Ces jets de gaz, de quelque manière qu'ils sortent de la terre, sont généralement susceptibles de s'enflammer, soit naturellement, soit par l'approche d'un corps en ignition, et de donner lieu à ce que l'on appelle des *fontaines ardentes*.

Nous venons de résumer les principaux faits d'observation qui concernent l'écorce minérale du globe. Dans cet examen rapide des différens agens qui ont concouru à ses modifications et accroissemens successifs, on a pu remarquer combien a été grande l'influence de ceux qui ont leur siége ou leur foyer au-dessous de cette écorce, dans la partie du globe que l'on nomme *la masse interne*.

La nature de ces agens intérieurs, et par conséquent celle de la masse même où ils prennent naissance, se dérobent pour toujours à l'observation directe : on ne peut donc espérer d'obtenir quelques notions sur un sujet si digne de piquer la curiosité, qu'en essayant de remonter par le raisonnement des effets qui sont connus aux causes qui les produisent; et c'est à quoi l'on parvient à l'aide de conjectures d'autant plus probables qu'elles sont amenées naturellement par une multitude de faits de divers ordres.

Un premier fait, donné immédiatement par l'observation, est celui de la forme aplatie de la terre. Cette forme tend à faire supposer que le globe terrestre a été originairement fluide; car elle est exactement celle que dans cette hypothèse il a dû prendre en vertu de son mouvement de rotation, comme le prouvent les calculs des physiciens. Les astronomes ayant reconnu la même figure dans les autres planètes qui tournent aussi sur elles-mêmes, et la quantité de l'aplatissement s'étant toujours trouvée proportionnelle à la rapidité de la rotation, on ne peut guère douter que cet aplatissement ne soit un effet du mouvement rotatoire, et qu'ainsi la terre et les planètes n'aient été primitivement à l'état fluide. Il est un autre fait qui confirme ce résultat, en même temps qu'il en donne l'explication : c'est que la terre jouit dans son intérieur d'une chaleur considérable, qui ne dépend pas de celle qu'elle reçoit du soleil, mais qui lui est propre, étant un reste de sa chaleur originaire, dont une partie seulement s'est dissipée à travers sa surface. L'observation a démontré (*Notions préliminaires de physique*, page 17) qu'à mesure que l'on s'enfonce dans l'intérieur du globe, la température des couches va en augmentant d'à peu près un degré pour trente mètres de profondeur, en sorte qu'il ne faudrait pas descendre bien avant dans le sol pour trouver une température égale à celle de l'eau bouillante, ou même à celle du fer en fusion. De plus, les calculs établis sur les lois de la chaleur prouvent que cette augmentation de température dans le sens de la profondeur ne peut être le résultat de l'action prolongée des rayons du soleil ; ils montrent en outre que la distribution actuelle de la chaleur dans l'enveloppe terrestre est celle qui aurait lieu si le globe primitivement très-chaud s'était ensuite progressivement refroidi, jusqu'à l'état dans lequel nous le voyons maintenant. Tout porte donc à croire que la fluidité dont il a joui avant de prendre sa forme sphéroïdale était due à la chaleur; qu'il a été d'abord complètement fluide, mais que par l'effet d'un refroidissement progressif ses parties superficielles s'étant figées les premières, ont formé une croûte solide, dont l'épaisseur s'est accrue de dehors en dedans, et qui a été le véritable sol primordial. En outre, on est conduit à admettre que la masse intérieure du globe jouit encore de sa fluidité primitive, et qu'une température capable de tenir en fusion la plupart des roches connues existe à une assez petite profondeur au-dessous de la croûte minérale.

La physique et l'astronomie nous fournissent une autre notion fort importante sur la nature de la masse interne : elles nous apprennent en effet que la terre est plus dense dans son intérieur qu'à sa surface; qu'il doit même y avoir une augmentation progressive de densité dans les couches terrestres à partir des plus superficielles, et que la densité moyenne de toutes les couches est environ cinq fois plus grande que celle de l'eau, et par conséquent à peu près double de celle de l'écorce minérale; car les substances pierreuses qui composent les roches ont des pesanteurs spécifiques peu inégales, et comprises entre 2 et 3. La masse interne ne peut donc pas être formée de pareilles substances; mais il est probable qu'elle l'est de substances métalliques, puisque ce sont les seules, parmi les minéraux connus, qui l'emportent de beaucoup en densité sur les substances pierreuses. Et d'ailleurs, le peu de métaux que l'on trouve disséminés accidentellement au milieu de l'écorce minérale, sous forme de filons ou d'amas, y ont été visiblement apportés de bas en haut par les agens intérieurs. Ainsi nous pouvons admettre avec beaucoup de vraisemblance que la masse interne est formée en grande partie de matières métalliques, tenues en fusion par la haute température qui règne à cette profondeur, et sans doute disposées entre elles dans l'ordre de leurs densités relatives. Parmi les matières de cette nature que nous connaissons, les plus légères étant les métaux des terres et des alcalis, qui en raison de leur avidité pour l'oxigène, s'oxident et perdent leur éclat, aussitôt qu'ils ont le contact de l'eau ou de l'air, on voit que ces dernières substances ont dû se trouver en plus grande abondance dans les couches superficielles, et par leur oxidation donner naissance à la croûte minérale, qui n'est en effet composée presque entièrement que de pareilles substances oxigénées et combinées entre elles (les granites, les schistes, les porphyres, etc.). Pendant long-temps on s'est trouvé arrêté par la difficulté de concevoir comment les roches granitiques avaient pu être produites par le refroidissement d'une grande masse en fusion; mais cette difficulté n'existe plus aujourd'hui qu'un savant chimiste est parvenu à composer de toutes pièces et à l'aide du feu la plupart des espèces minérales qui entrent dans la composition de ces roches.

L'hypothèse de la fusion primitive du globe et de la fluidité encore existante de sa masse interne se confirme de plus en plus lorsqu'on la suit dans ses conséquences, qui se prêtent de la manière la plus heureuse à l'explication des faits géologiques. Ainsi, le refroidissement et la contraction que la croûte oxidée a dû éprouver progressivement rendent déjà compte d'une partie des solutions de continuité que l'on observe entre les couches; la haute température à laquelle sont soumises les matières en fusion qui composent la masse centrale fait aisément concevoir la production et l'accumulation, au-dessous de l'enveloppe solide, des matières gazeuses dont l'existence se manifeste dans les éruptions volcaniques; enfin la pression exercée contre cette enveloppe flexible, et inégalement résistante dans ses diverses parties, par les gaz et par les matières liquides elles-mêmes, explique d'une manière très-plausible les phénomènes qui précèdent, accompagnent et suivent ces éruptions, tels que les tremblemens de terre, les soulèvemens de montagnes, les dislocations de terrains, la formation des fentes appelées *filons*, et celle de ces profondes crevasses ou de ces vastes soupiraux par lesquels les laves s'échappent avec violence pour s'épancher au dehors.

L'hypothèse dont il s'agit explique très-bien aussi l'immense quantité de produits volcaniques qui ont été amenés de l'intérieur à la surface, l'identité de nature des laves rejetées sur les points les plus éloignés du globe, et la ressemblance qu'elles offrent avec les roches des terrains qui paraissent avoir été formés par soulèvement. Enfin elle rend raison avec la même facilité de la chaleur des sources chaudes et de l'analogie des substances minérales qu'elles contiennent, avec celles qui s'exhalent des cratères de volcans ou des solfatares. En effet les eaux chaudes minérales nous apportent la température des lieux profonds où elles ont séjourné; de plus, elles entraînent sans doute avec elles le résidu des émanations gazeuses, qui s'élèvent du sein de la terre, comme d'un réservoir commun, et dont une partie se déposant dans le trajet souterrain, soit sur les parois des fentes de la croûte minérale, soit dans les cavités ou bassins avec lesquels elles communiquent, donne naissance à ces gîtes de minerais que l'on nomme des filons ou des amas.

Les détails dans lesquels nous venons d'entrer sont suffisans pour montrer l'accord qui existe entre les différens ordres de faits astronomiques, physiques et géologiques, accord qui nous paraît fournir un argument irrésistible en faveur de l'origine ignée de notre planète. Nous n'ajouterons plus qu'une seule observation, c'est qu'il résulte également et de l'hypothèse précédente et des recherches des géologues, que la température à la surface de la terre était anciennement beaucoup plus élevée et en même temps plus uniforme qu'elle ne l'a été depuis le commencement de la période moderne; que dans les régions aujourd'hui froides ou tempérées elle était au moins égale et peut-être supérieure à celle des parties les plus chaudes de notre globe, et que cette température s'est abaissée graduellement, de manière que le climat équatorial a été refoulé peu à peu depuis les pôles jusque dans ses limites actuelles.

CLASSIFICATION GÉOLOGIQUE DES TERRAINS.

Nous avons vu (page 130) que les dépôts ou les couches qui par leur assemblage composent les différentes parties de l'écorce minérale du globe, peuvent se partager en un certain nombre de groupes appelés *terrains*, que l'on retrouve partout avec les mêmes caractères généraux de gisement et de composition. Ces terrains, au moins ceux qui renferment des débris organiques, sont toujours placés les uns à l'égard des autres dans un ordre constant; et généralement ils contiennent chacun un certain nombre de fossiles qui les caractérisent et aident à les reconnaître. Rappelons-nous aussi qu'il existe deux grandes classes de terrains, les uns formés et déposés par les eaux (*terrains de sédimens* ou *neptuniens*) et les autres produits et soulevés par les feux intérieurs (*terrains ignés* ou *plutoniques*). Les premiers sont régulièrement *stratifiés* ou divisés en couches superposées; ils renferment deux sortes de débris caractéristiques, des cailloux roulés ou fragmens de roches provenant de terrains plus anciens qu'eux, et des fossiles ou débris organiques, provenant des plantes et des animaux, qui ont vécu pendant la période de leur formation; ces terrains ont un ordre de superposition invariable, qui n'est autre que celui de leur formation successive. Les seconds offrent rarement des indices de stratification; ils sont en général formés de roches massives, ne contiennent ni cailloux roulés ni débris organiques, et affectent rarement la disposition par couches : ils se présentent sous la forme de filons et d'amas, droits ou couchés, de grandes masses irrégulières, qui semblent avoir été soulevées à travers les terrains stratifiés, et s'être insinuées dans leurs fissures ou épanchées à leur surface. On observe fréquemment au contact de ces deux sortes de terrains, des dérangemens dans la stratification des premiers et des altérations dans la nature de leurs roches. Les terrains massifs n'offrent point de divisions aussi tranchées que les terrains neptuniens, et il est très-difficile de conclure de leurs positions relatives l'ordre successif de leur formation ou plutôt de leur apparition au milieu des terrains stratifiés. Des roches massives, en apparence différentes, ont pu apparaître à la même époque sur des points différens du globe, et des roches de même nature se reproduire dans le même lieu, à des époques plus ou moins éloignées; néanmoins il est possible de rapporter ces terrains massifs à la série des terrains stratifiés, de manière à déterminer sinon leur position fixe dans la série, au moins les limites probables entre lesquelles cette position peut varier.

Il y a toujours dans un terrain une ou plusieurs roches principales qui en forment la partie essentielle ou dominante, et qui servent à le caractériser, et à le dénommer; c'est ainsi que l'on dit : le terrain de gneiss, le terrain de phyllade, le terrain de calcaire pénéen. D'autres roches ne sont qu'accessoires dans la composition du terrain : leurs couches ne se répètent point un grand nombre de fois; elles ne se montrent qu'intercalées comme par accident entre celles de la roche principale, et souvent elles disparaissent tout-à-fait. On dit de ces roches, qu'elles sont en masses *subordonnées* à celles de la roche principale; une même roche peut être subordonnée dans un terrain, et jouer dans un autre le rôle de roche principale et caractéristique.

Il arrive aussi que des roches de natures diverses se répètent un grand nombre de fois, en se succédant périodiquement les unes aux autres; on dit alors qu'elles *alternent* régulièrement entre elles. Ce phénomène d'alternance périodique se montre fréquemment à la jonction de deux terrains qui se suivent : il y a rarement un passage brusque de l'un à l'autre, mais une sorte d'engrenage ou d'enchevêtrement des roches qui appartiennent aux deux terrains. Les terrains stratifiés peuvent se superposer les uns aux autres de deux manières différentes : ou les couches du terrain supérieur sont placées parallèlement à celles du terrain inférieur, et dans ce cas on dit de ces terrains qu'ils sont en *stratification concordante* ou *parallèle*, ou bien les couches du terrain inférieur étant plus inclinées que celles du terrain supérieur, celles-ci recouvrent les tranches des premières;

on dit alors qu'elles sont à leur égard en *stratification discordante* ou *transgressive*. Cette circonstance annonce clairement l'indépendance de formation des deux terrains, qui doivent avoir appartenu à des époques séparées par un intervalle plus ou moins grand.

Les différens terrains, et par suite les minéraux qui leur sont propres, ne se présentent pas indistinctement dans toutes les contrées de la terre : et, pour ne parler ici que des terrains stratifiés, dont les rapports de position sont le mieux connus, les roches de ces terrains ne se rencontrent pas toutes les unes au-dessus des autres dans la même localité, ce qui tient aux dégradations nombreuses qui ont eu lieu dans les couches, durant les diverses périodes géologiques, et surtout aux fréquens changemens de niveau qu'elles ont subis, et par suite desquels les formations devenaient de moins en moins générales. Il y a donc dans la distribution des terrains qui composent le sol des différentes parties de la terre de grandes variations : mais elles ne dépendent point du changement de latitude ou de climat, comme celles que l'on observe dans la distribution géographique des animaux et des plantes; les mêmes roches se retrouvent dans les régions les plus éloignées, et leur formation a été indépendante de la diversité des climats, ayant eu lieu dans des temps antérieurs à leur établissement. Pour bien concevoir cette variation de la structure intérieure du globe, et se représenter la composition des différens sols qu'elle peut produire, il faut se figurer la série complète de tous les terrains de sédiment connus, placés les uns au-dessus des autres suivant l'ordre chronologique dans lequel ils ont été déposés. Si dans cette série on supprime à volonté différens termes, les combinaisons variées que formeront ceux qu'on laissera subsister sans changer leur disposition relative, représenteront les diverses superpositions de couches que les géologues ont observées, ou qu'ils pourront découvrir un jour, en étudiant avec soin la composition du sol de nombreuses contrées. Les soustractions de ce genre peuvent aller jusqu'à rapprocher les termes les plus éloignés dans la série : aussi chaque couche peut-elle à son tour reposer immédiatement sur chacune de celles de la série qui lui sont inférieures; il suffit pour cela que les couches intermédiaires viennent à manquer; elle peut en outre montrer à découvert à la surface du sol, soit un de ces plans, si les couches supérieures manquent à leur tour, soit seulement sa tranche, si elle est recouverte et en même temps dans une situation oblique. Voilà pourquoi la structure intérieure et la composition superficielle du sol varient en général d'un pays à un autre, et pourquoi l'on observe les terrains de différens âges successivement à nu, et formant à la surface de la terre tantôt de grandes zônes, et tantôt des espèces d'enclaves ou de régions insulaires, les uns au milieu des autres.

La connaissance de la série chronologique des terrains importe beaucoup au minéralogiste et au mineur, parce qu'elle les met à même de prévoir, d'après l'état du sol à la superficie, quelles sont les masses minérales qu'ils peuvent espérer de trouver dans la profondeur, et quelles sont celles au contraire qu'ils ne pourront pas y rencontrer, parce qu'elles ne sont jamais inférieures aux roches de la surface. En effet, l'ordre que cette série assigne aux terrains stratifiés n'est jamais interverti : jamais on ne voit, par exemple, le calcaire grossier parisien au-dessous de la craie, ni la houille au-dessus du calcaire oolithique ; jamais on ne rencontre dans un lieu au-dessous d'un certain terrain celui que dans un autre on a trouvé au-dessus. S'il existait une contrée où tous les terrains connus eussent été formés successivement, et dont le sol offrît par conséquent la superposition complète de ces terrains, rien ne serait plus simple que la détermination de leur série chronologique : il suffirait de bien étudier la constitution géologique de ce pays, et de représenter par une *coupe* ou échelle verticale la succession de toutes les couches que l'on aurait observées soit dans les escarpemens naturels du sol, soit sur un seul percement artificiel : cette coupe de terrains ne serait autre chose que la série chronologique en question. Mais il n'en est pas ainsi, et l'on ne parvient à composer cette série qu'en observant avec soin la constitution géologique d'un grand nombre de lieux différens, en rapprochant ensuite les diverses superpositions observées, et les liant ensemble par les terrains qui leur sont communs, et qui sont inférieures dans les unes, et supérieures dans les autres. Nous allons présenter ici la série des terrains stratifiés telle que l'admettent la plupart des géologues; nous ferons connaître pour chacun d'eux la roche dominante qui le caractérise, et nous indiquerons en même temps, parmi les masses qui lui sont subordonnées, celles qu'il importe le plus de connaître; quant aux terrains massifs, produits par soulèvement ou éruption, et qui se montrent fréquemment en contact avec les premiers, nous nous bornerons à les mentionner dans le développement de la série, en marquant l'ordre et les limites probables de leur apparition d'après les opinions le plus généralement admises. Mais auparavant il est nécessaire de dire quelques mots des divisions plus ou moins naturelles que l'on a cherché à établir dans cette série de terrains.

Avant que l'on eût généralisé, comme on le fait aujourd'hui, l'importante distinction des terrains de sédiment et des terrains d'éruption, on rangeait dans la première classe, avec les couches arénacées et coquillères, la plupart des roches massives et cristallines, telles que les granites, les syénites, les porphyres, etc.; et l'on formait ainsi une série unique de tous les terrains connus, à l'exception des volcaniques proprement dits, en les considérant tous comme des dépôts d'âges différens, et en déterminant leur ordre d'ancienneté relative, d'après le seul principe des superpositions. On regardait alors le granite comme la plus ancienne de toutes les roches, par cela seul qu'on l'avait observé au-dessous de toutes les autres. Or, la série ainsi formée se trouvait partagée assez naturellement en deux parties distinctes : l'une inférieure, composée de couches cristallines qui ne contenaient ni cailloux roulés ni débris organiques ; l'autre supérieure, composée de couches presque entièrement formées de pareils débris ou de fragmens de roches plus anciennes. On en concluait que les premières avaient préexisté à l'apparition des êtres organisés sur la surface du globe, et à toutes les dégradations de terrains qui ont eu lieu depuis cette époque; et l'on nommait l'ensemble de ces couches *sol primitif*. Toutes les autres, au contraire, ayant été formées depuis la première création des êtres vivans, constituaient le *sol secondaire*, qu'on appelait aussi *sol de transport et de sédiment*. Mais parce qu'il semblait ne pas y avoir un saut brusque entre le sol primitif et le sol secondaire, et que des roches analogues à celles qui caractérisent les deux sols formaient en alternant entre elles une sorte de passage de l'un à l'autre, on a séparé du sol secondaire ces terrains inférieurs, que l'on a nommés *terrains intermédiaires* ou de *transition;* et l'on a cru devoir aussi détacher de ce sol toute la partie supérieure à la craie, pour en faire une quatrième classe à part, sous le nom de *terrains tertiaires*. On peut voir (planche 6 de l'atlas) la série des principaux terrains, avec cette division en classes, telle qu'on l'a admise jusqu'à ces derniers temps. Mais depuis qu'on a reconnu que des roches cristallines ayant tous les caractères de celles que l'on regardait comme primitives ou intermédiaires, sont cependant de formation récente, on ne peut plus attacher à ces expressions le même sens qu'autrefois; aussi sont-elles abandonnées par beaucoup de géologues. Rien ne s'opposerait à ce que nous en fissions encore usage, en modifiant convenablement leur acception; mais nous croyons préférable de partager la série des terrains en plusieurs groupes, correspondans aux grandes périodes de développement de la vie animale et végétale à la surface de la terre. Dans cette description sommaire des principaux terrains, nous parcourrons la série en allant des plus anciens ou des plus inférieurs, aux terrains les plus superficiels et les plus modernes.

A. PÉRIODE PRIMITIVE,

ou des terrains schisteux cristallins.

Caractères. Roches cristallines, ne contenant ni cailloux roulés ni débris organiques; toujours inférieures aux couches coquillères et arénacées. Stratification indiquée bien moins par la séparation des couches que par la direction des feuillets et celle des masses subordonnées. Terrains à couches très-inclinées, composant de grands massifs de montagnes, traversés par de nombreux filons métallifères, et renfermant beaucoup de substances minérales en cristaux disséminés; formés avant l'apparition des êtres organisés, et constituant le véritable sol primordial.

1. Terrain de Gneiss.

Principales masses subordonnées :

Granite; leptynite; amphibole schisteux; quarz grenu; calcaire grenu ou saccharoïde. Le terrain de gneiss est ordinairement séparé du terrain de micaschiste par des dépôts de pegmatite.

2. Terrain de Micaschiste.

Masses subordonnées.

Greïsen; quarz schisteux et micacé; quarz grenu; calcaire saccharoïde; schiste talqueux.

3. Terrain de Schiste argileux.

Masses subordonnées :

Quarz grenu ferrifère; calcaire veiné de talc (cipolin); calcaire saccharoïde. Les schistes argileux contiennent souvent des cristaux croisés de staurotide (fig. 1 et 2, pl. 4), et des cristaux prismatiques de macle (fig. 3), avec lesquels la matière de la roche semble s'être mélangée non uniformément, de manière à figurer sur la tranche de ces cristaux une sorte de mosaïque.

Les plus anciens terrains massifs, ceux dont l'époque de soulèvement remonte à la période primitive, sont les terrains de *granite* et de *syénite ordinaire*. Non seulement les terrains granitiques servent constamment de fond aux terrains schisteux précédens, mais encore ils se font jour au milieu d'eux, et les pénètrent sous la forme d'amas ou de filons semblables à des couches, ou bien s'élèvent au-dessus d'eux en masses droites et puissantes. Les mêmes terrains schisteux sont aussi traversés par des filons d'autres roches massives, appartenant à des époques plus récentes, telles que la serpentine, le porphyre et le basalte.

B. PÉRIODE DES TERRAINS CARBONIFÈRES,

depuis les premiers terrains de transition jusqu'aux terrains houillers inclusivement.

CARACT. Terrains ordinairement adossés aux schistes primitifs, et non recouverts par eux : formés de roches sédimentaires alternant avec des matières arénacées, et contenant des débris organiques qui ont appartenu aux êtres les plus simples des deux règnes. Parmi les animaux, quelques zoophytes et mollusques et certains crustacés, mais pas d'animaux vertébrés; parmi les plantes, des cryptogames vasculaires (fougères, prêles, lycopodes), quelques monocotylédones (palmiers et liliacées arborescentes), mais point de dicotylédones. Ce groupe de terrains correspond au premier âge des zoophytes et des mollusques, il est en outre caractérisé par l'abondance des dépôts charbonneux d'anthracite et de houille qu'il renferme, et qui sont les restes de la plus ancienne végétation qui ait orné la surface du globe.

L'absence des animaux à respiration aérienne, et la nature de la végétation pendant cette période, semblent prouver que la surface terrestre n'offrait point alors de grands continens, mais seulement des îles de peu d'étendue, où régnaient un air chaud et humide, et une température uniforme, égale ou même supérieure à celle des contrées équinoxiales.

1. Terrain de *schiste argileux intermédiaire* ou de *phyllade*; avec anthracite.

2. Terrain de *grès intermédiaire* ou de *grauwacke*. La partie supérieure de la grauwacke est le grès pourpré, ou vieux grès rouge des Anglais.

3. Terrain de *calcaire carbonifère* (calcaire à encrines ou à orthocératites). C'est un calcaire compacte à teintes foncées, avec veines de calcaire lamellaire.

Les principaux fossiles qui caractérisent ces terrains sont : parmi les zoophytes, les encrines (fig. 3, pl. 39); parmi les mollusques, les orthocératites; parmi les crustacés, les trilobites.

4. Terrain de *grès houiller*. Composé de couches de grès renfermant des couches subordonnées et alternatives de houille et d'argile schisteuse à empreintes végétales, et des amas de carbonate de fer argileux.

Les roches massives, dont les principales époques de soulèvement paraissent remonter à la période des terrains carbonifères, et qui se présentent fréquemment en contact avec eux, sont les syénites porphyroïde et zirconienne, les diorites et les porphyres cellulaires. Les syénites se montrent surtout en abondance à la base de ce groupe de terrains et vers son extrémité, où elles se lient aux porphyres et aux roches trapéennes amygdaloïdes. C'est aussi dans cette période que paraît avoir eu lieu la première apparition des roches diallagiques (euphotides et serpentines). Au contact de ces diverses roches massives, les roches stratifiées sont fréquemment altérées; les filons métallifères sont abondans dans ce groupe de terrains, et souvent ils leur sont communs avec les terrains de la période primitive.

C. PÉRIODE DES TERRAINS SALIFÈRES,

depuis le grès rouge jusqu'au lias.

CARACT. Groupe de terrains composés de calcaires compactes, coquiliers, couleur gris de fumée, séparés par des assises de grès ou de marnes, rouges ou bigarrées; il correspond au premier âge des vertébrés, et ne contient que des restes d'animaux à sang froid, savoir de poissons et de reptiles, mais principalement des premiers. La végétation terrestre de cette période offre aussi un caractère particulier, qui consiste dans la réunion des végétaux de la période précédente avec les phanérogames gymnospermes (conifères et cycadées) : les dicotylédones ne paraissent pas encore. Les filons et amas métallifères deviennent rares dans ces terrains, mais de nouveaux amas (ceux de gypse et de sel gemme) qui semblent être un effet secondaire des mêmes agens que ceux auxquels les premiers doivent leur origine, se montre aux divers étages de la série.

La surface terrestre, pendant cette période, devait se composer d'un grand nombre d'îles assez étendues, et sur lesquelles régnait encore une température très-élevée. Le commencement de cette période, qui répond au dépôt du grès rouge, a été pour la surface du globe une époque de bouleversement et de destruction.

Système du grès rouge et du calcaire pénéen, dépourvu presque entièrement de végétaux terrestres.

1°. *Terrain de grès rouge*. Composé de grès et de conglomérats le plus ordinairement rougeâtres, lorsqu'on les considère en masse, en relation fréquente avec des porphyres et des amygdaloïdes. C'est à ce terrain que se rapportent les grès feldspathiques ou arkoses, riches en minerais de cuivre et autres, disposés en rognons et en amas. Les fossiles y sont extrêmement rares.

2°. *Terrain du calcaire pénéen* (syn. *zechstein* et *calc. alpin*). En Allemagne, dans le Mansfeld et la Thuringe, ce calcaire est compacte, d'un gris de fumée, quelquefois celluleux, et passant dans sa partie supérieure à un calcaire fétide ; en Angleterre il est remplacé par un calcaire magnésien (dolomie), à structure grenue et de couleur jaune. Ce terrain calcaire repose sur un schiste marneux et bitumineux souvent métallifère, et contenant tantôt du cuivre (schiste cuivreux), tantôt du mercure (mercure bitumineux), tantôt des pyrites de fer, qui par leur décomposition et leur action sur la roche, forment de l'alun (schiste alumineux). Ces schistes renferment de nombreuses empreintes de poissons, avec quelques débris de reptiles, de la famille des lézards. C'est dans le terrain de calcaire pénéen que l'on trouve pour la première fois, mais en petite quantité, du gypse accompagné de sel gemme. Les fossiles sont rares dans le calcaire; un des plus caractéristiques est une espèce particulière de coquille du genre *productus*.

Système des grès et marnes bigarrées renfermant de nombreux amas de sel gemme et des dépôts peu puissans de lignite, ou plutôt d'un combustible (stipite) intermédiaire entre le lignite et la véritable houille.

3°. *Terrain de grès bigarré* (syn. *nouveau grès rouge*, *marne rouge*, *grès à oolites* ou *de Nebra*). Grès à ciment argileux de couleur variée, et contenant souvent des lits de marne rouge ou bigarrée, et des couches subordonnées d'oolites rougeâtres et de dolomie. Argiles renfermant des amas de gypse et de sel gemme (mines de Wielickza en Pologne, du Wurtemberg). Débris de plantes terrestres, indiquant une végétation particulière: cryptogames moins nombreuses; quelques monocotylédones, des conifères, mais pas encore de cycadées [1].

4°. *Terrain du calcaire conchylien* (syn. *muschelkalk*, *calcaire coquillier* ou *de Gœttingue*). Calcaire compacte, gris de fumée, contenant dans certaines localités une grande variété de fossiles, entre autres des encrinites, des térébratules, des nautiles (voyez pl. 33, de l'Atl.), etc. Il se distingue du calcaire précédent (le pénéen) en ce qu'on n'y trouve plus le genre *productus*, et du calcaire suivant (le lias) en ce qu'on n'y voit pas encore les bélemnites et les espèces d'ammonites et de gryphées qui abondent dans ce dernier. Les restes d'animaux se réduisent à quelques ossemens de sauriens et de tortues de mer; les végétaux terrestres sont presqu'entièrement nuls. On trouve au milieu de ce terrain des bancs de calcaire magnésien, sans débris organiques.

5°. *Terrain des marnes irisées* (syn. *keuper*). Composé de marnes non schisteuses, bigarrées de rouge, de verdâtre et de bleuâtre, et contenant dans l'épaisseur de leur masse des couches subordonnées de grès et de dolomie, des dépôts de combustible (stipite), des amas de gypse et de sel (mines de sel de Vic, en Lorraine; de

[1] Tous ces résultats relatifs aux diverses périodes de la végétation ancienne sont dus aux importantes recherches de M. Adolphe Brongniart.

Salzbourg, en Tyrol). Ces marnes sont recouvertes par un grès blanc quarzeux, à empreintes végétales, qui se lie par alternance avec le terrain du lias, dont il compose la partie la plus inférieure.

6°. *Terrain du lias*, ou du calcaire à gryphées arquées. La partie supérieure de ce terrain se compose de marne bleue, et la partie inférieure de couches minces et nombreuses de calcaire marneux, gris ou bleuâtre, caractérisé par la présence des gryphées (sorte d'huîtres à valves recourbées), par l'abondance des ammonites (voyez pl. 32 de l'atlas), et la première apparition des bélemnites. Ce terrain a ordinairement pour base le *grès blanc* dont nous avons parlé, qu'on nomme aussi *grès à bâtir* (*quadersandstein*), *grès du lias*; mais dans quelques endroits ce grès est supérieur au calcaire marneux. Les portions des terrains de lias qui se prolongent dans les gorges des Hautes-Alpes, et qui sont comme enclavées au milieu des roches cristallines, présentent une physionomie particulière: le calcaire marneux y est changé en un calcaire à structure grenue ou lamellaire.

Les plantes terrestres qui dominent dans les formations du keuper et du lias appartiennent presque toutes aux cycadées. C'est aussi vers ces dernières formations que l'on commence à trouver les restes de deux genres détruits de reptiles sauriens, des plus extraordinaires par leurs formes, les ichthyosaures et les plésiosaures [1].

[1] Ces reptiles, de taille gigantesque, vivaient dans la mer. L'ichthyosaure avait une tête de lézard, un museau effilé comme celui du dauphin, des pattes de cétacée au nombre de quatre, et des vertèbres de poisson. Le plésiosaure avait avec les mêmes pattes, une petite tête de lézard portée sur un long cou, semblable au corps d'un serpent. Ce sont les savantes recherches de M. Cuvier qui ont rendu à la science ces anciennes espèces, qui semblaient perdues pour elle, et une multitude d'autres, dont les ossemens sont ensevelis dans les couches de formation plus récente. En recueillant ces débris et cherchant à les rapprocher dans leur ordre primitif, il est parvenu à recomposer les êtres auxquels ils ont appartenu, et à les ressusciter en quelque sorte, puisqu'il a retrouvé leurs formes, leurs proportions, leurs mœurs et toutes leurs habitudes. Voyez son grand ouvrage, qui a pour titre : *Recherches sur les ossemens fossiles*.

Les roches massives que l'on trouve en contact avec les terrains salifères, et dont les époques de soulèvement ou d'épanchement peuvent être rapportées à la période de formation de ces terrains, sont des granites porphyroïdes, des porphyres et traps, des euphotides et serpentines. Les mêmes terrains sont en outre traversés par des filons basaltiques ou autres, de l'âge des formations tertiaires. Ils contiennent les derniers gîtes des métaux proprement dits, le fer excepté.

PÉRIODE DES TERRAINS JURASSIQUES,

ou des formations oolithiques.

(Age des reptiles monstrueux.)

Ces terrains, dont le Jura se compose en très-grande partie, se présentent en stratification discordante avec celui du lias. Leurs couches sont encore plus fréquemment inclinées qu'horizontales; on peut y distinguer trois étages différens de couches calcaires, oolithiques ou compactes, séparés par des couches argileuses ou marneuses.

1. *L'oolite ferrugineuse*, avec bancs de calcaire compacte. Cette oolite est de couleur jaune ou brunâtre.

2. *La grande oolite*, avec calcaire compacte, blanc ou jaunâtre (calcaire du Jura, calcaire de Caen), et masses subordonnées de dolomie. Viennent au-dessus de cette grande masse d'oolites, le calcaire zoophytique ou calcaire à polypiers du Calvados et des calcaires schisteux, propres à la lithographie, et riches en fossiles (calcaire de Pappenheim en Franconie, et de Stonesfield en Angleterre).

3. *L'oolite terreuse, à coraux*, recouverte de marnes bleues, argileuses et calcaires.

Le seul métal que l'on rencontre dans les terrains jurassiques est le fer oxidé globuliforme (le minerai de fer en grains). Les végétaux terrestres, dont ils offrent des débris, appartiennent presque exclusivement aux cryptogames vasculaires, et aux phanérogames gymnospermes : ce sont des fougères, des cycadées et des conifères. On trouve aussi dans ces terrains, et surtout dans l'étage inférieur, quelques amas de combustible charbonneux différent de la houille (stipite). Les débris fossiles du règne animal sont parmi les zoophytes, des madrépores, des oursins, des entroques (ou portions d'encrines); parmi les mollusques à coquilles, des ammonites, bélemnites, huîtres, térébratules, trochus, etc.; quelques crustacées et empreintes de poissons (dans les schistes calcaires de Pappenheim); enfin parmi les vertébrés, les ossemens d'une prodigieuse quantité de reptiles de formes variées et la plupart de tailles gigantesques [1]. On ne voit point encore paraître d'oiseaux ni de mammifères terrestres; ou du moins on n'en cite que quelques indices dans une seule localité (le schiste de Stonesfield), et il n'est pas prouvé que les portions de terrains qui les présentent n'aient pas été remaniées par les eaux postérieurement à l'époque de leur première formation. Quoiqu'il en soit, il est certain que pendant la période des terrains jurassiques, la classe des reptiles dominait exclusivement et dans cette classe l'ordre des sauriens.

PÉRIODE DES TERRAINS CRÉTACÉS.

A mesure que l'on s'élève dans la série des formations, elles deviennent moins générales, ou perdent de plus en plus de leur uniformité. Les terrains de pays différens, que l'on regarde comme équivalens ou parallèles, c'est-à-dire comme étant membres d'une même *formation* (voyez plus haut page 177 la définition de ce mot), présentent une grande diversité de composition et de physionomie. Les exemples que nous en citerons, pris

[1] Ce sont, indépendamment des ichthyosaures et des plésiosaures monstrueux dont nous avons déjà parlé, de nombreuses espèces de tortues d'eau douce, et de crocodiles à longs museaux ou à bec court; d'énormes lézards nommés par M. Cuvier *geosaurus* et *megalosaurus*, et dont les derniers étaient grands comme nos baleines; enfin une espèce encore plus singulière, le ptérodactyle ou lézard volant, de la grosseur d'une grive. Ce dernier tenait alors parmi les reptiles le rang que les chauve-souris occupent parmi les mammifères, tandis que les ichthyosaures et autres lézards, essentiellement nageurs, tenaient la place des cétacées.

dans les localités les plus rapprochées de nous et les mieux connues, ne sont que des types auxquels on a coutume de rapporter ces diverses parties d'une même zône de terrains.

L'intervalle qui a séparé le dépôt des terrains oolithiques de celui des terrains crétacés paraît avoir été une époque de bouleversement et de renouvellement à la surface de la terre. Ces derniers terrains se présentent en général sous la forme de plateaux élevés ou de monticules à pentes raides. Leurs couches sont moins inclinées que celles des terrains précédens. Ils se composent de sables ferrugineux et de grès mêlés de grains verts (de silicate de fer), surmontés d'une masse puissante de craie à stratification peu distincte, mais indiquée par les lits de silex qui lui sont subordonnés. On observe dans les terrains de cette période, qui forment les falaises de la Manche, la disposition suivante :

1. *Sables ferrugineux* et *sables verts* (ou grès verts), renfermant des minerais de fer en grains; des dépôts de lignite (lignite de l'île d'Aix); et des argiles à fossiles d'eau douce.

2. *Craie inférieure* ou *craie verte*, sablonneuse et mélangée de sables verts, avec des silex cornés en rognons, disposés par séries planes ou formant des espèces de lits interrompus.—Fossiles marins.

3. *Craie moyenne* ou *craie grise* (tufau). Grossière ou marneuse; avec silex cornés.

4. *Craie supérieure* ou *craie blanche ;* avec silex pyromaques et pyrites rayonnées.

Ces terrains, si l'on excepte les couches les plus inférieures des sables ferrugineux, où se montrent pour la première fois des amas un peu considérables de véritables lignites, ne contiennent presque aucun débris de végétaux terrestres. Les masses de craie n'ont offert que quelques plantes marines (des algues). Ce sont les derniers terrains, ou, si l'on veut, les premiers en allant de haut en bas, dans lesquels on rencontre les ammonites et les bélemnites. On y trouve en outre diverses espèces d'huîtres, de peignes, de térébratules, etc. ; et parmi les zoophytes, une grande quantité de débris d'oursins, d'éponges et d'alcyons passés à l'état siliceux. Les encrines y sont rares. Les principaux restes de vertébrés sont des dents de squales, qui ont appartenu à des individus d'une taille gigantesque, et surtout des ossemens de grands reptiles [1].

PÉRIODE PALÆOTHÉRIENNE. (*Terrains tertiaires.*)

C'est l'âge des palæothériums, ou le premier des grands mammifères. Les terrains de cette période sont caractérisés par la présence des squelettes d'oiseaux et de mammifères, dont peut-être il n'existe aucune trace dans les terrains précédens, par l'abondance des débris organiques, qui, dans les couches supérieures, se rapprochent beaucoup des êtres actuels; enfin, par l'alternance fréquente des formations à coquilles d'eau douce avec les formations à coquilles marines. Ils occupent en général les parties basses des continens; leurs couches sont sensiblement horizontales, et se correspondent exactement sur les plateaux que séparent les vallées. Leurs roches ont beaucoup moins de consistance que celles des terrains plus anciens; ce sont des argiles et des sables, des calcaires grossiers, des marnes et des gypses, des grès et des meulières. Nous citerons ici les terrains parisiens, les premiers que l'on ait bien connus par l'excellente description qu'en ont donnée deux naturalistes célèbres, MM. Cuvier et Brongniart. Ces terrains se sont déposés dans un antique bassin formé par la craie; il est probable que les eaux marines ont pu communiquer avec ce bassin, ou y faire des irruptions accidentelles, et que des affluens fluviatiles ont amené sous ces mêmes eaux, à certaines époques, des débris de plantes et d'animaux terrestres.

1. *Argile plastique* et sables, avec pyrites et gypse; marne argileuse avec lignites; alternance de lits à coquilles d'eau douce, et de lits à coquilles marines; les premières coquilles étant de beaucoup prédominantes.

[1] Des tortues, des crocodiles, des iguanodons, et le mésosaure (ou grand lézard de Maëstricht), long de plus de vingt-cinq pieds.

2. *Calcaire grossier*, ou premier calcaire marin; *calcaire à cérites*: ainsi nommé à cause du grand nombre d'espèces du genre Cérite qu'il renferme; c'est la pierre à bâtir des Parisiens. Il renferme une multitude d'espèces de coquilles marines (plus de 1200), au milieu desquelles on rencontre quelques coquilles fluviatiles. Parmi les premières on distingue, outre les cérites, des nummulites, des milliolites, des turritelles, des volutes, etc. On a rapporté à ce terrain ces calcaires sableux et friables que l'on nomme *faluns*, et qui sont célèbres dans les lieux où on les trouve, par l'immense quantité de fragmens de coquilles qu'ils contiennent, avec des coquilles entières et bien conservées (à Grignon, près Paris; à Courtagnon, près Reims; dans la Touraine). Mais il paraît que la plus grande partie de ces faluns correspondent au second calcaire marin, supérieur à la formation gypseuse.

3. *Calcaire siliceux*, ou à *lymnées*, inférieur au gypse; premier calcaire d'eau douce, imprégné de silice. — Masses subordonnées de gypse, contenant de nombreux ossemens (Montmartre, près Paris). — Marnes d'eau douce, ou à lymnées; lignites (en Suisse, sous la mollasse). Coquilles fluviatiles ou terrestres; lymnées, planorbes, cyclostomes, hélices, etc.

4. *Marnes marines.* Marnes vertes de Montmartre, avec huîtres, calcaire marin supérieur, grès et sables à coquilles marines (de Fontainebleau). On rapporte à ce terrain les argiles bleues des collines subapennines, les molasses ou grès tendres et les Nagelflues (poudingues calcarifères) de la Suisse; les calcaires moellons de Montpellier, et les faluns de la Touraine.

Calcaire siliceux, ou *à lymnées*, supérieur au gypse, avec meulières poreuses, marnes calcaires à coquilles fluviatiles ou terrestres, lymnées, planorbes, potamides, etc. Terrain d'eau douce supérieur.

C'est dans cette période que paraissent pour la première fois, du moins en quantité notable, les plantes dicotylédones; elles y sont même plus nombreuses que les monocotylédones, parmi lesquelles on trouve principalement des espèces arborescentes (des palmiers); les conifères que l'on y rencontre sont très-différentes de celles des terrains plus anciens, et l'on n'observe plus que des traces de cryptogames. Cette nouvelle végétation, qui se rapproche de celle de l'ordre de choses actuel, semble annoncer qu'il existait alors de grands continens, et que des climats tempérés commençaient à s'établir à la surface du globe. Les débris du règne animal enfouis dans ces terrains sont aussi très-nombreux et variés. On y trouve une prodigieuse quantité de coquilles venant de mollusques marins, fluviatiles ou terrestres; des insectes nombreux et remarquables (dans les marnes du gypse, en Provence); des poissons d'eau douce (marnes à lymnées d'OEningen), et des poissons de mer en immense quantité (calcaire du Mont Bolca, près de Vérone); des reptiles (crocodiles et tortues) dans les lignites et les masses gypseuses de Paris; enfin, c'est dans ces terrains que l'on rencontre pour la première fois des animaux à sang chaud (oiseaux et mammifères). Les squelettes d'oiseaux sont abondans dans les gypses et les marnes d'eau douce de Paris et d'OEningen; les mammifères commencent à se montrer dans le terrain de calcaire grossier, et ce sont d'abord des cétacés et autres mammifères marins (baleines, dauphins, lamantins, phoques). Puis la classe des mammifères terrestres se montre en abondance, surtout dans le gypse, les marnes et les molasses. Et ce qui est remarquable, c'est que ce sont presque uniquement des animaux à sabots ou herbivores [1]; les débris de carnassiers y sont rares, et appartiennent en général à des espèces de taille moyenne. Dans le second terrain marin, postérieur à la formation gypseuse, on retrouve des débris de cétacés qui devaient différer très-peu de ceux de nos jours.

[1] M. Cuvier a reconnu dans les gypses ou pierres à plâtre de Montmartre, et dans les marnes et lignites que l'on rapporte à la même époque, près de quarante espèces de pachydermes, de genres entièrement perdus, et dont les caractères se rapprochent plus ou moins des tapirs, des rhinocéros et des chameaux. Ce sont ceux qu'il a nommés : *palæotheriums*, *lophiodons*, *anoplotheriums*, *anthracotheriums*, etc.

C'est à la période palœothérienne que l'on rapporte les époques de soulèvement ou d'épanchement des roches massives, appelées *trachytes* et *basaltes*, sans que l'on puisse marquer la place ni même les limites de leur apparition parmi les termes de la série stratifiée. Les trachytes se montrent fréquemment en relation avec les syénites et porphyres, au milieu desquels ils semblent s'être fait jour de préférence; mais il en est qui se sont épanchés au-dessus de calcaires que l'on regarde comme appartenant à la formation de la craie. Les basaltes sont postérieurs ou tout au plus contemporains aux trachytes, ils paraissent aussi être sortis de préférence du milieu de ces roches, comme les laves plus modernes du sein des basaltes et des trachytes. Le terrain trachytique se compose de différentes roches (trachyte, phonolite, porphyre trachytique, rétinite, obsidienne, ponce, etc.), formant non de véritables couches, mais des masses droites ou des montagnes coniques qui sont groupées entre elles dans un certain ordre, et qui n'offrent ni indice de stratification, ni vestige de cratère. Le terrain basaltique se compose de roches d'un autre genre (basalte compacte, dolérite, wacke, pépérino, scorie); il se présente sous la forme de plateaux, étendus sur la cîme de collines ou de montagnes séparées par des vallées qui semblent les avoir entamées; ces plateaux d'égale inclinaison, se réunissent sur un même plan et ne sont visiblement que les lambeaux d'une grande nappe basaltique, qui a été morcelée à l'époque de l'excavation des vallées. Ils ne montrent aucun indice de véritable stratification ni de cratère; mais on trouve fréquemment le basalte en masses droites, ou en filons puissans (*dykes*), traversant toute espèce de terrains plus anciens.

PÉRIODE DILUVIENNE.

Age des mammouths et des mastodontes.

Les terrains de cette période se composent de couches de gravier et de limon, renfermant des cailloux roulés, des blocs de roches épars, et de nombreux débris organiques. Ces alluvions anciennes sont dues à des causes qui ont cessé d'agir; elles se présentent dans des situations telles que leur masse, loin d'être augmentée par les eaux de l'époque actuelle qui le plus souvent n'atteignent pas leur niveau, tend à diminuer tous les jours. On les rencontre dans les plaines, sur les plateaux et sur les pentes des montagnes; elles sont presque toujours en superposition non parallèle avec les couches des terrains antérieurs. Ces dépôts qui offrent partout les mêmes caractères généraux, et dont l'ensemble est appelé *diluvium*, sont le résultat du dernier cataclysme qui a sillonné et morcelé le sol précédent, détruit les générations qui vivaient à sa surface, et donné à nos pays de plaines leur relief actuel. C'est de cette révolution que date l'excavation des vallées, dans les dépôts horizontaux de la période précédente.

Le diluvium ne renferme plus de débris de ces animaux si singuliers qui abondaient dans le sol tertiaire; les pachydermes cependant y dominent encore, mais ce sont des espèces de taille gigantesque : des éléphans, parmi lesquels le *mammouth* (grande espèce perdue), dont on retrouve des individus entiers avec leur chair et leur peau dans les régions glaciales; des *mastodontes*, animaux d'un autre genre, mais semblables à l'éléphant par leur grande taille et leurs énormes défenses; des rhinocéros, des hippopotames, des tapirs; ces pachydermes sont accompagnés d'innombrables chevaux, et de grands ruminans (cerfs, daims, bœufs, etc.). La classe des carnassiers était alors nombreuse et puissante (tigres, hyènes, ours, etc.); mais ce n'est pas seulement dans les couches meubles que l'on rencontre ces débris organiques, ils sont surtout accumulés dans ces brèches à ciment rouge et ferrugineux, qui dans une multitude d'endroits obstruent les fentes des rochers et les cavernes en communication avec la surface du sol, et auxquelles on a donné le nom de *brèches osseuses*. On y trouve entre autres des fragmens d'os de deux genres perdus d'animaux de taille gigantesque, appartenant à l'ordre des édentés (le *megatherium* et le *mégalonyx*). Dans les cavernes dites *à ossémens*, qui ne diffèrent des fentes ou filons à brèches osseuses que par leur forme et leur étendue, on observe quelquefois des débris de carnivores mêlés à une quantité considérable d'ossemens de grands herbivores, qui, en raison de leur taille, n'auraient pu pénétrer vivans dans ces cavités souterraines. Il est probable que ces ossemens, qui pour la plupart sont mutilés et rongés, ont été entraînés par les carnassiers dans ces cavernes qui leur servaient de repaires.

C'est à partir de l'époque des dépôts diluviens qu'ont eu lieu les éruptions des volcans à cratères, et la formation des derniers terrains massifs, ceux de *laves* proprement dites. Les laves sont des roches pyroxéniques, cellulaires et scoriacées, qui sont sorties de bouches ignivomes, sous la forme de courans ou de *coulées*, en se répandant sur les flancs des montagnes, et en suivant la direction des vallées préexistantes. Ce qui les caractérise, c'est qu'on peut toujours remonter à leur source, c'est-à-dire jusqu'au cratère qui les a rejetées. On en distingue de deux époques différentes : celles qui se rattachent à des cratères éteints depuis les temps historiques, et celles qui provenant de volcans encore en activité, appartiennent bien réellement à la période actuelle.

PÉRIODE ALLUVIENNE, ou MODERNE.

Age de l'espèce humaine.

Les dépôts de cette période ont beaucoup de ressemblance avec ceux de la période diluvienne; ce qui les en sépare, c'est qu'ils ont été formés postérieurement à la dernière révolution que la surface du globe a éprouvée, et par des causes encore agissantes. C'est seulement dans ces dépôts, les plus superficiels et les plus modernes, que l'on a trouvé des débris de l'espèce humaine et des objets de son industrie, des ossemens de singe et de nos animaux domestiques; et en général les restes organiques que l'on y rencontre appartiennent à des espèces analogues à celles qui existent encore dans les pays où on les trouve. Ces dépôts comprennent les produits des volcans actuels, les sédimens des lacs et des mers, les bancs de mollusques et de zoophytes ; les alluvions fluviatiles et marines; les tufs ou dépôts des sources incrustantes; enfin les tourbes modernes et la terre végétale.

DES PIERRES PRÉCIEUSES ET DES MÉTAUX USUELS, DU SEL ET DES COMBUSTIBLES.

En étudiant les roches ou grandes masses minérales, nous avons déjà pris connaissance d'un groupe de substances des plus importantes par leur utilité dans les arts: ce sont celles que l'on emploie dans l'architecture et la décoration monumentale. Les autres minéraux qu'il nous reste à connaître ne se trouvent plus qu'en dépôts limités, ou en parties disséminées, au milieu de ces roches. Nous ne parlerons ici que de ceux qui sont remarquables par leurs usages, et nous les partagerons en trois groupes principaux, qui sont en rapport avec les grandes classes du règne minéral, et avec les modes différens de gisement des substances qu'ils comprennent. Ces groupes sont: 1° les *Pierres précieuses*, 2° les *Métaux usuels et leurs minerais*, 3° le *Sel commun et les combustibles.*

DES PIERRES PRÉCIEUSES.

On comprend sous cette dénomination toutes les pierres que le lapidaire taille comme objets de parure et d'ornement, et qui font partie du commerce de joaillerie et de bijouterie. Parmi ces pierres, on distingue plus particulièrement sous le nom de *gemmes* ou de *pierres fines*, celles qui sont les plus rares et les plus parfaites, qui ne se trouvent que sous un très-petit volume, et qui se font remarquer par leur grande dureté, leur transparence et la vivacité de leurs reflets. Ces pierres fines se trouvent en cristaux disséminés dans les granites et les schistes cristallins, et en fragmens roulés dans les sables ou les alluvions anciennes, que l'on rapporte assez généralement aux dépôts de la période diluvienne. Elles appartiennent aux espèces suivantes: le diamant, le corindon, la cymophane, le spinelle, la topaze, l'émeraude, le zircon, le grenat, la tourmaline et la turquoise, auxquelles il faut ajouter le quarz et le feldspath, dont nous avons précédemment fait l'histoire. (Voyez pages 131 et 136.)

Le diamant. Ce minéral, si remarquable par ses propriétés extérieures qui le rapprochent des substances pierreuses, appartient à la classe des combustibles, car il n'est formé que de carbone. Il est le plus dur, le plus brillant des minéraux, et l'un des plus limpides; et cependant, sous le rapport de sa composition chimique, il s'identifie avec le charbon, qui est un corps friable, noir et opaque. Mais comme il ne brûle qu'avec une extrême difficulté, et que d'ailleurs il jouit au plus haut degré des qualités qui font rechercher certaines pierres comme objets de richesse et d'ornement, il est placé convenablement à la tête du groupe des pierres précieuses. Le diamant est le plus dur des minéraux connus, c'est-à-dire qu'il les raie tous et n'est rayé par aucun; mais il est en même temps très-fragile; un léger choc suffit souvent pour le briser. Il réfracte fortement la lumière, mais sans doubler les images des objets; son éclat est des plus vifs, et sous certains aspects se rapproche de celui de l'acier poli. Il est toujours cristallisé et divisible par un clivage facile en octaèdre régulier: on le trouve en cristaux isolés, sous la plupart des formes du système du cube (voyez pl. 1), et plus particulièrement sous celles de l'octaèdre et d'un solide à 48 faces (fig. 6 et 7, pl. 3): mais presque toujours les faces de ses cristaux sont déformées par des arrondissemens, provenant d'une cristallisation imparfaite. Les diamans à faces bombées sont connus sous le nom de diamans sphéroïdiaux. Les diamans sont le plus souvent sans couleur; on en connaît cependant de jaunes, de verts, de roses, de bleus et même de noirâtres. Les roses sont les plus recherchés parmi les diamans colorés; mais on leur préfère en général les diamans limpides, lorsqu'ils sont d'une belle eau, et qu'aucune gerçure ne les dépare. Tous les diamans répandus dans le commerce viennent de l'Inde et du Brésil; on les trouve toujours disséminés dans des terrains d'alluvion anciens, situés à peu de profondeur au-dessous du sol, et formés d'un sable ou d'un poudingue quarzeux, à ciment ferrugineux. Depuis peu de temps, on a découvert des diamans dans un gisement tout semblable, en Sibérie, au milieu des alluvions aurifères de l'Oural. Pour extraire les diamans de la roche arénacée qui les contient, on commence par briser celle-ci, puis on en lave les fragmens au moyen d'un filet d'eau, pour les débarrasser des parties terreuses qui les encroûtent; on enlève ensuite les cailloux les plus grossiers, et l'on fait à la main le triage du gravier restant.

Le diamant doit tous ses feux et tout son éclat à l'opération de la taille et du poli; car les diamans bruts sont toujours plus ou moins ternes. Pour le tailler, le lapidaire profite de la propriété qu'a ce minéral de se laisser cliver, et comme aucune autre substance n'est capable de l'attaquer par le frottement, il ne parvient à l'user et à le polir qu'à l'aide de sa propre poussière. Il y a deux manières principales de tailler le diamant à facettes : la *taille en brillant* et la *taille en rose;* le brillant offre en dessus une grande face plane, entourée d'un double rang de facettes obliques, tandis que la partie inférieure est épaisse et garnie de facettes inclinées, qui se réunissent en un point commun. La rose a sa partie supérieure très-saillante, et taillée en pyramide; le dessous est plat: cette forme, qui convient aux diamans minces, est loin d'offrir l'éclat du brillant. Les diamans sont en général d'un petit volume, leur valeur commerciale dépend à la fois de leur degré de perfection et de leur grosseur. On évalue le poids des diamans en karats (le karat valant quatre grains). Un diamant d'un seul karat vaut 250 fr.; un diamant de deux karats, 1000 fr.; de trois karats, 1800 fr.; de six karats, 5000 fr. On voit que le prix augmente dans une proportion plus rapide que le poids.

Parmi les diamans les plus célèbres sous le rapport du volume, on cite celui du Grand-Mogol, qui a été vu par le voyageur Tavernier: il était de la forme et de la grosseur d'un œuf coupé par le milieu; son poids était de 279 karats. Le plus beau diamant de l'empereur de Russie, pèse 195 karats (à peu près une once trois gros); il est de forme ovale et de la grosseur d'un œuf de pigeon. Le *régent,* qui appartient au roi de France, ne pèse que 136 karats; mais il est taillé en brillant, et n'a aucun défaut, aussi passe-t-il pour le plus beau diamant que l'on connaisse; son diamètre est de plus d'un pouce; il a été payé 2,250,000 fr. par le duc d'Orléans, alors régent; et on l'estime aujourd'hui plus de cinq millions. Tout le monde sait l'usage que l'on fait des pointes de diamant pour couper le verre ou pour graver sur les corps durs. On se sert aussi de sa poudre pour user, tailler et polir beaucoup de pierres précieuses.

Le corindon. Cette substance est de l'alumine pure et cristallisée : elle est infusible; c'est le minéral le plus dur après le diamant. Les formes de ses cristaux se rapportent presque toutes au prisme hexaèdre (fig. 2, pl. 2) et à la double pyramide hexaèdre (fig. 5, pl. 3). Le clivage n'est facile que dans une partie des cristaux, et il a lieu parallèlement aux faces d'un rhomboïde; dans les autres, il est à peine sensible.

On distingue quatre variétés principales de corindon, dont trois sont relatives à la structure, et la quatrième est une variété de mélange: 1° le *corindon hyalin*, qui est transparent et à cassure vitreuse, incolore ou diversement coloré; 2° le *corindon lamelleux* (ou spath adamantin), translucide ou opaque, à cassure lamelleuse, et divisible en fragmens rhomboïdaux; 3° le *corindon compacte*, à cassure terne; 4° le *corindon grenu ferrifère*, vulgairement nommé *émeril*. Le corindon hyalin comprend tous les cristaux transparens, auxquels on donne le nom de *pierres orientales ;* ses couleurs sont vives et variées, et vu sa grande dureté et l'intensité de son éclat, il fournit au commerce de la joaillerie un grand nombre de pierres, dont quelques-unes sont presque estimées à l'égal du diamant, lorsqu'elles jouissent de toute leur perfection. Les plus remarquables sont le corindon hyalin d'un rouge cramoisi (ou *rubis oriental*); le jaune pur (ou *topaze orientale*, qu'il ne faut point confondre avec la topaze ordinaire); le bleu d'azur (ou *saphir oriental*); le violet pur (ou *améthyste orientale*); l'*astérie*, ou corindon d'un bleu clair à reflets blanchâtres qui forment une espèce d'étoile lorsque la pierre est taillée en cabochon. Le corindon hyalin n'a été trouvé jusqu'ici qu'en cristaux roulés dans les sables des anciennes alluvions, principalement dans l'Inde; on en a découvert en France, dans le ruisseau d'Expailly, près la ville du Puy en Velay, mais ils y sont très-rares. Les corindons adamantins sont disséminés au milieu des granites et des micaschistes dans diverses parties de l'Inde, et aussi, mais plus rarement, en Europe, dans les Alpes du Saint-Gothard. Le corindon mêlé de fer ou l'émeril, qui est de couleur rougeâtre ou gris bleuâtre, opaque et à cassure grenue, se trouve dans le micaschiste, en Saxe et dans l'île de Naxos, en Grèce. On sait que sa poudre est d'un grand usage dans les arts, pour polir les métaux, les glaces et les pierres fines.

La cymophane. Cette pierre, composée de silice, d'alumine et de glucyne, est remarquable par sa dureté, son vif éclat et ses reflets chatoyans; sa cassure est vitreuse et sa couleur d'un jaune verdâtre. On l'emploie dans le commerce de la joaillerie sous le nom de *chrysolite orientale*. Elle se trouve en cristaux roulés dans les terrains d'alluvion, et en grains cristallins dans quelques roches granitoïdes. C'est une substance rare, mais qui n'a pas une grande valeur.

Le spinelle. Minéral d'une dureté très-grande, presque égale à celle du corindon, et d'un éclat vitreux très-vif; infusible, composé d'alumine et de magnésie. Il ne s'est offert qu'à l'état cristallin, et sous des formes dérivées de l'octaèdre régulier; on le trouve en cristaux ordinairement fort petits, disséminés soit dans les roches massives, soit dans les terrains meubles comme la plupart des autres gemmes. Il fournit à la joaillerie deux variétés de pierre rouge ou de rubis [1], qu'on nomme *rubis spinelle* et *rubis balais*, et qui ne diffèrent entre elles que par le ton de leur couleur. Le rubis spinelle (coloré par l'acide chromique) est d'un rouge ponceau; le rubis balais est d'un rouge de rose intense ou d'un rouge violâtre faible, avec une teinte laiteuse. Le spinelle occupe un des

[1] Nous ferons remarquer ici que, dans le langage des lapidaires, les termes de *rubis*, de *topaze*, de *saphir*, d'*émeraude*, d'*améthyste*, etc., ne se rapportent point à des espèces minérales proprement dites, mais que chacun d'eux désigne toutes les pierres d'une même couleur, quelle que soit d'ailleurs leur différence de nature. Ainsi le mot *rubis* désigne toutes les pierres rouges; le mot *topaze* les pierres jaunes, le mot *émeraude* les pierres vertes, etc.

premiers rangs parmi les pierres précieuses à cause de sa grande dureté et de son vif éclat; quand il pèse au-delà de quatre karats (ou seize grains), il vaut, dit on, la moitié d'un diamant de même poids.

La topaze. Substance vitreuse, assez dure pour rayer le quarz, infusible, douée de la double réfraction; toujours cristallisée, et se clivant avec une netteté remarquable dans une seule direction perpendiculaire à l'axe des cristaux. L'éclat du plan de clivage est si vif, qu'il suffit pour faire reconnaître une topaze; ses formes cristallines se rapportent aux prismes droits à base rhombe ou rectangle (fig. D, pl. 2). Elle est composée de silice, d'acide fluorique et d'alumine. Les cristaux de topaze se présentent de deux manières dans la nature : ou implantés dans les cavités des roches massives granitoïdes, ou en morceaux roulés dans les alluvions anciennes, avec les substances précédentes. Ces cristaux sont ordinairement des prismes surchargés de stries longitudinales, et terminés tantôt par des sommets en coin ou en biseau (topazes du Brésil et de Sibérie), ou par des faces horizontales, entourées d'un anneau de facettes obliques (topazes de Saxe). La topaze est quelquefois incolore et limpide : telle est celle que les Portugais nomment *goutte d'eau*, et que l'on trouve en morceaux roulés au Brésil; elle a un éclat assez vif, quand elle est parfaite et taillée convenablement; et l'on a même essayé plusieurs fois de la faire passer pour un diamant de qualité inférieure. Il y a des topazes d'un bleu céleste, qui ressemblent beaucoup aux aigues-marines (voyez ci-après); mais la couleur par excellence de la topaze est le jaune, qui varie depuis le jaune de paille (topaze de Saxe) jusqu'au jaune foncé ou jaune roussâtre (topaze du Brésil). On parvient à changer cette teinte roussâtre en un rose assez vif, en faisant chauffer les topazes dans un bain de sable; on obtient ainsi ce que les lapidaires nomment des *topazes brûlées*. Les topazes dont nous venons de parler (qu'il ne faut pas confondre avec les corindons jaunes dits *topazes orientales*) sont beaucoup trop communes, pour avoir une grande valeur dans le commerce.

L'émeraude. Substance vitreuse, cristalline, plus dure que le quarz, et fusible en verre blanc au chalumeau; elle est composée essentiellement de silice, d'alumine et de glucyne. Elle cristallise en prismes hexaèdres, réguliers, et git en cristaux implantés ou disséminés dans les roches du terrain de micaschiste. Elle est tantôt d'un vert pur, couleur due à l'oxide de chrôme (émeraude proprement dite, du Pérou et de l'Égypte); tantôt d'un bleu verdâtre, ressemblant à la teinte de l'eau de mer (*aigue-marine* de Sibérie); tantôt jaune ou incolore (*béril*). Les émeraudes d'un vert pur sont très-estimées, et recherchées dans les arts d'ornement, pour le charme de leur couleur. Une des plus célèbres est celle qui orne le sommet de la tiare du souverain pontife: elle a 2 pouces de longueur sur 15 lignes de diamètre; on trouve en France, près de Limoges, des émeraudes opaques (béryls) d'un volume considérable, mais elles n'ont aucun prix aux yeux des amateurs.

Le zircon. Ce minéral, composé de zircone et de silice, est encore une substance dure, à cassure vitreuse, infusible, et qui s'offre toujours cristallisée; ses cristaux, qui sont en général d'un petit volume, se rapportent aux prismes et aux octaèdres à base carrée (fig. G, pl. 2). Il a un éclat ordinairement gras, ou tirant sur celui du diamant; il possède la double réfraction à un très-haut degré; c'est de toutes les pierres précieuses celle qui a la plus grande pesanteur spécifique. On le trouve, comme la plupart des gemmes, en cristaux disséminés dans les roches massives (les syénites, les basaltes) ou dans les terrains meubles (sables de Ceylan, d'Expailly en France). On en distingue deux variétés principales: 1° le zircon orangé-brunâtre (ou l'*hyacinthe*), dont la couleur se perd par l'action du feu; 2° le zircon incolore, ou jaune-verdâtre (le *jargon*). Les cristaux de zircon sont trop petits, pour qu'on en fasse un grand usage. Presque toutes les pierres, qui circulent dans le commerce sous le nom d'*hyacinthes*, appartiennent à une espèce de grenat.

Le grenat. Les pierres qui portent ce nom sont composées de silice, d'alumine et d'une troisième base qui varie dans les grenats de couleur différente. Considérées sous le rapport de la composition chimique, elles forment donc plusieurs espèces, qui peuvent se mélanger dans la même masse; mais à la couleur près, tous les grenats ont la plus grande ressemblance extérieure, ils ont un aspect vitreux, et sont toujours cristallisés en dodécaèdres rhomboïdaux (fig. 6, pl. 1) ou en solides trapézoïdaux à 24 faces (fig. 10). Ils ont la réfraction simple, sont tous fusibles en émail, et assez durs pour rayer le quarz. Il y a des grenats verts (*grossulaires*), des grenats bruns et opaques, des grenats noirs (*mélanites*); mais les grenats les plus communs sont rouges, et plus ou moins transparens. On distingue parmi ceux-ci : le grenat rouge de feu ou de coquelicot (le *pyrope* ou *grenat de Bohème*); le grenat d'un rouge-violet ou pourpré (l'*almandin*, le *grenat noble* ou *syrien*); le grenat rouge-orangé (la *vermeille* ou *grenat hyacinthe*). Les grenats sont disséminés en abondance dans plusieurs roches de cristallisation, et surtout dans les gneiss et les micaschistes: on en trouve aussi dans des tufs volcaniques. Les grenats syriens et vermeilles sont assez estimés dans le commerce, mais tous les autres grenats ont en général peu de valeur: ces grenats communs se taillent en perles, en cabochons, en grains à facettes, que l'on perce, pour en faire des colliers et des bracelets.

La tourmaline. Substance à cassure vitreuse, fusible avec plus ou moins difficulté, d'une dureté à peine supérieure à celle du quarz, très-électrique par la chaleur; se présentant toujours cristallisée, et le plus souvent disséminée en cristaux prismatiques ou cylindroïdes très allongés, dans les roches de la période primitive (granite, gneiss et micaschiste). Ces cristaux dérivent d'un rhomboïde, ils n'offrent aucun clivage bien apparent; ce qui les rend remarquables, c'est la propriété qu'ils ont de s'électriser fortement par l'action de la chaleur, et d'acquérir des pôles de vertu contraire (voyez page 100). Ce sont des silicates doubles, qui renferment une petite quantité d'acide borique, et qui sont colorés diversement par les oxides de fer et de manganèse. On distingue des tourmalines brunes ou noirâtres (*schorls*), des tourmalines transparentes, d'un vert sombre (*éme-*

raudes du Brésil), des tourmalines d'un bleu-indigo (*indicolithes*), des tourmalines d'un rouge violet (*rubellites*). Cette dernière exceptée, les tourmalines ont peu de valeur, à cause de leur peu de dureté et de leur faible éclat.

La turquoise. C'est une pierre opaque et compacte, d'un bleu céleste ou d'un vert céladon, colorée par l'oxide de cuivre; elle est moins dure que le quarz. On doit distinguer deux sortes de turquoise: la turquoise dite de *vieille roche* ou *orientale*, qui est une véritable pierre, c'est la plus recherchée dans le commerce; et la turquoise de la *nouvelle roche* ou *occidentale*, cette dernière n'est autre chose qu'un os fossile, pénétré de phosphate de fer. Les turquoises ont une teinte assez agréable: on les taille en cabochon et on les monte avec un entourage de diamans ou de rubis.

Les substances que nous venons de décrire forment comme une classe d'élite, parmi celles que l'on comprend sous la dénomination de *pierres précieuses*. Après elles, viennent les pierres plus communes et qui se présentent sous un volume plus considérable que celui que les pierres fines n'ont jamais dépassé; elles se prêtent à des usages plus variés. Telles sont les agathes, les jaspes, le calcaire et le gypse soyeux, le lapis, le fluor, etc., dont on fait des vases, des plaques d'ornement, des colliers, des cachets, des boîtes et autres objets qui circulent de toutes parts dans le commerce. Nous avons déjà parlé des agates, des jaspes, du calcaire et du gypse; nous nous contenterons d'indiquer ici les deux suivantes: le lapis et le fluor.

Le lapis (*lazuli* ou *lazulite*). C'est une pierre d'un bleu d'azur, opaque, à cassure mate et à grain fin, fusible et soluble en gelée dans les acides; on en retire par l'analyse de la silice, de l'alumine et de la soude. Elle est souvent entremêlée de veines blanches de quarz, de feldspath ou de calcaire, et de veines jaunes de pyrite (fer sulfuré). Cette substance est rare: on la trouve en veines dans le granite et autres roches du sol primordial. Le lapis d'un bleu vif et exempt de taches est recherché par les artistes, qui le travaillent en forme de plaques; mais le principal usage de cette pierre est de fournir à la peinture cette belle couleur bleue, connue sous le nom d'*outremer*, qui produit de si grands effets sur la toile, et qui est presque inaltérable.

Le fluor (*spath fluor* ou *fluate de chaux*). C'est une pierre à cassure vitreuse, plus tendre que le quarz et plus dure que le calcaire; cristallisant ordinairement en cube, et remarquable par la diversité des teintes dont ses cristaux sont ornés. Elle se clive avec la plus grande netteté dans quatre sens différens, parallèles aux faces d'un octaèdre régulier; elle est attaquée par l'acide sulfurique, qui en dégage une vapeur (acide fluorique) capable de corroder le verre. Cette substance fait partie des matières pierreuses qui accompagnent dans les filons les minerais métalliques : elle se rencontre fréquemment dans les mines de plomb. Une des variétés les plus recherchées est celle que l'on trouve en Angleterre, et qui est composée, comme les albâtres, de couches successives, alternativement blanches et violettes: on en fait des vases et des plaques de différentes formes.

DES MÉTAUX USUELS ET DE LEURS MINERAIS.

Les métaux proprement dits, c'est-à-dire les corps simples qui se présentent naturellement à l'état métallique ou s'y ramènent aisément au moyen du charbon, ont pour caractères communs, d'être opaques en masse, d'avoir, jusque dans leurs plus petites parties, un éclat qui leur est propre, de posséder une grande densité, supérieure en général à celle de toutes les pierres, de recevoir un beau poli, d'être bons conducteurs de la chaleur, etc. Ils forment la classe de corps la plus importante, puisqu'on les emploie dans presque tous les arts nécessaires à la vie, qu'ils servent à fabriquer les instrumens sans lesquels la plupart de ces arts n'existeraient pas, et qu'ils sont ainsi l'une des causes les plus actives du progrès des sciences et de la civilisation. Les métaux se rencontrent rarement purs (ou à l'*état natif*) dans les couches minérales du globe; on les trouve plus communément à l'état de *minerais*, c'est-à-dire de combinaisons avec les principes minéralisateurs (l'oxigène, le soufre, etc.) quelquefois, mais beaucoup plus rarement. à l'état de *sels* (carbonates, sulfates, etc.). Ces minerais sont tantôt en amas puissans, ou simplement disséminés en veines et en rognons, dans les roches de cristallisation et les terrains de sédiment les plus anciens, tantôt ils se trouvent dans les filons, qui traversent les mêmes couches. La plupart des minerais métalliques exigent une ou plusieurs fusions, pour que l'on puisse en retirer les métaux qu'ils renferment. L'art qui consiste à purifier les minerais et à en extraire les métaux dans l'état où ils sont immédiatement applicables à nos besoins, se nomme *métallurgie*. Dans l'examen rapide que nous allons faire des métaux usuels et de leurs principaux minerais, nous les rangerons suivant l'ordre de leur plus grande utilité.

Le fer. C'est sans contredit le métal dont l'industrie humaine retire le plus d'avantages, et il est répandu dans la nature avec une abondance proportionnée à son utilité. Le fer pur est d'un gris métallique tirant sur le bleuâtre: il ne fond qu'à une température extrêmement élevée; mais il se ramollit aisément au feu de forge ordinaire, et peut recevoir alors toutes les formes imaginables. Il est ductile et se laisse réduire en fils d'un petit diamètre. Il est très-tenace, et jouit au plus haut degré de la propriété magnétique : aussi est-il l'âme de la boussole, cet instrument si précieux pour l'art nautique. Le fer à l'état natif ou presque pur n'existe point dans l'intérieur du globe; on ne le trouve qu'accidentellement à sa surface, en masses peu volumineuses qui sont toujours le produit des feux volcaniques, des incendies de houillères ou des météores ignés. Il est toujours disséminé en grains dans ces pierres nommées *aérolithes,* que l'on voit quelquefois tomber de l'atmosphère, où elles apparaissent sous la forme d'un globe de feu qui fait explosion. Tout le fer employé dans les arts provient donc de différens minerais, qui sont des oxides ou du carbonate de fer, et dont on retire le métal d'abord à l'état de fonte, puis à l'état de *fer forgé* ou à l'état d'*acier*. Pour convertir le minerai de fer en fonte, on le prépare à la fusion par des opérations mécaniques, puis on le porte dans le haut-fourneau (ou fourneau de fonte), où on le met en contact avec du charbon, qui désoxide le métal, et quelquefois avec un fondant argileux ou calcaire. Celui-ci se rassemble dans un creuset à l'état de *fer fondu*, et on le coule immédiatement dans des moules de sable. La fonte ou le fer coulé est une matière métallique, fusible et cassante, formée de fer, de carbone et d'oxide qui n'a pu être réduit; c'est avec la fonte qu'on exécute les marmites, les plaques de cheminée, les bombes et boulets, et les grandes constructions en fer, telles que ponts, chemins, coupoles, etc. Le fer se fait avec la fonte que l'on épure en la refondant dans un second fourneau (fourneau d'affinage), où l'on obtient le métal sous forme de grumeaux que l'on rassemble en une seule masse; on porte cette masse sous le marteau pour la forger en barres. L'acier ou le troisième produit des minerais de fer, se fait en mettant le fer forgé en contact avec de la poussière de charbon à une haute température. Il devient alors susceptible d'acquérir un grand degré de dureté et d'élasticité par la trempe. Les minerais de fer, que l'on exploite pour en retirer ce métal sont au nombre de cinq, savoir : 1°. Le *fer oxidulé*, ou *fer magnétique* : d'un noir brillant, cristallisant en octaèdre régulier, et doué du magnétisme polaire (c'est l'aimant naturel). On le trouve en masses à structure grenue, composant des amas considérables dans le gneiss et le micaschiste. Il donne des fers de la meilleure qualité (fers de Suède et de Norwège). 2°. Le *fer oligiste* (vulgairement *fer de l'île d'Elbe*): d'un gris d'acier en masse; d'un brun rouge en poussière, sensiblement magnétique, se présentant le plus ordinairement en masses, compactes, dont les cavités sont tapissées de cristaux de forme rhomboïdale remarquables par leurs belles couleurs irisées. On l'exploite dans l'île d'Elbe, et à Framont dans les Vosges. Il se rapproche par sa composition de l'espèce suivante. 3°. Le *fer oxidé rouge* (vulgairement *hématite*): non magnétique, en masse quelquefois métallique, à poussière rouge, le plus souvent terreuse et rougeâtre. C'est le fer au maximum d'oxidation. On en distingue deux variétés principales : le fibreux (sanguine ou pierre à brunir), le compacte ou terreux. 4°. Le *fer hydroxidé* brun ou jaunâtre : distingué du précédent par l'eau qu'il contient et par la couleur jaune de sa poussière. C'est à cette espèce qu'appartiennent la plupart des minerais de fer de la France. On distingue parmi ses variétés : le fibreux (hématite brune) à surface brune ou recouverte d'un vernis luisant ; le compacte d'un brun foncé, le géodique (Ætite ou pierre d'aigle); l'oolithique (ou minerai de fer en grains), en globules bruns, libres ou réunis par un ciment argileux ; le limoneux (fer d'alluvion ou des marais), en masses terreuses d'un jaune de rouille. 5°. Le *fer carbonaté* : d'un gris jaunâtre; tantôt cristallin et semblable au calcaire par sa structure (le fer spathique); tantôt compacte et terreux (le fer des houillères). Ce dernier est précieux en ce qu'il est toujours accompagné du combustible qui doit servir à son traitement métallurgique. Il existe encore quelques autres minerais de fer, mais ils ne sont point en masses assez considérables pour donner lieu à des exploitations. Nous citerons seulement les *sulfures de fer* ou pyrites que l'on trouve disséminés dans presque tous les terrains ; on en connaît deux espèces: la pyrite jaune ou commune, qui cristallise en cubes, et qui est d'un jaune de laiton ; elle renferme quelquefois de l'or, et dans ce cas on l'exploite pour en retirer ce métal; et la pyrite blanche, qui cristallise différemment, quoiqu'elle ait la même composition que la précédente : elle se présente presque toujours en masses globuleuses rayonnées (pyrites de la craie et du lignite). Ces pyrites se décomposent par l'exposition à l'air, et se transforment en sulfate de fer, sel employé dans la teinture et la fabrication de l'encre.

Le plomb. Métal d'un blanc bleuâtre, se ternissant à l'air et passant au gris livide; mou, se laissant entamer par l'ongle, facile à réduire en lame, fusible à une faible chaleur, ayant une grande pesanteur spécifique. Il s'en faut de beaucoup cependant qu'il ne soit le plus lourd des métaux, comme on le croit assez généralement. Il est employé à de nombreux usages, soit à l'état de métal, soit à l'état d'oxide (litharge, céruse, minium). On ne connaît pas de plomb natif, mais il existe plusieurs minerais de plomb. Le seul que l'on exploite est le *sulfure de plomb* ou la *galène* : il ressemble par sa couleur et son éclat au plomb nouvellement coupé, mais il est fragile, et se divise facilement en cubes lorsqu'on frappe dessus. Chauffé au chalumeau, il dégage du soufre et se réduit en un globule de plomb. On en distingue deux variétés principales : la galène laminaire, en cristaux nets, cubiques, octaèdres, ou en masses composées de lamelles entrecroisées dans tous les sens ; et la galène grenue, à grains fins comme celui de l'acier. La galène contient souvent de l'argent en quantité assez considérable pour qu'on l'exploite comme minerai de ce métal. Elle se trouve en amas ou en filons dans les terrains anciens, depuis le granite jusqu'aux argiles salifères. Les principales mines de plomb sont exploitées en Angleterre et en Allemagne. La France en possède aussi qui sont moins importantes : telles sont celles de Poullaouen en Bretagne, et de Villefort dans la Lozère.

Le cuivre. Métal rougeâtre, très-ductile, sonore, attaquable par les acides les plus faibles, et même par l'humidité de l'air, qui le couvre d'un oxide vert redoutable par ses effets, et connu sous le nom de *vert de gris*. Allié au zinc, il donne le *cuivre jaune* ou le laiton ; uni à l'étain, il forme l'*airain* ou le *bronze*, dont on fait des cloches, des canons, des statues. On trouve dans la nature du cuivre métallique, mais il est toujours en petites masses ou sous forme de ramifications, de lames, de filamens, qui accompagnent les minerais de ce métal. Ceux-ci sont nombreux : mais il n'en est que deux qui soient assez importans pour nous occuper ici : ce sont le *cuivre pyriteux*, et le *cuivre carbonaté*. Les minerais cuivreux ont un caractère commun qui consiste en ce que leur poussière, étant rougie sur une pelle à feu, et projetée ensuite dans l'eau forte (acide nitrique), communique une teinte verte à cette liqueur. Le cuivre pyriteux composé de cuivre, de soufre et de fer, est d'un jaune de laiton tirant sur la couleur du cuivre doré ou d'un jaune verdâtre ; sa surface s'altère fréquemment et prend un aspect irisé. C'est le minerai de cuivre le plus commun : il se trouve comme la galène en amas ou en filons dans les terrains anciens. Le cuivre carbonaté est composé d'oxide de cuivre, d'acide carbonique et d'eau : on en connaît deux espèces : l'une d'un bleu d'azur, c'est l'azurite dont il existe une mine en France aux environs de Lyon, l'autre d'un vert foncé, c'est la malachite, substance qui se présente en masses mamelonnées à structure fibreuse, et que l'on travaille en Sibérie où elle est abondante, pour en faire des meubles d'un grand prix. Les principales mines de cuivre sont celles d'Angleterre, de la Russie, de la Suède, de l'Autriche et du Japon. La France ne possède que celle de Chessy, près de Lyon, où l'on exploite du cuivre pyriteux et du carbonate bleu.

L'étain. Métal d'un blanc d'argent, se ternissant à l'air et passant au gris bleuâtre, très-fusible, plus dur et plus ductile que le plomb, développant une certaine odeur par le frottement, et faisant entendre, lorsqu'on le plie, un craquement qu'on nomme le *cri de l'étain.* C'est le plus léger des métaux usuels. Allié au plomb, il constitue la soudure des plombiers ; réduit en lame mince, et amalgamé avec le mercure, il forme le *tain* dont on double les glaces pour en faire des miroirs. L'étamage ordinaire consiste dans une couche mince d'étain fondu appliquée sur le cuivre. Le *fer-blanc* n'est que de la tôle (ou fer laminé) recouverte de la même manière. C'est de l'*étain oxidé* que l'on retire tout le métal répandu dans le commerce. Ce minerai, qui est brun, souvent opaque et noir, avec un aspect gras ou un luisant qui approche de l'éclat métallique, est très-pesant et infusible. Il est souvent cristallisé sous des formes qui rappellent les octaèdres et prismes à bases carrées (fig. C, pl. 2), et se trouve alors disséminé dans certains granites et principalement dans la roche appelée *greisen.* Il se rencontre aussi en grains ou en morceaux roulés dans les anciens terrains d'alluvion. Les principales mines d'étain sont situées dans l'Inde, en Amérique, en Angleterre et en Allemagne. On trouve aussi de l'étain en France dans les environs de Limoges et de Nantes, mais il n'y est point assez abondant pour être l'objet d'une exploitation.

Le zinc. Métal d'un blanc bleuâtre, plus dur que l'étain ; ductile, fusible, volatile et brulant avec une flamme éblouissante, ce qui fait qu'il est employé dans la composition des feux d'artifice. Il ne s'est point encore offert à l'état natif, mais il existe dans plusieurs minerais dont les principaux sont la *blende* et la *calamine*. La blende, ou le sulfure de zinc, est une substance de couleur jaune ou brune, très-éclatante; tendre et lamelleuse, remarquable par son clivage sextuple, qui donne pour noyau un dodécaèdre rhomboïdal. Elle accompagne presque constamment la galène dans les mines de plomb. La calamine est une pierre opaque ou translucide, de couleur blanche ou jaunâtre, ayant un aspect terreux et une structure ordinairement cariée : elle se compose de carbonate de zinc, mêlé de silicate du même métal. On la trouve en dépôts assez considérables au milieu des calcaires de sédiment. La France possède des mines de zinc; mais presque tout le métal employé dans les arts est fourni par la Prusse et l'Angleterre.

Le mercure (vulgairement *vif-argent*). Métal blanc et liquide à la température ordinaire, pesant quatorze fois autant que l'eau, susceptible de se volatiliser, quand on le chauffe fortement, et pouvant dissoudre l'or et l'argent. Aussi le fait-on servir à l'extraction de ces métaux; mais on l'emploie encore à d'autres usages importans, tels que la préparation de certains médicamens, la construction des baromètres et thermomètres, etc. On trouve dans la nature du mercure métallique, mais en très-petite quantité, en simples globules dans les fissures des matières qui accompagnent le sulfure de mercure, le seul minerai qui soit exploité. Le *sulfure de mercure*, ou le cinabre naturel, est remarquable par sa belle couleur rouge, et la propriété qu'il a de se volatiliser complètement au feu; sa variété terreuse est connue sous le nom de *vermillon*. On le trouve particulièrement dans les schistes marno-bitumineux, situés au-dessous du calcaire pénéen. Les principales mines de mercure sont celles du Pérou, d'Idria en Carniole, d'Almaden en Espagne, et du Palatinat, sur la rive gauche du Rhin.

L'argent. Métal blanc, sonore, soluble dans l'eau forte (acide nitrique); susceptible d'être réduit en fils d'une grande finesse, ne fondant qu'à une haute température, et ne se ternissant pas dans l'air pur; pesant dix fois et demie autant que l'eau. On le trouve à l'état natif, sous la forme de filamens contournés, ou de réseaux pénétrant les substances pierreuses des filons, et quelquefois en masses ou en blocs d'un volume assez considérable: il est souvent recouvert d'un enduit sale ou noirâtre qui le dépare. Mais l'argent natif n'est point le seul minerai que l'on exploite pour en retirer le métal: on l'extrait encore du sulfure et du chlorure d'argent, et de l'argent rouge (combinaison d'argent, de soufre et d'antimoine). Le *sulfure d'argent* (ou l'argent vitreux) est d'un gris d'acier, et se laisse couper facilement; il cristallise en cubes, comme la galène, avec laquelle il est souvent intimement mêlé; c'est le minerai le plus abondant, et celui qui fournit presque tout l'argent du commerce. Le *chlorure d'argent* (ou l'argent corné) est une substance molle comme la cire, demi-transparente et de couleur jaune ou verdâtre: elle fond à la flamme d'une bougie, en dégageant une odeur de chlore. L'*argent rouge* est d'un rouge vif, ou d'un noir rougeâtre métalloïde, donnant toujours une poussière d'un rouge cramoisi; il est fragile, facile à racler avec le couteau, et se réduit à la flamme d'une bougie. — Les principales mines d'argent sont celles du Pérou et du Mexique; les mines d'Europe sont incomparablement moins importantes, et la plupart ne sont que des mines de plomb argentifère: telles sont celles de Hongrie, de Saxe et de Bohême; la France en possédait quelques-unes (dans les Vosges, le Dauphiné, etc.), mais elles sont presque entièrement abandonnées, à l'exception des mines de galène argentifère de la Bretagne.

L'or. Métal jaune, très-ductile et très-tenace, inattaquable par l'acide nitrique, soluble dans l'eau régale (ou l'acide nitro-muriatique), pesant dix-neuf fois autant que l'eau à volume égal. Il n'existe dans la nature qu'à l'état natif, et on le trouve toujours disséminé en lamelles ou particules invisibles dans les filons pierreux ou métallifères des roches de cristallisation, ou bien répandu en petites paillettes dans les dépôts arénacés des anciennes alluvions, qui contiennent en outre le platine, le diamant et la plupart des pierres fines. On le rencontre quelquefois en masses isolées et arrondies, que l'on nomme *pépites*. Certaines rivières charrient des paillettes d'or, provenant des terrains d'alluvions qui sont traversés et lavés par leurs eaux (le Rhône, l'Arriège, le Doubs, etc.). Ce n'est point dans les roches solides ou les filons que l'or est le plus abondant : la plus grande partie de celui que les travaux d'exploitations fournissent au commerce, s'obtient par le lavage des sables, ou alluvions aurifères des pays de plaines (au Brésil et au Chili, dans l'Amérique du nord, en Sibérie, en Hongrie, etc.). Les principales mines d'or exploitées de nos jours, sont celles du Brésil et du Chili. Les mines de la Sibérie, découvertes depuis peu d'années, paraissent devoir être très-productives. L'or est aussi très-répandu en Europe, mais la plupart des mines que l'on y connaît, celles de Hongrie et de Transylvanie exceptées, sont abandonnées aujourd'hui. Telle est entre autres la mine de la Gardette, dans le département de l'Isère, en France. — L'or n'est jamais employé pur ; on l'allie à une petite quantité de cuivre ou d'argent, pour accroître sa dureté. Comme l'acide nitrique dissout le cuivre et l'argent, sans attaquer l'or, les orfèvres s'en servent pour s'assurer du degré de pureté d'un objet en or, après l'avoir frotté sur la pierre de touche (sorte de trap à structure compacte.)

Le platine. Métal d'un gris d'acier, tirant sur le blanc d'argent, tendre et malléable ; peu dilatable et résistant à la plus forte chaleur de nos fourneaux, inaltérable à l'air, et ne se dissolvant, comme l'or, que dans l'eau régale. C'est le plus pesant de tous les métaux. On ne le trouve qu'en parcelles disséminées dans les sables d'alluvion avec l'or et le diamant (au Brésil et au Choco ; et dans la Sibérie). La propriété qu'il a d'être inattaquable par le feu, l'air et les acides, le rend très-précieux dans les arts.

DU SEL COMMUN ET DES COMBUSTIBLES.

Sel gemme. Cette substance, si précieuse pour l'économie rurale et domestique, est un chlorure de sodium : on la reconnaît aisément à la saveur qui lui est propre. Elle se présente toujours en masses cristallines, ordinairement blanches, ayant une structure laminaire qui donne des fragmens cubiques, et quelquefois une texture grenue ou fibreuse; tout le monde sait qu'elle est soluble dans l'eau. On la trouve dans la nature sous deux états différens: dans les eaux de la mer et des sources salées, dont on la retire par l'évaporation naturelle ou artificielle; et en bancs ou amas plus ou moins considérables au milieu des argiles salifères. La plus grande partie du sel que l'on consomme en France vient de la mer et des sources salées; mais on a découvert il y a quelques années à Vic, département de la Meurthe, une mine de sel gemme qui paraît devoir être très-productive. Les salines les plus remarquables que l'on connaisse sont celles de Wieliczka en Pologne, si célèbres par les relations qu'en ont données les voyageurs.

Soufre. Substance simple, non métallique, d'un jaune citrin, combustible et facile à reconnaître à la flamme et à l'odeur qui lui sont particulières. On trouve du soufre natif dans deux sortes de terrains, en nids ou en amas dans l'intérieur de quelques filons et surtout au milieu des roches qui accompagnent le sulfate de chaux (Sicile, Italie, Espagne); ou bien en aiguilles cristallines, en parcelles disséminées dans le sol fumant des solfatares ou volcans à demi-éteints (Pouzzoles, près Naples). Le soufre natif cristallise en octaèdres à base rhombe (fig. D 4, pl. 2.)

Bitumes. Substances analogues aux huiles et aux poix végétales, brûlant avec flamme et une odeur caractéristique. On en distingue deux espèces principales : l'une liquide (le naphte ou le pétrole) d'un blanc jaunâtre ou noirâtre, dont il existe des sources en différens pays, et que l'on emploie comme huile de lampe; l'autre solide et noir (l'asphalte), qui surnage sur les eaux de certains lacs, entre autres le lac asphaltique, en Judée.

Anthracite. Substance charbonneuse, opaque et d'un noir métalloïde, difficile à enflammer, brûlant avec une flamme très-courte, sans fumée et sans odeur; s'éteignant à l'instant même où on la retire du foyer, et se couvrant d'un enduit de cendres blanches. Elle est composée presque entièrement de carbone, sans bitume. On la trouve en couches ou en amas dans les terrains de transition (les plus anciens terrains carbonifères). Elle donne une chaleur considérable en brûlant, et brûle d'autant plus aisément qu'elle est en plus grande masse; comme il lui faut un fort courant d'air, elle exige des fourneaux construits d'une manière particulière. On en fait un grand usage aux Etats-Unis, où elle supplée à la rareté de la houille.

Houille (vulgairement *charbon de terre*). Substance charbonneuse, non cristalline, opaque et d'un noir luisant; brûlant aisément avec flamme, fumée et odeur bitumineuse; donnant, lorsque la flamme s'éteint, un charbon léger à éclat métalloïde, nommé *coke* (coak), et après la combustion un résidu de cendres scoriacées. La houille est du carbone mêlé de bitume et de quelques parties terreuses; c'est le plus précieux des combustibles, parce qu'il est abondamment répandu dans le sein de la terre, qu'il donne plus de chaleur que le bois et le charbon ordinaire à volume égal, et que ses variétés peuvent être assorties à différens usages dans les arts. On en distingue deux principales : 1° la houille grasse et collante, riche en bitume; elle se gonfle en brûlant, se fond et ses parties se collent entre elles, propriété qui la rend favorable aux travaux de la forge; par la distillation, elle donne le gaz de l'éclairage (hydrogène carboné), et pour résidu du coke. 2° La houille sèche ou maigre; elle ne contient point assez de bitume pour se boursouffler ni se coller; elle est propre à la fonte, au service des verreries, des fours à chaux, etc. La houille appartient à la partie supérieure des terrains carbonifères, au dépôt arénacé nommé *grès houiller*. Elle y est en amas ou en lits plus ou moins étendus et plus ou moins nombreux, alternant avec des bancs de grès et d'argile. La France possède des dépôts de houille dans une grande partie de son territoire, mais il en est peu qui soient exploités : les principaux sont ceux d'Anzin, dans le département du Nord, et de Saint-Etienne, dans le département de la Loire.

Lignite. Substance charbonneuse, noire ou brune, provenant de tiges de végétaux ligneux, et présentant fréquemment dans son tissu fibreux des traces de son origine; s'allumant et brûlant avec facilité; donnant par la distillation le même acide que le bois, et par la combustion un charbon semblable à la braise, avec une cendre terreuse analogue à celle de nos foyers. On distingue plusieurs variété de lignite: le *jayet* ou jais, qui est d'un noir brillant, susceptible de poli, et que l'on emploie pour faire des bijoux de deuil; le lignite fibreux, qui est ordinairement brun; le lignite friable ou terreux, d'un noir-brunâtre, et chargé de pyrites. Les lignites pyriteux, par l'exposition à l'air, s'effleurissent, s'enflamment, donnent naissance à des sulfates de fer et d'alumine, que l'on obtient par des lessives, et se réduisent en *cendres rouges* qui servent dans l'agriculture comme engrais. Le lignite est aussi un combustible précieux que l'on peut employer dans un grand nombre d'usines, on le trouve en lits dans les terrains de sédiment supérieurs (voyez plus haut la description des terrains).

Tourbe. Matière brune ou noirâtre, à tissu spongieux, plus ou moins combustible, et formée par les débris de certaines plantes qui croissent en abondance dans les marais. Elle est employée dans l'économie domestique, comme matière propre au chauffage; et ses cendres servent en agriculture pour amender les terres.

Succin (vulgairement *ambre jaune; l'electrum* des anciens). Substance solide, jaune, d'un aspect semblable à celui de certaines résines, éminemment électrique par le frottement, et combustible avec flamme et fumée, en répandant une odeur plus ou moins agréable. Le succin fond à une température assez élevée, en coulant comme de l'huile; il est tendre, et cependant peut recevoir un poli assez brillant. Sa composition est assez analogue à celle des substances organiques; aussi le regarde-t-on comme un produit du règne végétal à l'état fossile. Il renferme souvent des insectes, ce qui prouve qu'il a été primitivement fluide à la manière des gommes et des résines. On le trouve en rognons épars au milieu des sables, des argiles et des lignites qui sont situés immédiatement au-dessus de la craie. Il est exploité et mis dans le commerce, comme objet d'ornement.

TABLE ANALYTIQUE

DES MATIÈRES

CONTENUES DANS LA PREMIÈRE PARTIE.

FIN DE LA TABLE.

www.ingramcontent.com/pod-product-compliance
Ingram Content Group UK Ltd.
Pitfield, Milton Keynes, MK11 3LW, UK
UKHW022044190726
13855UKWH00002B/397